스마트치안

4차 산업혁명 시대, 혁신적 경찰활동

장광호 지음

SMART

Policing

박영사

'스마트치안이 대체 무엇인가?' '경찰이 빅데이터 활용을 어떻게 하면 좋은가?' 자주 듣는 질문이다.

'기술을 도입했는데, 왜 문제가 해결되지 않는가?' '이미 도입된 시스템과 새롭게 제안된 기술이 무슨 차이인가?' '왜 경찰이 데이터 공유에 폐쇄적인가?' '협업을 통한 해결을 모색했는데 왜 진행이 안 되는가?' '기술을 활용해 문제를 해결하라고 했는데 왜 현장은 반응하지 않는가?'라는 논의도 많다.

이 책은 그러한 질문에 대한 소통의 소재가 되길 바라며 썼다.

이 주제에 관심을 가진 지는 오래 되었다. 참여정부 3년차였던 2005년 경찰 수사권 논의가 급물살을 탔던 시기가 있었다. 당시 경찰청은 주체적 수사를 할 수 있다는 준비된 자세를 보이기 위해, '수사권 조정 이후의 제도 개혁 TF'를 만들었다. 필자가 해당 팀에 소속되어서 맡은 주제 중 하나가 '범죄정보 분석과 활용 방안'이었다. 자료를 찾아볼수록 흥미가 생겼다. 범인을 잘 잡기 위해 범죄정보를 모은다는 필요성에서 출발한 기획이 공부를 할수록 범죄정보에 기반한 조직운영이 필요하다고 생각하게 되었다.

이후 관심사가 업무와 교육으로 이어져 영국(국가범죄청, NCA), 미국(FBI, 뉴욕-워싱턴 경찰)에서 짧은 훈련을 하고, 데이터를 분석하거나 정책을 입안하는 부서(금융위 금융정보분석원, 경찰청 범죄분석담당관실)에서 일했다. 현재는 그 분야를 연구하는 부서(경찰대학 치안정책연구소 스마트치안지능센터)를 운영하고 있다.

빅데이터, 인공지능, 스마트치안은 나의 관심사뿐 아니라 시대의 유행어가 되었다. 직간접적으로 겪어온 기술 개발과 도입, 성공과 실패는 교훈을 주었다. 경찰에 도입되는 기술은 그 자체로 빛날 수 없고, 조직, 제도, 문화와 결합되어야 함을 알게 되었다.

머리말

　　정보 혹은 경찰 정보라는 단어를 떠올릴 때 밀실에서 의사결정자와 참모가 모의하는 음습한 장면이 연상될 수 있다. 인상이란 편집된 기억의 흔적이라 그런 어두움은 경찰이 극복할 모습이기도 하다. 스마트치안 시대의 정보 활용은 그런 과거를 의식적으로 단절하고 새롭게 정의해야 한다.

　　조직이 정보를 수집하고 활용하는 것은, 사람이 생각하고 결정하는 것과 닮아 있다. 결정을 위해 자료를 수집하고 학습하는 것, 자기만의 결정 방식을 정하는 것, 정해진 기준과 절차에 따라 결정하고, 행동하는 것, 결과에 승복하고 반성하면서 개선하는 것, 이런 행동들이 더 나은 삶을 살게 하는 생활태도이다.

　　마찬가지로 조직이 정보를 수집하고 활용하는 것 역시 목적을 더 합리적으로 추구하고, 더 나은 모습으로 발전하기 위함이다. 조직 구성원들이 더 편하게 일하도록 하고 조직을 운영하는 일이기도 하다. 조직의 발전과 조직 구성원을 배려하는 정보운영은 프로그램을 사거나, 기술자를 채용해서 얻을 수 있는 '기술'(skill)이 아니라, 조직의 당위성, 윤리, 지향점과 닿아 있는 제도와 문화이다. 이는 조직 운영의 근본 원리에 가깝다.

　　경찰의 의사결정자는 경찰관서장이기도 하지만, 부서 운영 계획을 수립해야 할 실무자, 사건을 해결하기 위해 용의자 A와 B 중에 누구부터 추적하는가를 결정해야 할 수사관도 해당된다. 그 의사결정을 효율적으로, 정확하게, 그리고 협력적으로 하는 방법론이 스마트치안이며, 범죄 정보 분석이다.

4

한국 경찰에도 2016년 전후로 스마트치안이라는 단어가 등장했다. 빅데이터, 인공지능, 4차 산업혁명이라는 말도 자주 쓰이고 있다. 이런 단어들의 빈발은 과학기술과 데이터 분석의 거스를 수 없는 시대적 방향을 알려주지만, 표어와 현실의 괴리 속에서 피로감, 회의감도 있다. 기술 자체가 해법이 될 수 없고, 아무리 뛰어난 기술도 (적어도 현 시점에서는) 고민하는 경찰관의 판단보다 정확하지 않다. 기술은 인간의 모호한 판단을 일정 단계에서 타협해서 속도를 높여주고, 의사결정 과정을 표준화하여 더 많은 결정을 쌓아가게 하는 도구일 뿐이다.

이 책을 쓴 목적은 데이터 분석과 과학기술을 경찰에 활용하는 그간의 연혁과 현실을 공유하고자 함이다. 경찰 업무에 데이터 분석과 기술을 활용하는 과거와 현재, 미래, 한국과 다른 나라의 실정을 잘 모르고 있다. 현재를 잘 알고 있어야 변화의 방향과 속도에 대한 대화가 가능하다. 그 변화는 정보 기술뿐 아니라 제도와 조직, 문화를 모두 포함한다.

일천한 지식을 책으로 엮으려니 부끄럽다. 책에 담겨진 어떤 영역에서도 연구자로 자신할 수 없고, 유능한 실무자도 아니다. 범죄 분석은 통계와 심리분석 지식과 경험으로 연마된 분석관들이 계시고, 공학과 데이터 연구자들이 보실 때는 이 책의 깊이가 얕다. '혁신 수용' 분야도 경영학과 행정학 분야에서는 연구가 성숙해 있다. 그럼에도 책을 쓰는 용기를 낸 것은 '스마트치안과 범죄 데이터 분석'이라는 주제에 대해 대화할 공동기반이 부족하다고 느꼈기 때문이다.

이 책이 담고 있는 내용들이 현장 경찰을 비롯한 의사결정자, 경찰업무에 정보 기술을 접목시키려 하는 연구자에게 도움이 되길 바란다.

머리말

    이 책은 경찰 안팎의 연구와 실무를 행정학의 혁신 확산이라는 이론 위에서 소개한 것이다. 행정학의 틀로서 지도해주시고 평생 공부하는 자세를 보여주시는 명지대학교 정윤수 교수님이 아니었더라면 책은 엮어지지 않았을 것이다. 많은 소재들은 각 영역에서 노고를 쌓아온 동료 덕분이다. 함께 일하는 스마트치안지능센터 김대희, 김희두, 김종윤, 김혜진, 박세연, 서준원, 임운식, 홍세은, 홍성주, 황재원 님은 그런 토대를 함께 만든 개척자들이다. 범죄분석을 바라보는 관점은 한림대 장윤식 교수님께 배웠다. 범죄분석에 대한 전공을 만들어나가는 경찰대학 김지온 경정과 신상화 경위 님께 자료 협조와 가르침을 받았다. 미국과 영국을 현지 방문해서 자료를 수집한 고유석, 송민영 님, 행정안전부 이은정 서기관, 이성락 사무관, 과기정통부 강동식 사무관, 김청주 경감, 이지현 님의 노고에 감사드린다. 치안정책연구소 권태형, 정인규, 이용걸 박사는 경찰 ICT 연구 방향을 이해하는 데 도움을 주셨다. 자율주행차에 대해서는 김남선 박사, 조민제 연구관 님께, 드론에 대해 류연수 박사, 3D프린터는 방금환 연구관의 협조를 받았다. 경찰 내 과학기술 연구 집단으로서 척박한 환경에서 탁월한 리더십을 발휘하고 계신 배순일 과학기술연구부장께는 언제나 지적·정서적 배움을 얻고 있다.

    언제나 새롭게 배우고 즐기는 삶을 살아갈 수 있도록 인생의 터전을 만들어주신 아버지, 어머니, 사랑하는 아내 은영과 하윤, 도윤에게 감사드린다.

2020년 3월
장광호 올림

차례

차례

PART 3
범죄 분석

PART 4

경찰 분야의 과학 기술

차례

PART 7
스마트치안을 향한 도전과 대응

왜 스마트치안인가

스마트치안의 연구 배경

1.1.1 치안에 대한 국민 인식과 대응

#1. 2019년 5월 제주도 제주시 조천읍의 한 펜션에서 고유정(36세)이라는 여성이 전 남편 강씨를 졸피뎀을 먹인 후 칼로 살해하고 펜션 내에서 시신을 훼손하여 유기한 사건에 대해 경찰의 초동 수사의 적절성, 고유정의 태도, 시신 훼손 방법의 잔인함 등이 몇 달째 계속해서 언론에 보도되고 있다.

#2. 2019년 6월, 신림동의 한 원룸으로 귀가 중이던 여성의 뒤를 좇아 집 안으로 침입하려 시도한 남성이 구속 기소됐다. 피의자 조 아무개(30)는 주거침입·강간미수 혐의로 구속 기소했는데, 당시 건물 안팎의 CCTV에서 귀가하는 피해자를 따라와 함께 엘리베이터에 탔고, 원룸까지 들어가려고 시도한 장면과 침입 실패 후에도 원룸 앞에서 벨을 누르고, 손잡이를 돌리는 장면 등이 뉴스를 통해 SNS로 노출되면서 여성들의 불안을 자극하는 중요 치안 이슈로 떠오르게 되었다.

#3. 난폭운전에 항의하는 상대방 운전자를 가족 앞에서 폭행한 '제주 카니발 폭행 사건'이 피해자 차량의 블랙박스와 피해자 부인의 스마트폰 촬영 영상으로 알려져 국민들의 공분을 샀다. 피의자 A(33)씨는 7월 4일 카니발 차량을 몰던 중 급하게 차선을 변경, 이에 항의하는 상대 운전자 B씨를 폭행하고, 촬영하던 B씨 아내의 휴대전화를 빼앗아 던져버린 혐의, 그리고 차에 타고 있던 5살, 8살 자녀들에게 폭행 장면을 목격해서 심리치료를 받게 한 아동복지법상 아

동학대 혐의를 적용했다. 엄벌을 촉구하는 청와대 국민청원에 20만 명이 넘는 인원이 참가했다.

이것은 2019년 9월 현재 국내 주요 포털사이트에 '범죄', '경찰', '치안'에 대해 실린 뉴스들이다. 뉴스로만 봐서는 우리는 지금 대단히 위험한 시대에 살고 있는 것처럼 느껴진다. 역설적으로 전쟁과 전염병이 거의 방어되는 안전한 시대에 상대적으로 통제되지 않는 '범죄'에 대한 불안이 더 도드라져 보이기 때문이다. 2016년 통계청이 조사한 결과에 따르면 국민들은 현재를 안전(13.2%)하다기보다, 불안하다(45%)고 느끼고, '5년 후 더 위험해질 것'(38.5%)이라고 답변했다. 그리고 사회의 불안 요인 1위는 범죄(67.1%)로 가장 높았다.[1]

이런 국민들의 인식은 한국 경찰에게는 받아들이기 어렵다. 우리나라는 세계적으로도 치안이 매우 안전한 나라로 평가되고 있다. 한국보건사회연구원이 2016년 유럽 국가들과 우리나라를 비교한 보고서(2018년 8월)에 따르면 우리나라의 실제 강도·위해 경험률(가족 포함)은 1.5%로 가장 낮다.[2] 유럽에서 범죄 경험률이 가장 낮은 오스트리아(7.8%)보다도 훨씬 낮다. 우리나라의 각종 범죄 발생건수와 범죄검거율은 세계적으로 가장 높은 수준의 안전함을 보여주고 있다. 지표만으로 볼 때 대한민국은 안전한 나라이다.

이렇듯, 치안에 대한 국민의 인식과 경찰 스스로의 평가 사이에 왜 괴리가 생긴 것이며 어떻게 메꿔나갈지 생각해 봐야 한다. 경찰의 역량이 우수함에도 새롭게 개선할 필요가 있는지 쟁점이 되기 때문이다. 한국은 삼면은 바다로, 북쪽은 휴전선으로 막혀 있는 폐쇄적인 공간이다. 전국에 조직화된 국가경찰이 활동하며, 주민등록법과 지문등록제도라는 개인 식별 체계가 시행되고 있다. 전 국민을 대상으로 의무적인 식별 번호(주민등록번호)와 생물학적 자료(지문)를 등록하는 나라는 드물다. 단일 민족 국가로서 공동체의 균질성이 높다. 상대적으로 범죄가 눈에 띄기 좋은 환경이며 경찰이 수사하기에도 좋은 조건이다. 과학 기술을 활용한 스마트치안을 도입할지 이런 여건과 함께 검토해봐야 한다. 이 책은 그런 여건이 변화하고 있기에 경찰 의사결정에 데이터 분석을 활용하는 스마트치안을 제언하고 있다. 그렇다면 경찰활동의 의사결정은 무엇이며 어떤 종류가 있는지 살펴보도록 한다.

1.1.2 스마트치안, 경찰 의사결정과 과학 기술의 접목

4차 산업혁명 시대를 맞이하여 인공지능, 빅데이터 등 정보기술 연구가 여러 분야에서 이뤄지고 있다. 기술 혁신은 막대한 정보를 활용한 최적화된 의사결정의 가능성을 제시하고 있다. 행정 분야에서도 스마트 시티, 디지털 트윈, 블록체인 등 연구가 활발하다. 경찰 역시 국민의 생명과 신체의 안전, 재산의 보호라는 목적을 위해 의사결정을 하고, 다양한 정보를 필요로 한다. 경찰의 의사결정에는 몇 가지 유형이 있다.

가. 강남경찰서 지능범죄수사팀장 A는 소위 '떳다방' 사무실을 차리고, 최근 비트코인에 투자하여 높은 수익을 낼 수 있다며 가정주부와 은퇴한 부유층을 상대로 사기를 쳐 수십억을 받아 챙긴 범인을 추적 중이다. 하지만, 범인의 이름, 전화번호, 이메일 모두가 자신의 명의로 되어 있지 않아, 단서를 확보하지 못하고 있다. A는 범인이 강남경찰서뿐 아니라 전국적으로 사기를 쳐왔을 것이라 생각하고, 범인의 사진이나 각종 정보들을 다른 경찰서와 공유해서 정보를 모으길 바라지만, 적당한 수단이 없어 수사에 어려움을 겪고 있다.

나. 서울경찰청 여성청소년과장 B는 최근 서울 시내에서 자주 신고되는 지하철 내 몰래카메라 범죄에 대응하고자, 해당 범죄가 발생하는 시간과 장소를 분석하여, 순찰경찰관이나 수사경찰을 배치하고, 해당 지역에 거울이나 경고판 등 예방을 위한 시설을 설치하는 방안을 고민하고 있다.[3] 이러한 자원의 배분을 효율적으로 하기 위해 어떤 정보를 분석하는 것이 효과적인가?

다. 2019년 1월 경찰청 형사과 실무자 C는 올해 강력 범죄 분야에서 한 해 동안 형사 활동에서 주력할 단속 대상을 선정[4]하고, 최근 몇 년간의 기획 보고서와 언론 보도, 논문들을 살펴보고 있다. 주요 단속 대상과 범위를 구성해야 단속 계획과 목표, 방법을 설정할 수 있기 때문이다. 인력, 예산 및 단속 대상 등 경찰 자원의 우선순위를 설정하는 것은 어떤 정보를 기반으로 어떤 분석 과정을 통해 결정되는가?

위의 사례 가, 나, 다는 경찰의 의사결정과 활동, 필요한 정보에 대한 질문이다. 각 유형은 서로 다른 종류의 정보를 필요로 하고, 그 분석 방법과 활용 방향도 다르다. 경찰에게 의사결정은 '범인을 잘 잡는' 것 이상의 다양한 종류의 정보와 과학적 방법론을 요구한다.

우선 가.는 가장 고전적인 경찰의 범죄 정보 분석이다. 범인을 잡기 위해 범행의 증거, 공범, 불법 자금의 흐름을 좇는 분석이다. 나.와 다.는 경찰 인력 예산이라는 자원 활용을 위한 통계를 활용하며, 거시적인 치안 정책이라는 전략을 설정하기 위해 우선순위의 선정을 필요로 한다.

경찰은 자신의 경험과 관점에 따라 수사자료나 통계자료를 모으거나, 부서별로 운영하는 업무관리시스템5)을 통해 데이터를 추출하고 있다. 이렇게 모인 자료를 주관적인 견해로 분류하고 연결·대조하거나, 각자 운영할 수 있는 엑셀이나 파워포인터 등 사무용 소프트웨어를 활용하여 분석한다. 분석에 좀더 익숙한 경찰관들은 경찰이 자체 개발하거나 구입한 솔루션을 활용하여 지리적으로 범죄동향을 추출하고, 인물 관계도를 그려보기도 한다.

이미 한국 경찰에서는 다양한 데이터와 정보시스템을 활용한 분석이 상당한 수준으로 이뤄지고 있다. 그러나 빅데이터, 인공지능 등 급변하는 기술을 반영하고 데이터 기반으로 의사결정을 하는 것은 몇 가지 시스템 개발이 아니라, 제도와 조직 문화를 크게 바꾸는 패러다임의 변화를 요구한다. 그런 변화가 필요할 만큼 경찰 조직은 도전적 여건에 있는가? 다음은 그 물음에 대한 탐색이다.

2
스마트치안 연구의 필요성

1.2.1 경찰 환경의 변화

(1) 범죄 현상의 변화

환경 변화에 대응하기 위해 정보를 수집·분석해서 의사결정에 반영하는 것은 조직과 개인에게 주어진 숙제이다. 경찰도 마찬가지이다. 경찰은 범죄로부터 국민을 지키는 공공기관이다. 경찰이 보호하는 국민의 생명과 신체의 안전은 그 침해의 중대성, 긴급성, 회복 불가능성 등의 특징이 있다. 경찰은 이 임무를 수행하기 위해 강력범죄를 중요한 대상으로 설정하고, 권역별 순찰과 형사팀들이 365일 휴게 없이 24시간 공백 없이 교대하는 인력 투입 중심으로 운영한다. 이런 활동이 앞으로도 정답일 것인가? 변화한 범죄 양상을 대조해 보자.

언론 보도(경향신문, 2016.8.5) 사례를 보면 이런 변화를 체감할 수 있다.[6]

\# 1983년 4월19일 오전 서울 중구 장충동 2가 주택가에서 두 발의 총성이 울린다. 엿새 전 법원 구내 구치감의 환풍기 망을 뜯고 탈주한 절도범 조세형(전과 11범)이 인질극을 벌이다 경찰이 쏜 총에 맞아 붙잡혔다. 부잣집을 주로 골라 비싼 귀금속들을 훔쳐온 그를 사람들은 '대도(大盜)', '의적'으로 불렀다.

\# 2016년 3월 LG화학은 사우디아라비아의 거래처로부터 납품대금 계좌가 변경됐다는 이메일을 받았다. LG화학은 의심 없이 해당 계좌로 거래대금 240억원을 송금했다. 하지만 이 계좌는 국제사기단이 LG화학의 이메일들을 해킹한

[그림 1.1] 최근 10년(2006~2015) 대비 2016년의 범죄 발생(건수-경찰청)

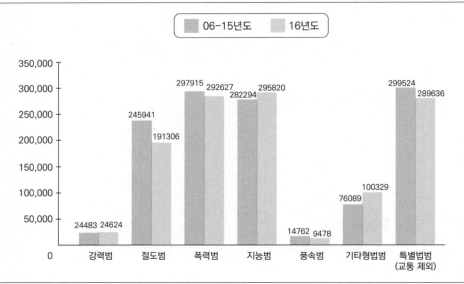

※ 출처: 경찰청 범죄 분석보고서(2016.12)에서 인용.

후 자신들이 만든 가짜 계좌였다.

예시된 두 실제 사례는 1983년과 2016년의 범죄가 어떻게 달라졌는지를 소개하고자 인용했다. 경찰 실무자들에게는 이 변화가 새삼스럽지 않다. 이를 통계적으로 확인하면 그 변화는 더욱 두드러진다.

[그림 1.1]은 2016년 말 경찰에 접수된 범죄 통계를 그전 10년(2006~2015년 평균)간을 대비하여 분석한 것이다[7]. 최근 10년간 강력범죄의 비중은 감소하고 다양한 유형의 범죄가 그 자리를 채우고 있다. '06~'15년 범죄 발생 건수(교통범죄 제외)의 평균 발생 건수가 124.1만 건인 것과 비교하여 '16년 발생 건수는 120.3만 건으로 1.5% 감소했다. 같은 방식으로 주요 죄종별로 발생 건수를 비교하면 경찰의 가장 전통적인 활동 대상인 절도범의 발생 건수가 12.5%로 감소하고 폭력범 역시 0.9% 감소한 반면, 강력범(0.3%)과 지능범(2.3%)은 증가했다.

그런데 이 대비 통계 중 강력범죄(0.3% 증가)에서 성범죄를 별도로 분리하여 보면, 성범죄가 큰 폭(7.8%)으로 상승하는 추세이며 성범죄를 제외한 강력범죄인 살인과 강도, 납치, 유괴 등은 감소하고 있다.([그림 1.2] 참고)

[그림 1.2] 전체 강력범 vs 성범죄를 제외한 강력범

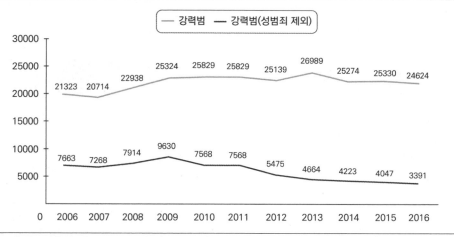

※ 출처: 경찰청 범죄 분석보고서(2016.12)에서 인용.

강력범죄에서 성범죄를 분리하여 살펴본 취지는 성범죄의 증감에 대한 상반된 견해가 있기 때문이다. 경찰의 범죄 통계에 따르면 성범죄는 증가했지만, 다른 조사에 따르면 그렇지 않다. 2017년 여성가족부 조사에 따르면 신체적 성폭력(성추행, 강간)의 피해율이 2013년 1.3%에서 2016년 0.8%로 절반 수준으로 감소했다.[8] 양자의 상반된 수치는 사회적 인식 변화에 따른 피해자의 적극적인 신고와 국가의 엄격한 처벌을 통해 암수범죄[9]가 줄어든 것이라고 해석할 수 있다.

한편, '기타 형법범'이라는 항목이 31.9%라는 높은 비율로 증가했다. 그 세부 죄명은 '신용에 관한 죄'가 41.8%, '명예에 대한 죄'가 71.1% 증가했다. 또한 주거침입죄가 66.8%, 과실치사상의 죄가 18.1% 증가하는 등 형사범죄들이 다양해지고 있다.

범죄 통계를 통한 최근 10년간의 변화는 ① 전체 범죄 건수의 감소 ② 살인 강도 등 전통적 강력범죄의 급감 ③ 성폭력범죄의 증가 ④ 지능범의 증가 ⑤ 기타 형사범의 증가이다. 앞선 1989년의 인질강도와 2016년 피싱('낚시' 메일을 보내 사기를 유도하는 기법) 사기의 사례 비교는 달라진 풍토의 범죄 양상을 대변한다. 양적인 변화와 함께 질적으로 복잡해지는 범죄 양상은 강력범죄 중심의 인력 투입 위주의 경찰활동에서 변화가 필요함을 알 수 있다. 경찰을 둘러싼 환경 변화를 더해보면 더 분명해진다.

[그림 1.3] 경찰 현상의 변화와 대응 방향

(2) 경찰 환경의 변화

2020년 2월 현재 경찰 제도나 시민인식 변화도 임박해 있다. 경찰 역시 주 52시간 근무 대상이 되어 초과 근무를 일상적으로 할 수 없는 조직이 되었다. 경찰은 아직 노조를 구성할 수 없다. 하지만 노조의 전 단계인 직장협의회 법이 제정되었다. 현장 경찰관들과 정기적인 협의를 하는 관서도 늘어나서 경찰 스스로 연착륙을 시도하고 있다. 한편 국회에서 수사권 조정을 위한 법이 통과되었다. 자치경찰제 도입도 단계적으로 준비 중이다. 수사권 조정을 앞두고 경찰에 '국가수사청'을 별도로 설치해 수사의 독립성을 향상하겠다고 발표했다. 경찰위원회의 역할을 강화하는 개혁안도 논의되고 있다. 수직적이고 일원화된 경찰의 의사결정 체제를 다원화하고 수평적으로 바꾸겠다는 것이다.

범죄에 대한 국민의 인식도 변화하고 있다. 통계상 범죄는 감소하고 어느 나라보다 안전하나, 국민의 불안감은 높아졌다. SNS와 미디어에서 범죄의 세부 내용이 알려지고 영상 등이 공유되는 현상이 영향을 미쳤을 것이다. 경찰의 대응 과정도 자세하게 알려지면서 잘잘못이 논쟁이 되기도 한다. 예전 같으면 관행적 절차대로 처리했을 평범한 사건도 주목을 받는 순간 뜨거운 감자가 되어 경찰의 조치 하나하나가 평가받는 일이 반복된다.

이런 변화에 따라 경찰은 여전히 한정된 자원(인력·예산)으로 더 정확하고도 정밀한, 신뢰를 주는 활동을 해야 한다는 요구를 받는다. 그 과정은 경찰관서장의 독점적 하향식 의사결정이 아니라, 다변화되고 증거에 입각한 과학적 의사결정이어야 한다.([그림 1.3] 참고)

결국 경찰활동의 생산성을 높여야 한다는 결론에 이른다. 극적인 생산성 향상은 생산성 혁명, 즉 산업혁명이라고 일컫는다. 우리는 제4차 산업혁명이라고 불리는 시대의 초입에 들어섰다. 경찰의 변화도 무관하지 않다. 사회 현상의 변화도 짚어보고 대응 방향을 생각해보도록 한다.

1.2.2 과학 기술을 비롯한 사회의 변화

ICT가 융합하여 급변하는 4차 산업혁명의 시대, 국경은 낮아지고 사이버공간이 작동되는 시대, 경제적으로 저성장이 일상화되고 양극화의 심화, 인구 감소와 초고령화 등이 회자되는 시기이다. 「2045 경찰 미래 전망」(KAIST, 2015) 등 연구에서 보여주는 사회 변화와 경찰의 시사점은 다음과 같다.[10]

저출산 시대의 인구 감소와 글로벌 개방화가 맞물려 국내 거주 외국인은 증가할 것이다. 범죄 수사에서 주민등록번호와 지문등록제도로 신원 파악이 어려운 사건이 늘어날 것이다. 각 개인들은 SNS와 미디어의 증대 속에서 오히려 불안감은 커지고 경찰에게 요구하는 치안 서비스 수준은 높아질 것이다.

미래에 대한 불안정성, 양극화로 인한 계층 갈등, 초고령화 시대와 인구 감소가 결합된 세대간 갈등이 심해질 것이다. 증오 범죄와 인터넷 공간에서의 혐오 발언 등이 이슈가 될 것이다. 마을 공동체는 기능을 잃은 지 오래이지만, 함께 사는 공동체로서 지역 커뮤니티의 가능성이 있는지 자문하게 될 것이다. 경찰은 공동체 참여자로서 커뮤니티의 질서를 재구성할 책임을 실험받게 될 것이다.

발전하는 기술과 사이버 범죄는 경찰활동의 국경 개념을 지워가고 있다. 경찰은 국경에 갇히지 않는 적극적 역할을 요구받을 것이다. 특히 기술의 발전은 경찰에게 더 큰 도전이다.

제4차 산업혁명은 인공지능, 가상/증강현실, 사물인터넷, 빅데이터 등이 주도하고 초지능화하여 초연결되는 미래를 의미한다. 증기기관의 1차 산업혁명(18세기), 전기 기반의 2차 산업혁명(19세기), 정보화 기반의 3차 산업혁명의 시대(20세기 후반)를 넘어, 4차 산업혁명은 '속도', '범위와 깊이', '시스템에 미칠 충격'에서 이전과 구별될 거라고 예상된다.[11]

2017년 정부는 '대통령 직속 4차 산업혁명위원회'를 구성하고 관계 부처 합동으로 대응 계획을 발표했다.[12] 이 계획에서 경찰은 지능화 기술과 치안 인프라 융합으로 인공지능 기반 범죄 분석을 도입하여 의사결정을 고도화하겠다는 목표를 제시했다. 또 실종아동·용의자 신원을 빨리 확인할 수 있는 지능형

CCTV와 무인항공기를 활용한 자율순찰·추적 등 다양한 분야를 망라하고 있다. 이러한 기술 개발과 장비 도입으로 경찰은 2022년까지 2016년 현재 83.9%인 범죄검거율을 2022년까지 90%까지 향상시키고, 1년 내 미해결 사건 비율 역시 2016년 기준 8.4%에서 3% 이하로 감소시키겠다는 목표를 수립했다.

이를 위해 범죄 정보(장소, 종류), 범인 자료(영상, 인식)를 AI로 분석하여, 범죄 유형별 예방 정보 제공, 위험 범인 분석을 통해 출동 검거 및 시민 경고하는 것을 추진하고 있다.

새로운 기술을 도입한다고 하여 혁신이 확산되는 것이 아니다. 기술의 변화를 담아내고 변화하는 사회와 호환될 수 있도록 경찰 행정의 토대가 변화해야 한다. 4차 산업혁명이 경찰에 주는 착안점은 다음과 같다.

첫째, 경찰 문제를 해결하는 의사결정 과정을 과학화해야 한다. 인공지능과 빅데이터는 문제 해결의 수단일 뿐, 문제를 정의하고 해법을 수립하는 절차가 중요하다. 과학적 방법론과 체계적인 정보 수집과 분석, 그리고 실행과 환류되는 과정을 정립해야 한다.

둘째, 공개적이고 통섭적인 의사결정이어야 한다. 4차 산업혁명의 영향력은 기존 변화와 차원을 달리할 것이다. 칸막이형(Silo) 의사결정으로는 도태된다. 경찰도 기능별 조직구조(범죄예방-수사-경비-교통 등) 위주의 단독 의사결정 체제를 고수해서는 안 된다. 범죄는 온오프공간을 넘어서며, 사회 제도 역시 마찬가지이기 때문이다.

셋째, 융합된 과학 기술의 활용이 필요하다. 유전공학과 3D프린팅 기술을 결합하여 인공장기를 개발하듯, 치안에 활용하는 기술도 사이버, DNA, 로봇(드론, 자율자동차), 빅데이터 등 다양한 기술들을 결합해야 한다. 이런 기술 수요를 경찰의 각 부서별로 소통하고 정보를 공유하려면 조직 문화와 제도적인 변화가 필요하다.

넷째, 개별화된 고객에 대한 치안서비스가 되어야 한다. 섬세한 품질관리가 가능해지고, 수요자가 주도하는 온디맨드 경제 흐름 속에서 치안서비스도 개인화된 맞춤형 요구를 충족시켜야 한다. 중앙에서 일률적으로 지시하는 치안 활동이 아닌 지역별 특성에 맞춰 디자인해야 한다.[13] 개인별로 성별, 나이, 거주 형태에 따라 맞춤형 치안서비스를 제공하게끔 발전되어야 한다. 예컨대 20대 여성이 희망하면 그 시간대 그 장소에서 조심해야 할, 예를 들어 번화가에서 성범죄 발생 확률과 주의점, 가까이 있는 경찰 연락처가 스마트폰으로 제공되는 상상을 해볼 수 있다.

4차 산업시대의 격변에 경찰도 적응하여 사회 각 분야의 발전과 함께 나아가고, 시행착오를 최소화해야 할 것이다. 그러한 의사결정에 유효한 이론적 틀과 활동 모델로서 선진국의 스마트치안과 범죄 분석을 고찰하고, 우리나라에 적용하는 것이 이 책의 목적이다.

주제의 범위와 방법

스마트치안은 '데이터와 기술을 활용한 경찰활동'이라고 설명할 수 있다. 책에서는 기술 분야 중에서 '범죄 분석'에 초점을 맞췄다. 데이터 기술 혁신과 잘 어울리는 영역이기 때문이다. 스마트치안은 기술 그 자체가 아니라 기술을 활용한 정책이다. 범죄 분석 역시 데이터 기술이 아니라, IT 혁신 이전부터 존재했던 기법이다. 스마트치안과 범죄 분석을 설명하는 방향은 다음과 같다.

첫째, 스마트치안은 미국 정부에서 운영하는 프로그램에서 시작하였기에 이를 소개한다. 그리고 논거를 제시하는 경찰학 이론을 덧붙였다. 스마트치안이 경찰이나 언론에서 '스마트한 경찰활동'이라는 의미로 활용되지만, 미국 스마트치안은 구성 요소와 절차, 요건을 갖춘 정부의 프로그램이기에 살펴볼 필요가 있다.

둘째, 범죄 분석은 경찰에서 전통적으로 발전해온 개념을 정리했고, 영국과 미국을 중심으로 했다. 영국은 현대 경찰을 설계한 나라로서 범죄 분석에 대한 제도, 조직 운영의 역사가 쌓여 있다. 미국은 영국의 이론적 성과를 첨단 기술을 통해 활용하고 있다.

셋째, 데이터 분석 기법 외에도 경찰에서 새로 도입하는 기술도 소개했다. 이 책은 '경찰이 정보를 분석하여 문제를 해결하는 방법'에 집중했지만, 기술을 통한 경찰 문제를 해결하는 혁신이 스마트치안의 본질이기 때문이다. 그런 취지에서 드론, 자율자동차, 3D프린터 등의 경찰 활용을 기록했다.

넷째, 혁신 확산 이론을 소개하고 한국 경찰의 스마트치안을 대입해 봤다. 기술을 도입하는 것만으로 경찰의 문제가 해결되지 않는다. 조직과 공동체가 발전된 기술을 받아들이는 과정에서 제도, 문화가 영향을 미친다. 이 분야는 혁신 확산이라는 주제로 연구되고 있다. 이를 적용하면 한국 경찰이 바꿔야 할 제도나 문화를 짚어볼 수 있다.

마지막으로, 과학 기술의 전성기를 맞아 경찰에게 주어진 쟁점을 살펴보았다. 기술의 신뢰성, 기술의 악용, 프라이버시 침해의 문제 등을 떠올릴 수 있다. 그리고 한국 경찰이 추구할 실천 방향으로 정리했다.

각 장의 주제들을 제시하기 위해 논문과 단행본, 보고서를 정리했고, 경찰 내부 자료도 인용했다. 통계 분석도 포함되어 있다. 범죄 데이터 분석은 그런 통계 연구의 형식을 따랐다. 한국 경찰이 느끼는 인식에 대해 설문조사를 했다. 관련 분야 경찰관이나 연구자를 인터뷰했는데, 유의미한 내용을 윤색해서 삽입했다.

스마트치안 연구는 행정학, 범죄학, 기술경영학의 영역에 걸쳐 있고, 정보통신기술 등 자연과학에 대한 이해가 필요하다. 스마트치안 자체가 '데이터와 과학기술을 경찰활동 이론과 융합하여 범죄 문제를 해결하고자 하는 융합적 방법론'이기 때문이다. 그러면 스마트치안의 개념과 연혁, 적용 사례를 살펴보자.

주 1) 「2016년 사회조사 결과(가족·교육·보건·안전·환경)」. 통계청: 보도자료. 2016.11.

주 2) 정해식, 「사회통합 실태 진단 및 대응 방안(Ⅲ)−사회통합 국민 인식」. 한국보건사회연구원 연구보고서 2016.12, pp.74−94.

주 3) 2017년 몰래카메라 범죄에 대한 사회적인 불안감이 높아져 대부분의 경찰 관서에서 몰래카메라 범죄에 대한 다양한 대책을 입안하여 예방, 검거 활동을 했다.

주 4) 경찰은 2013년도부터 ① 성폭력 ② 가정폭력 ③ 학교폭력 ④ 불량식품을 4대악으로 선정하고 대대적으로 예방과 검거, 홍보활동을 실시했다. 이렇듯 전국단위에서 결정된 경찰활동의 우선순위 선정은 전체 경찰활동에 결정적인 영향을 미친다.

주 5) 순찰 경찰(생활안전포털), 수사경찰(형사사법통합시스템), 교통경찰(교통사고시스템) 등 업무가 전산화되어 이를 통해 데이터를 추출하고 있다. 상세 내용은 5장에서 후술하겠다.

주 6) 박주연, [커버스토리]1983년엔 '대도' 2016년엔 '피싱'… 달라진 범죄 트렌드, 경향신문, 2016.8.5.

주 7) 경찰청, 범죄 분석보고서(CA-Report) 2016.12.

주 8) 「2016년도 전국 성폭력 실태 조사 결과」. 여성가족부: 보도자료, 2017.2.27.

주 9) 피해자가 신고를 하지 않고 감추고 있는 범죄로서 특히 성범죄에 많다.

주 10) 경찰청, 「경찰 미래 비전 2045/KAIST」. 2015.

주 11) Schwab, Klaus. and Davis, Nicholas.(2016). 「(클라우스 슈밥의) 제4차 산업혁명 더 넥스트」, (김민주·이엽 역). 서울: 새로운현재: 메가스터디, 2018.

주 12) 대통령 직속 4차산업혁명 대응 위원회, 「혁신성장을 위한 사람 중심의 4차 산업혁명 대응계획」. 2017, 28면

주 13) 김숙희·김종태, 「4차 산업혁명시대의 행정 IT서비스 패러다임 변화와 함의」, 2017.5.17.

정책으로서
스마트치안

한국 경찰의 치안정책연구소(2016)와 이창한·문준섭(2016)에 따르면 '스마트치안'은 미국 법무부에서 운영 중인 스마트 폴리싱(SMART Policing)을 번역하여 지칭한 것이다.[1] 미국 법무부의 스마트 폴리싱은 여러 자치경찰이 각 지역의 범죄와 무질서 문제를 해결하게 하기 위한 정책이고, 방법과 요건, 절차 등이 지정된 프로그램이다. 반면 우리의 스마트치안은 아직 의의와 절차가 정의되어 있지 않다.

미국의 스마트 폴리싱이 경찰학 이론에 논거를 두고 있으나, 우리나라의 스마트치안은 미국 정책의 소개 이상의 논의가 이어지지 않았다. 역설적으로, 한국의 '스마트치안'은 미국과 다른 방향으로 발전할 가능성도 있다. 한국 경찰의 '스마트치안'이 미국의 스마트 폴리싱과 일치할 필요는 없다. 일반적으로 '스마트 농장(Smart Farm)', '스마트 공장(Smart Factory)', '스마트 도시(Smart City)'라는 용어와 같은 맥락에서 이해하는 것도 자연스럽다. 이렇게 일컬어지는 '스마트'는 최신 과학 기술(특히 정보통신기술)과 데이터를 활용하여 더 똑똑하게 발전시키는 의미로 쓰인다. 이 책에서 '스마트치안'은 '데이터와 과학 기술을 활용한 경찰활동'으로 정의했다.

'스마트치안'을 폭넓게 정의하더라도, 미국 스마트 폴리싱을 살펴보는 것은 중요하다. 최신 기술을 도입하면 문제가 해결될 것처럼 기대하지만, 미국의 정책 프로그램을 보면 기술은 수단에 불과함을 알 수 있다. 경찰이 해결할 문제를 정의하고, 해결 방법과 절차를 설계하면서 주체 간의 역할을 분담하는 체제에서 기술은 한 가지 구성요소에 불과하다. 미국 스마트치안의 연혁과 이론적 구성요소, 절차와 방법을 살펴보자.

스마트치안(SMART Policing)의 의의

미국에서 유래한 스마트치안은 '전략적 관리'(Strategic Management), '분석과 연구'(Analysis & Research), '과학 기술'(Technology)의 활용을 강조하는 경찰활동 전략이다.[2]

스마트치안이 정책 현장에서 등장한 것은 2009년이다.[3](Coldren., et al. 2013).

2008년 이후 미국의 경찰 기관은 불황으로 인해 예산이 삭감되었고, 신고 전화에 대응하기도 어려웠다. 이 시기 스마트치안은 '자원 운영의 효율성'을 극대화하는 방안으로 대두되었다. 미국 법무부는 기존의 경찰 운영에 대한 이론을 종합하여 지역에 적용하는 실무 중심의 혁신을 유도하면서, 각 지역에 재정을 투입했고, 2017년 3월 현재 67개 지역 관할로 확산되었다. 스마트치안을 이루는 각 구성 요소는 다음과 같다.

2.1.1 스마트치안의 구성요소

(1) 전략적 관리(Strategic Management)

기존 경찰 전략을 분석하여 문제점을 파악하고 새로운 개선의 방향을 제시하는 것을 중시한다. 현재 운영 중인 전략을 통합하거나 축소하면서 효율성을 확보하고, 시범 지역을 선정하고 필요한 예산을 파악하면서 새로운 전략을 도입하는 것이다. 전략은 자원 배분의 우선순위를 선정하는 것이 핵심이다. 어떤 문제를 해결해야 하는가? 방법은 무엇으로 할 것인가? 한정된 예산과 인력을 이용해 목적과 방법을 선정함에 있어 무엇을 우선순위로 할 것인가 하는 '전략적'인 선택이다. 이런 선택과 문제를 해결하는 '관리'가 이어진다.

(2) 분석과 연구(Analysis & Research)

문제 해결을 위한 자료를 수집하는데 이때 자료는 시계열적이거나 공간적 자료 등이다. 자료 수집 후에는 문제 해결 방법을 선정한다. 기술 통계나 핫스팟 분석, 공간회귀분석을 사용하기도 한다. 지표를 설정하거나 위험 지역을 선정하는 등 문제 해결을 위한 분석 결과를 제시하기도 한다. 우선 지역을 선정할 때는 물리적 개선 사항이나 치안력의 배치 등을 표현할 수 있다.

분석과 연구는 스마트치안의 특징이다. 범죄와 사고 지역과 시간대, 상습범죄자 등 인물정보 등이 대상이다. 정보 분석은 문제의 선정, 수단으로서 기법, 중간 점검과 최종 평가를 위한 도구로서 작동한다.

(3) 과학 기술(Technology)

기존 경찰행정 이론들과 가장 큰 차이점이다. 경찰활동 이론 중 '문제 해결 경찰'(POP)나 '정보 주도 경찰활동'(ILP) 등과 마찬가지로 정보를 수집하고 분석하여 문제를 해결하는 방법은 같지만, 스마트치안은 해결 수단으로 발전된 과학 기술을 활용한다. 미국 스마트치안의 과학 기술은 범죄지역·장소와 인물을 분석하는 데이터 기술, 유무선 통신 장비, CCTV, 웨어러블 캠 등 다양하고 첨단 기술만을 강조하지 않는다.

2.1.2 스마트치안의 특성

(1) 지역 사회 기반의 협업

스마트치안은 국가가 아니라 지역 사회 기반이다. 20세기 전후 미국 경찰활동의 주요 이론은 지역 사회 중심으로 제시되었다. 위스콘신 대학의 골드스타인은 지역 사회와 협업을 통해 경찰 문제를 해결하는 '문제중심 경찰활동'을 제언했다. 미시간 대학의 '도보순찰 실험'은 한 지역에 다양한 방식의 경찰 순찰을 실시하여 효과성을 측정했다. 이를 통해 지역 사회 경찰활동을 정착시켰다. 애틀랜타에서는 경찰의 재량적 활동과 범죄 안전과의 관계를 분석한 '깨진 유리창 이론'이 제시되었다, 뉴욕 경찰은 컴퓨터를 통해 자료를 분석해 경찰활동과 환류하는 '컴스탯'을 도입했다. 스마트치안 역시 지역 단위로 모델을 구성하도록 지향한다. 이 이론들은 모두 스마트치안의 구성요소가 되었다.

스마트치안은 지역사회와 연구기관이라는 외부 협업을 중시한다.

경찰은 효과적인 업무 수행을 위해 지역사회와의 협력 관계를 수립해야 한다. 미국 경찰은 지방정부의 일원이다. 범죄와 무질서를 해결하기 위해 순찰과 수사·체포와 같은 법집행 활동뿐 아니라, 지역 캠페인, 교육, 환경 개선도 해법이다. 지역사회와 협업이 스마트치안의 방법으로서 한 축을 이룬다.

문제와 해결책 발굴을 위해 연구개발(R&D) 기관들과 협업한다. 지역 대학이나 연구기관이 역할을 맡는다. 연구기관은 경찰이 해결할 문제를 정의하는 데 데이터로서 근거를 제시하고, 해결 모델을 수립한다. 최신 기술이 필요하면 지원하며, 결과를 계량적으로 분석해서 평가하는 역할도 한다.

(2) 데이터, 과학 기술 및 연구 중심

스마트치안은 문제 해결에 있어 정보, 자료, 데이터 활용을 강조한다. 또 결과를 정량적으로 평가하는 효과성 연구를 한다. 의사결정자는 데이터를 활용하고 범죄 환경에 반영하면서 원하는 결과를 얻기 위한 전략적 활동을 추진한다. 자주 쓰이는 것은 범죄 빈발지(hot-spot)나 상습 범죄자에 대한 정보 자료이다. 재료로 쓰이는 데이터는 경찰 정보뿐 아니라, 범죄 빈발지에 대한 지리적 정보, 신고 요청, 체포 데이터, 불만 사항 데이터이다. 범죄자 또는 위치 기반 연구 결과와 같은 연구 자료, 병원 데이터베이스 같은 외부기관 자료, 형벌 집행 정보 등 사법기관의 데이터도 포함된다. 의사결정자는 이 정보를 근거로 정책을 결정하고 자원을 확보하는 것을 전략적 목표로 세운다.

(3) 혁신을 위한 다차원적 융합과 변화 관리

문제를 정의하고 해결 방안을 찾는 과정에서 과학 기술과의 융합, 다양한 학문 간 융합, 경찰과 지역사회, 연구기관이 역할을 나눠갖는 다차원적인 변화 관리를 시도한다. 이는 경찰력이 제한되어 있다는 전제에 따른 것인데, 선택과 집중을 통해 자원을 배분하고, 다양한 수단을 찾기 위함이다.

스마트치안은 특정한 범죄 현상을 해결하는 '결과'를 목표로 하지만, 그에 못지 않게 새로운 형태의 '과정'을 만들어 내고자 한다. 기존의 경찰 운영 방식과 다른 혁신과 변화를 목표로 하여 조직 내외부의 새로운 역할과 기대, 절차를 만들어 가는 것이다. 스마트치안의 구성원은 조직 변화를 계획하고, 변화에 저항하는 장애물을 예상하고, 저항 완화 전략을 개발해야 한다. 이를 위해 성과를 체계적으로 연구하여 경찰활동을 문서화하고 활동을 측정하고, 전체 과정을 운영하는 모델을 만든다.

2.1.3 스마트치안의 7단계

이런 목표를 위해 스마트치안이 운영하는 절차는 다음과 같은 7단계의 순환을 거친다.([그림 2.1] 참고)

(1) 1단계: 문제 제기

문제 제기 단계는 특정 범죄를 야기하는 문제를 데이터를 활용하여 폭넓게 제기하고 문제의 성격과 범위를 결정하는 단계이다. 이 단계에서는 제기된 문제들이 어떻게 지역사회 안전에 영향을 미치는지를 확인한다. 예를 들어 특정 구역에서 발생하는 강도가 몇 건이고 피해자가 몇 명이며 그 직간접인 피해를 조사하면서, 다뤄야 하는 문제를 강도 전체로 할지 노상강도로 할지, 총기를 사용한 노상강도로 할지 정의하는 식이다.

(2) 2단계: 현안 판단

대응할 문제를 정의한 다음, 문제를 해결하기 위해 필요한 것은 무엇이며

[그림 2.1] 스마트치안의 7단계

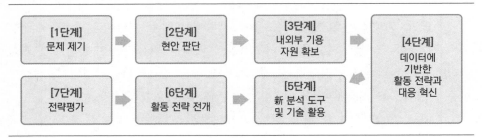

사용할 수 있는 자원은 무엇인지 판단하는 단계이다. 경찰이 다룰 모든 문제의 활동 전략을 수립하는 것은 구체적이기 어렵다. 특정한 문제를 선정하면 범위를 선정해서 활동 전략을 수립할 수 있다. 이 단계에서는 지역사회 안전에 기여할 수 있도록 국가적인 법 제도뿐만 아니라 재정적인 측면의 지원도 검토한다. 미국 법무부의 스마트치안 프로그램은 선정된 사업에 대해 지방 재정으로 감당하기 어려울 경우 연방정부가 일정 금액을 지원하고 있다.

(3) 3단계: 가용한 내외부 자원 확보

2단계에서 필요한 자원을 확정하였다면 3단계는 자원을 확보하는 단계이다. 여기에는 내외부 자원을 모두 포함된다. 내부 자원은 경찰관뿐만 아니라 관할구역 내 형사사법 종사자를 의미한다. 외적 자원은 경찰 또는 형사사법 기관이 아닌 공공·민간 기관이나 지역사회에 기반을 두는 조직들이다. 스마트치안은 경찰과 지역사회, 공공·민간 조직을 지속적으로 연결하여 협업하도록 하는 매개 역할을 한다.

(4) 4단계: 정확한 데이터에 바탕한 활동 전략과 개선

3단계까지 가용 자원을 확정했다면 다음은 자원 범위 내에서 문제를 해결할 활동 전략을 새우는 단계이다. 이때 문제 해결을 위한 증거기반의 접근 방법을 적용한다. 범죄 유발 문제에 대해 데이터를 활용해서 증거를 바탕으로 한 경찰활동 계획을 세워야 한다. 다른 지역에서도 유사한 문제들이 있는지 어떻게 발생하고 처리되는지도 확인한다. 이런 데이터는 문제 해결을 위해 어느 정도의 자원을 어떤 전략으로 사용해야 할지 착안점을 제시해준다.

(5) 5단계: 데이터 분석, 분석도구 및 새로운 기술의 활용

수립한 전략에 새로운 기술을 접목하는 단계이다. 문제 지향적 경찰활동 (POP: Problem Oriented Policing)이 등장했던 시기의 범죄 분석은 이미 발생한 범죄에 대해 개인용 컴퓨터나 통계프로그램을 활용하여 범죄 지도를 작성하는 수준이었다. 그러나 스마트치안은 발전된 수사 도구와 감시 장비 및 분석 장비를 활용한다. DNA분석이나 감시 장비(CCTV), GPS, 인공지능, 빅데이터 기술을 활용하여 비용에 대비하여 효과적인 문제 해결을 목적으로 한다.

(6) 6단계: 활동 전략의 전개

정확한 데이터 기반의 활동 전략의 토대 위에서 새로운 기술을 활용하여 범죄의 예방이나 억제 전략을 전개하는 단계이다. 수집한 데이터 분석, 그리고 그 정보들을 바탕으로 최신 기술 장비를 활용하기도 한다.

(7) 7단계: 전략 평가

실행한 전략에 대하여 모니터링을 하고, 성능을 측정하는 단계이다. 평가 단계에서도 새로운 기법을 통한 진보된 평가 기법을 지향한다. 수립된 계획들이 항상 일치하는 것이 아니기에 정확한 평가를 위해서는 문제 지향적으로 접근해야 한다.

스마트치안의 7단계 절차는 경찰학 이론들을 조합한 것이다. 스마트치안을 구성하는 데 영향을 미친 경찰학 이론을 살펴보자.

스마트치안의 구성 이론

스마트치안이 성립하기까지 여러 경찰 이론이 영향을 미쳤다. 중심이 되는 두 가지 축은 '증거기반 행정'이라는 행정 일반 이론에서 파생된 ① 정보기반 경찰활동 ② 컴스탯이고, 지역 사회와의 관계에 중점을 둔 ① 문제중심 경찰활동 ② 지역 사회 경찰활동 ③ 깨진 유리창 이론이다. 각 이론들이 증거기반 행정 또는 지역사회와의 환류 어디에 더 중점을 두었는지에 대해서는 관점에 따라 달리 설명할 수 있다. 예를 들어 문제중심 경찰활동은 지역사회에서 정보를 환류하는 소통을 중시하지만, 한편 그 문제를 해결하기 위해 구조화하고 정보를 투입해 분석하는 측면에도 기여했다.

이 점을 염두에 두고 각 이론의 전개와 영향에 대해 살펴본다.

2.2.1 증거기반 행정

증거기반 행정은 과학적·합리적 과정을 거쳐 정책을 생각하고 성과 측정에도 증거를 반영하는 정책 흐름이다.[4] 2000년대 영국의 신노동당정부는 증거기반 정책(evidence-based policy)을 강조하면서, 증거에 근거한 계획과 평가 가능한 효과를 기준으로 내세우며 정책에 정당성을 부여했다. 경찰도 정책 결정과 일선 경찰활동에 패러다임의 전환을 겪었다. 경찰의 성과 평가와 업무 관리는 범죄 감소와 범죄 두려움 감소를 위해 얼마나 효과가 있다고 평가받았다.

증거기반 정책의 경찰 도입은 다양하게 발전했다. 지역사회와의 환류에 중심을 둔 흐름은 지역사회 현장에서 지역 주민의 필요를 파악하고 실질적인 범죄 감소와 두려움의 감소를 통해 성과를 거두는 이른바 '문제 지향 경찰활동(POP)'과 '지역사회 경찰활동(community policing)'으로 발전했다. POP 모델은 경찰의 문제를 분석하고, 확인된 문제에 대한 해법을 구조적으로 찾는 전략이다. 전형적인 POP모델은 탐색(scanning), 분석(analysis), 대응(response), 평가(assessment)로 이루어진다. 이를 머리글자를 따서 SARA모형이라고 한다. 문제의 발견과 분석, 대응에 대한 평가를 위해서는 과학적 증거가 필요하고, 지역사회를 기반으로 활동해야 한다. 이런 맥락에서 지역사회 경찰활동과 함께 정보기반 경찰활동(Intelligence-led policing, ILP) 역시 발전했다. 문제 해결 지향 모델과 정보기반 모델은 범죄와 범죄피해의 패턴에 대한 실증적 자료를 중시한다.

　　경찰의 증거기반 행정도 범죄 통계 등에 의해 입안하고 성과 도구를 활용하는 방법으로 활용된다. 증거기반 경찰활동은 ① 핫스팟 경찰활동 ② 문제 지향 지역사회 경찰활동 ③ 정보기반 경찰활동 등 형태로 분화되거나 융합되었다(김한균, 2011).

　　핫스팟 경찰활동은 범죄 빈발지를 선정하여 집중 순찰하거나 예방 시설을 설치하는 활동 방식이다. 문제 지향 지역 사회 경찰활동은 특정 문제(예, 청소년의 우범행위 등)를 선정하여, 지역사회와 정보를 공유하면서, 예방－선도－제재 활동하는 협업을 한다. 지역사회의 교육, 캠페인, 경제적 지원도 포함될 수 있다. 정보기반 경찰활동은 정보의 수집과 분석, 이를 활용한 전략과 환류가 중심이다. 이 중 정보기반 경찰활동은 스마트치안의 이론적 요소로서 중요하다.

2.2.2 정보기반 경찰활동(Intelligence Led Policing, ILP)

　　정보 수집과 분석 배포를 중심으로 경찰 전략과 활동 전술을 수립하는 활동이다. Jerry Ratcliffe(2003)는 "증거에 기초한 효과적 경찰활동 전략과 외부 협력을 통해 범죄 예방을 촉진시키는 객관적 의사결정 도구로서 범죄 정보 분석 적용"이라 했다[5]. Ratcliffe(2008)는 "범죄 정보들을 분석 모델과 관리 철학을 통해 특정 문제나 범죄자에 초점을 맞춰 효율적 관리 및 운용 전략을 세울 수 있

[그림 2.2] ILP의 3I 모델

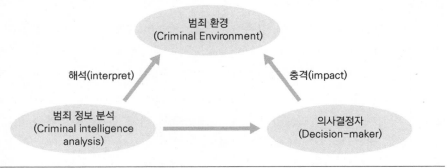

※ 출처: Ractcliffe, 2007: 61.

게 하는 틀"이라고 구체화했다.[6]

1990년대 영국의 KENT경찰청에서 시작한 정보기반 경찰활동은 영국은 물론 미국, 유럽, 캐나다, 호주 등 선진국 경찰의 지향점으로 전파되고 있다. ILP는 1990년대 초 영국 KENT경찰청에서 장기간의 범죄 패턴을 측정하여 대응하면서 범죄를 감소시키는 성과를 입증했다.[7] 이 개념은 전 세계적으로 확산되었다. 9.11 이후 미국은 정보 역량을 강화하고자 KENT 모델을 사용하고 있다.

ILP는 ① 범죄 정보를 모아 범죄예방에 반영하고 ② 검거에 활용하며 ③ 지역사회와 정보를 공유, 자원 배분과 의사결정을 협업한다. 지역사회와 범죄에 대한 정보를 공유하는 협업을 치안 거버넌스라고 칭하기도 한다.

정보기반 경찰활동은 경찰 및 법 집행기관, 민간 및 사회공동체 등 다양한 주체 간 정보 유통, 분석, 제공을 통해 범죄를 감소시키는 경찰활동을 말한다. 정보를 다양한 원천에서 수집하고 경찰이 범죄 행태를 판단·중단·개입하는 제반의 활동이 포함된다.

[그림 2.2]에서 보듯 범죄환경을 분석하여 의사결정자에게 제공함으로써 변화시키는 것이다. 의사결정자와 범죄 분석, 범죄 환경 간에 정보로 영향(influece), 해석(interpret), 충격(impact)하는 것을 ILP의 3I 모델이라고 한다.[8] ILP는 경찰과 행정 기관-민간기구-시민 사이의 정보 유통을 통해 범죄 정보를 수집-평가-활용-환류하는 체제로 발전하였다. 정보 입수를 통해 순찰하거나 수사 단서를 얻는 사건 차원을 넘어서, 통계 분석을 통한 정책 입안과 발생 범죄 추세 분석을 통한 예방, 범죄 정보(연령, 동기, 재범률, 주된 발생지역, 피해자 분석)를 다른 행정

[표 2.1] SARA 모델의 구성 요소

단계	주요 내용
조사 (Scanning)	경찰관들이 문제(problems) 되는 관심 사건을 분류하고, 정확하게 파악 ① 문제의 정의 ② 지역사회와 경찰 내외 간 협의 ③ 우선순위 선택
분석 (Analysis)	문제 원인 파악: ① 경찰 내외 자료 수립 기록 ② 누가(모든 관계자) ③ 무엇을 ④ 언제, 어디서(일시, 장소) ⑤ 어떻게(이해관계, 정책과 제도 등 원인이나 촉진 요인 · 결과요소 등) 확인
대응 (Response)	관계자들의 참여와 협조 → 해결방안 선택 → 대응
평가 (Assessment)	결과-효과 평가, 발전가능성 탐색 → 필요한 범위 내에서 계획을 다시 수정

※ 출처: 김영환(2008), 81-21.

기관(주로 지방정부)의 정책에 반영하게끔 발달한 것이다.

또 정보에 기반한 경찰의 의사결정(자원 배분, 투입 우선순위 결정 등)의 근거가 되고 있다. 정보 중심 경찰활동이 확산되면서, 지방자치경찰 내부 → 지방자치경찰 상호 간 → 지방경찰과 중앙정부 간 → 중앙정부 내 → 지방자치경찰과 중앙정부와 민간 연구까지 넓어지고 있다.

ILP는 경찰을 비롯한 공공 영역과 사적 영역의 정보를 통합하여 범죄와 무질서, 특히 테러에 대응한 방향을 제시하고 환류한다. 이러한 착안점은 스마트치안의 핵심 요소가 되었다.

자세한 정보 운영 절차는 이어질 '범죄 분석'에서 후술하기로 한다.

2.2.3 문제중심 경찰활동(Problem-Oriented Policing)

지역 치안에 영향을 미치는 중요 사항을 정하고 원인을 규정하여 대응함으로써 문제를 해결하는 전략이다(Goldstein, 1979). 경찰활동에 SARA모델을 사용하여 대응을 전문화하고 효율성을 높이고자 한다. SARA모델은 조사(scanning), 분석(analysis), 대응(response), 평가(assessment)로 구분된다.[9]

SARA모델은 스마트치안(SMART Policing)에서 문제에 대응하는 절차가 되었다. 스마트치안을 적용할 경찰과 연구기관들은 범죄와 무질서 문제에 대해

SARA 모델에 입각하여 조사-분석-대응-평가할 계획서를 제출한다. 주요 내용은 [표 2.1]과 같다. 미국 법무부는 이를 심사하여 지원 여부를 결정한다.

2.2.4 지역사회 경찰활동(Community-Oriented Policing)

경찰과 시민 사이의 관계를 통해 경찰 활동을 변화시켜 문제를 해결한다 (Trojanwicz, 1980). 범죄-무질서에 대해 시민의 협력을 통한 적극적인 예방과 경찰에 대한 시민의 지지가 핵심이다. 1980년대 이후 가장 두드러졌고, 2000년 후에 90%가 넘는 미국 경찰서에 전담 경찰관을 두고 있다. 이 이론에 따르면 범죄와 투쟁하는 주체는 경찰이 아니며 지역 주민이다. 범죄에 대응하는 역할은 지역 주민의 일이며, 경찰은 이를 돕는 역할이다.

지역사회 경찰활동은 스마트치안에서 지역사회와 공조가 필수라는 측면에서 한 축을 이룬다. 미국 스마트치안을 보면 이민자 사회의 범죄문제를 해결하고자 지역사회가 간담회나 교육, 체육대회 등의 방식으로 소통하는 사례(플로리다 팜비치)도 있고, 다양한 인종 구성의 지역 사회에서 소규모 모임과 경찰관 방문 등으로 범죄 문제를 해결한 사례들이 그것이다.

2.2.5 깨진 유리창 이론(Broken Window Theory)

깨진 유리창 이론은 환경 범죄학에 속하는 범죄이론으로 범죄와 환경과의 관계를 연구한 시카고 학파에 기반하고 있다. 시카고 학파 이론의 핵심은 주거 및 생활 환경이 파괴되고 해체되는 지역에서 손상된 환경 요소가 범죄를 유발할 수 있다는 것이고, 이를 예방하기 위한 경찰활동을 중시한다.

깨진 유리창 이론은 뉴욕 경찰에서 주창한 '무관용 원칙'(zero tolerance)의 이론적 바탕이 되었다. 주로 '기초 질서 회복' 같은 강력한 법 집행이나, '환경 개선'에 대한 내용으로 알려져 있다. 하지만 깨진 유리창 이론은 다양하다. 여기에는 무질서 행동을 다루는 경찰관에게 상당한 재량권을 부여하고 지역주민과 협의하여 지역적 특징에 반영하는 등 주민과의 소통과 협조가 포함되어 있다.[10]

[그림 2.3] 스마트치안의 이론적 구성 요소와 함의

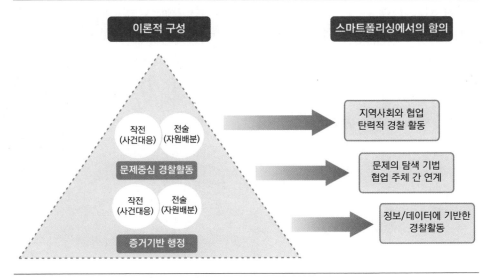

이론적 구성

스마트폴리싱에서의 함의

작전
(사건대응)   전술
(자원배분)

문제중심 경찰활동

작전
(사건대응)   전술
(자원배분)

증거기반 행정

지역사회와 협업
탄력적 경찰 활동

문제의 탐색 기법
협업 주체 간 연계

정보/데이터에 기반한
경찰활동

※ 출처: 서술한 스마트치안에서의 이론을 정리.

이런 '자율성'에 따른 선택과 집중에 의한 경찰활동으로 지역의 분위기를 바꿔가는 방향이 스마트치안의 요소가 되었다.

2.2.6 컴스탯

컴스탯(compstat)은 뉴욕시에서 채택한 '컴퓨터로 전파되는 범죄 통계를 활용한 경찰활동'이다(Bratoon&Maple, 1994). 컴스탯은 정보기술과 활동 전략, 경영의 책임성을 기반으로 경찰을 활동하게끔 하는 목표 지향적 전략이다. 그간 경찰학 이론들이 정보기술로 결합되어 있다. 컴스탯에는 ① 지역사회 경찰활동 ② 문제 지향 경찰활동 ③ 깨진 유리창 이론을 포함하고 있다. 주기적으로 지역별 범죄통계를 취합하여 컴퓨터로 분석하고 전파하여, 경찰활동에 반영하게 하고 환류하는 것이 핵심이다. 신속하고 정확한 계획, 적절한 차원의 활동, 효과적인 기술적 전략, 가차없는 평가와 후속 조치가 경찰 조직의 변화를 견인했다. 융합적 접근을 통한 스마트치안의 초기 모델이기도 하다.

여러 이론들이 스마트치안 프로그램에 미친 영향은 다음과 같다. '지역사회 경찰활동'과 '깨진 유리창 이론'은 범죄와 무질서 문제에 대응하기 위해 지역 사회와의 협업과 환경 개선, 예방적 활동 방법을 전수해주었다. '문제중심 경찰활동'은 해결할 문제의 조사와 분석, 대응과 평가라는 절차를 구성한다. '정보 중심 경찰활동'과 '컴스탯'은 정보/데이터에 기반한 전략의 수립과 활동, 환류라는 방법론을 이룬다. 이를 그림으로 표현하면 [그림 2.3]과 같다.

3

미국의 스마트치안 정책

2.3.1 스마트치안 운영 사례

미국 법무부 사법지원국(BJA)은 「SMART Policing Iniciative」[11]를 운영하고 있다. 이론적으로 조합된 절차를 운영하고 연구기관과 경찰·지역사회가 협업하는 모델로 자치경찰의 신청 프로그램을 심사하여 재정 지원한다. 전체 지원 예산은 1년에 약 70만 달러로 5개 내외 경찰관서를 선정한다. 자치경찰의 수요를 연방재정으로 해결하는 장점이 있어 경쟁이 상당하다.[12]

2018년 4월 현재까지 55개 경찰관서에서 66개 과제가 진행 중이다.([그림 2.4])

[그림 2.4] 미국 스마트치안 운영현황(55개 기관 66개 프로젝트)

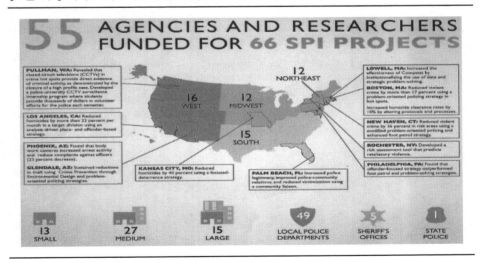

※ 참조: 지역별 SPI지원 현황.

이는 목표 범죄나 적용 기술 측면에서 총기범죄(17개 과제), 강력범죄(21개 과제), 가정폭력(2개 과제), 강도(4개 과제), 절도 등 재산범죄(7개 과제), 약물 범죄(9개 과제), 정신이상범죄(2개 과제) 등 다양하다. 사용 도구나 접근 방향에 따라 웨어러블 카메라(2개 과제), 조직 변화(5개 과제), 기타(10개 과제) 항목도 있다. 대상과 지역, 연구 전략은 [표 2.2]와 같다.

[표 2.2] SARA 모델의 구성 요소

적용 대상	적용 지역(연도: 연구 전략)
총기범죄 (17개 사례)	△ 애틀랜타, 조지아주('16: 데이터, 병원 개입, 지역중심) △ 볼티모아, 메릴랜드주('10: 가해자중심) △ 버밍햄 앨라배마주('17: 정보중심, 예측) △ 보스턴, 메사추세츠주('09: 장소–중심) △ 보스턴, 메사추세츠주('14: 조직 변화, 기술 도입, 수사과정 개선) △ 케임브리지, 메사추세추주('11: 예측) △ 시카고, 일리노이주('15: 데이터중심 예측적 분석) 이스트 팔로알토, 캘리포니아주('12: 범죄다발지역 분석) △ 줄리엣, 일리노이주('10: 장소–범죄자중심) △ LA, 캘리포니아주('09, '14: 장소–문제중심) △ 로웰, 매사추세츠주('11: 조직 변화, 증거중심) △ 킹카운티, 워싱턴주('16: 범죄다발지, 형사 정책 시스템 협력) △ 뉴워크, 뉴저지주('17: 범죄다발지역, 예측적, 지역사회 참여) △ 세인트루이스, 미주리주('16: 범죄다발지역–범죄자중심, 형사사법기구 간 협업) △ 시러큐스, 뉴욕주('17: 범죄자중심, 범죄다발지역) △ 월밍턴, 델러웨어주('17: 기술도입, 범죄다발지역, 데이터중심)
강력범죄 (21개 사례)	△ 보스턴, 메사추세츠주('11: 조직 변화, 범죄자중심) △ 브라이턴, 카머스시, 콜로라도주('17: 조직 변화, 기관 간 협업) △ 브룩클린 공원, 미네소타주('13: 집단적 효과, 핵심지역) △ 시카고, 일리노이주('15: 데이터중심 예측적 분석) △ 콜롬비아, 사우스캐롤라이나주('12: 정보중심) △ 디트로이트, 미시간주('16: 문제중심, 환경설계) △ 캔자스시티, 미주리주('12: 사회관계망 분석, 범죄자중심) △ 캔자스시티, 미주리주('16: 범죄다발지역, 범죄자중심) △ 랜싱, 미시간주('09: 장소–범죄자 중심) △ 라스베이거스, 네바다주('11: 범죄다발지역) △ 로웰, 매사추세츠주('14: 문제–장소–범죄자 중심) △ 뉴헤이븐, 코네티컷주('11: 증거중심, 범죄다발지역) △ 필라델피아, 펜실베이니아주('09: 도보순찰, 문제해결, 범죄자중심) △ 필라델피아, 펜실베이니아주('14: 정보유인) △ 포틀랜드, 오리곤주('14: 범죄다발지역, 높은 가시성 중심) △ 풀맨, 워싱턴주('11:범죄–범죄자중심) △ 록체스터, 뉴욕주('12: 데이터–장소–범죄자 중심) △ 사바나, 조지아주('09: 장소–범죄자중심) △ 세인트루이스, 미주리주('16: 범죄다발지역, 범죄자중심, 형사사법기구 간 협업) △ 톨레도, 오하이오주('14: 문제–범죄자중심) △ 윈스턴살렘, 노스캘로라이나주('09: 장소중심, 정보유도)
가정폭력 (2개 사례)	△ 출라비스타, 캘리포니아주('13: 문제중심 폴리싱) △ 파르, 텍사스주('11: 기술도입)

강도 (4개 사례)	△ 신시내티, 오하이오주('10: 장소-범죄자중심, 정보 유인적) △ 인디오, 캘리포니아주('10: 장소중심) △ 멤피스, 테네시주('09: 장소-범죄자중심) △ 팜비치 카운티, 플로리다주('09: 피해자중심)
약물 범죄 (9개 사례)	△ 줄리엣, 일리노이주('10: 장소-범죄자 중심) △ 랜싱, 미시간주('09: 장소-범죄자중심) △ 로웰, 메사추세츠주('10: 문제-장소-범죄자중심) △ 로웰, 메사추세츠주('11: 증거중심) △ 로웰, 메사추세츠주('16: 기관 간 협업, 문제중심) △ 매디슨, 위스콘신주('16 문제중심) △ 프로비던스, 로드아일랜드주('17: 기관 간 협업, 장소-병원중심 개입, 위기개입 훈련) △ 레노, 네바다주('09: 범죄자-문제중심) △ 윈스턴살렘, 노스캐롤라이나주('09: 장소중심, 정보유도)
정신이상 (3개 사례)	△ 피넬라카운티, 플로리다주('15: 위기관리팀, 기관 간 협업) △ 로녹카운티, 버지니아주('15: 증거중심 개입, 기관 간 협업) △ 쇼어 라인, 워싱턴주('15: 증거중심 개입, 기관 간 협업)
조직변화 (5개)	△ 로월, 메사추세츠주('11: 증거중심) △ 로웰, 메사추세츠주('14: 문제-장소-범죄자중심) △ 미시간주 경찰청('11: 증거중심) △ 포트세인트루시, 플로리다주('12 범죄자-증거중심 제도화) △ 템페, 애리조나주('17: 지역참여, 지역중심, 위기 관리 훈련)
웨어러블 카메라(2개)	△ 밀워키, 위스콘신주('15: 데이터중심 폴리싱, 지역사회 참여) △ 마이애미비치, 플로리다주('15)
기타	△ 브룩클린공원, 미네소타주('13: 집단적 효과, 핵심지역) △ 이스트 팔로알토, 캘리포니아주('12: 범죄다발지 분석) △ 에반스카운티, 조지아주('11: 기술 도입) △ 마이애미비치, 플로리다주('14: 예측적, 범죄다발지역) △ 피닉스, 애리조나주('11: 데이터중심) △ 포트세인트루시, 플로리다주('12: 범죄자-증거 중심) △ 새크라멘토카운티, 캘리포니아주('16: 장소-문제중심) △ 샌디에이고, 캘리포니아주('10: 장소-범죄자중심, 정보유인) △ 쇼니, 캔자스주('11: 장소-범죄자중심) △ 요크, 메인주('11: 장소중심)

※ 출처: 장광호 · 김주영(2018), 미국 SPI 사이트에서 번역하여 구성.[13]

이 중 주요한 사례를 유형별로 소개하면 다음과 같다.

(1) 총기 범죄 대응 사례

2011년 LA 경찰국은 정의안전전략재단(Justice and Security Strategies, Inc)과 합동으로 6년간(2006~2011)의 총기 범죄 통계를 지리적으로 분석하여 밀집도가 다른 지역보다 선명하게 높은 뉴턴 구역을 대상 지역으로 선정했다.

경찰과 연구기관은 'LA 전략 확산과 재구성 프로그램(이하 LASER 작전)'이라는 전략을 입안했다.[14] LASER 작전은 범죄의 상황이론과 환경 이론에 근거해서 지역 내에서 반복적인 폭력범죄자[15]와 갱단(40개 이상 활동)을 정교하게 대응하는 것을 추진했다.

주된 접근법은 범죄자와 장소기반 접근이었다. 범죄자기반 활동은 CID(Crime Intelligence Department, 범죄 정보국)가 맡았다. 경찰관과 범죄 분석관으로 구성된 CID는 범죄자와 사건 자료를 매일 수집하여 '상습 범죄자 정보'를 생산해서 전파한다. 해당 범죄자의 신체 특성과 최근 범죄 경력, 주요 활동이 포함되어 있다. 이 정보는 인증된 컴퓨터로 전송되어 2개월 단위로 업데이트 되고, 순찰차에서도 접속할 수 있다. CID는 2011년 7월부터 2012년 6월까지 124건의 정보지를 생산했다. 경찰들이 범죄 동향을 파악하고, 사건을 해결하며, 선제적 활동을 하는 데 도움을 주었다. 한편 평가리스트[16]를 사용해서 우선순위가 높은 상습범죄자를 지정했다. 점수가 높은 범죄자는 번호판 감시를 받거나 순찰팀의 우선 방문 대상이 되었다. 2012년 8월까지 우선 상습 범죄자로 선정된 124명 중 87명(70%)가 적어도 1회 이상 체포되었다.

한편 빈발지 5곳([그림 2.5]에서 사각형 표시된 곳)에 대한 장소기반 전략도 시행했다. ① 직접 순찰 ② 지정 시간·장소에서의 관찰 ③ 빈발지 오토바이와

[그림 2.5] LA 뉴턴 구역 총기범죄 밀집 지역

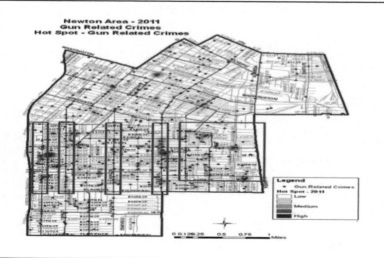

도보순찰 ④ CCTV 설치 등이 이어졌다. 모든 경관들은 해당 지역에서 활동한 시간을 보고했다. 분석팀은 경찰관 활동 시간을 계산하여 범죄 감소를 측정하고, 환경 개선에 사용했다.

LASER 작전 후 뉴턴 지역에서 1종 폭력범죄인 살인·강도는 평균 월 5.4건으로 떨어졌고, 살인은 월별 22.6% 감소했다. LASER 작전은 지리적 분석을 통한 순찰 등 자원 배분과 환경 개선, 범죄인 중심 대응을 활용한 사례이다.

(2) 강력범죄 대응 사례

필라델피아 경찰은 템플 대학(Temple University, Department of Criminal Justice)과 합동으로 폭력 범죄의 빈발지를 분석하여 경찰력 배치에 활용했다. 2009년 사건을 지리적 분석하여 81개의 빈발지(hotspot)를 정해서 3가지 전략을 사용했다. 27개소씩 각각 ① 도보순찰, ② 환경 개선이나 지역사회 참여 등 문제해결 경찰활동, ③ 상습 범죄자에 대한 관찰과 경고 등 '범죄자 중심 전략'을 실시했다. [그림 2.6]은 그렇게 선정된 장소들에 대해 다른 전략을 실행한 지도이다.

[그림 2.6] **필라델피아의 유형별 실험지도**

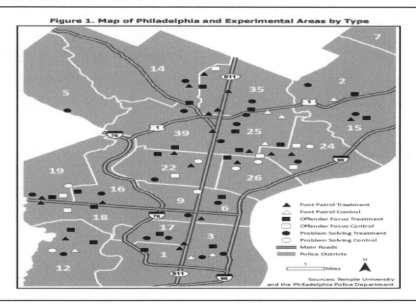

[그림 2.7] 3가지 경찰활동의 구획별 실험

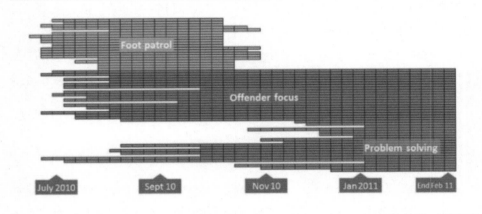

그 효과로 정책 시행 기간 동안 예전보다 모든 강력 범죄가 22% 감소하고, 거리 강력범죄가 33% 감소했다. 3가지 방법 중 범죄자 중심 전략이 도보순찰이나 문제지향 경찰활동보다 범죄 감소에 더 유용하였다는 결론을 도출했다.

[그림 2.7]은 27개씩 나눠진 구역에서의 3가지 접근법을 시기별로 사용하였음을 표시한 것이다. 가장 효과가 높았던 범죄자 중심 경찰활동은 전체 기간 동안 꾸준히 계속되었다. 반면 도보순찰은 2010년 8~10월까지만 실시했고, 문제해결 경찰활동은 일부 지역은 2010년 7월부터 시작되었으나 일부는 10월부터 시작했다.

시기, 대응전략, 장소를 구분하여 대조하는 접근법은 실험집단, 통계집단을 구분하여 서로 다른 경찰활동을 집행하여 비교하고, 정량적 평가하여 과학적 기법을 선택하는 스마트치안의 특성을 보여준다.[17]

(3) 강도 범죄 대응 사례

플로리다 팜비치 카운티 레이크워스(Lake Worth)시에는 거주 인구 중 40%가 히스패닉 또는 라틴계이다. 주민 이동이 유동적이며, 언어가 다양하며 문맹률이 높아 의사소통이 쉽지 않다. 경찰에 대한 부정적인 인식이 높아 경찰이 활동하기 어려웠다. 2002년 이후 강도가 꾸준히 증가했다.

경찰은 연구 파트너인 린 대학과 함께 대책을 수립했다. ① 이민자 공동체와 신뢰를 쌓아 지역공동체가 범죄를 신고하고, 피해자를 위한 선제적 역할을 할 수 있도록 했다. ② 이민자 거주 지역에서 범죄예방 교육을 하여 현금 보유, 배회, 공공장소 음주를 자제하도록 했다. ③ 공동체가 강도피해 조사를 적극적으로 하도록 했다. 팜비치 경찰은 소수 언어 의사소통이 가능한 과테말라 출신자 협의체를 구성해서 경찰과 이민자 사회를 중개할 수 있도록 했다. 협의체는 병원, 은행, 언론 등을 조직해서 범죄 예방과 은행계좌 개설, 신분증 보안 등을 교육했다. 방송 매체로 피해 신고를 받거나 수상한 사람을 범죄중단인(Crime Stopper)이나 경찰에 알리기도 했다. 협의체는 경찰과 협업하면서 이민자들이 경찰을 긍정적으로 인식하도록 도움을 주었다. 경찰은 순찰과 정보를 얻는 데 점차 도움을 얻게 되었다. 수사관들은 매주 경찰서 전략정보팀을 통해 최근 출소자 정보를 받아 이들을 면담하여 석방 조건을 강조하고, 사회 복귀를 도와줬다.

　대책이 추진된 2010년 4월에서 9월 동안 강도 건수가 월 평균 9.3%에서 7.3%로 22% 감소했다. 2012년 상반기 6개월 동안 월 평균 강도 건수는 7.5%로 낮게 유지되고, 검거는 증가했다. 팜비치 사례는 경찰이 지역 공동체 협의체에 역할을 부여하여 공동체가 범죄를 통제하고 예방하도록 한 공동체 중심 경찰활동 전략의 예시다.[18]

(4) 절도 범죄 대응 사례

　글렌데일 경찰은 애리조나 주립대학과 함께 편의점 대상 범죄 대책을 수립했다. 경찰은 다른 편의점 체인점에 비해 '서클-K'에서 더 많은 범죄가 발생한다는 결론을 도출했다([그림 2.8] ★ 표시된 곳이 서클-K).

　경찰은 서클-K 편의점의 관리자 면담과 범죄 예방 환경 디자인(CPTED) 조사, 범죄 빈발 지역에 대해 관찰했다. 서클-K의 문제점은 야간 직원 부족, 배회·구걸·낙서 대응 실패, 위험한 장소에 제품 배치, 전망·조명과 같은 범죄 예방 환경 원칙 위반들이었다. 그러나 서클-K 측은 점원 증원과 같이 비용이 드는 조치에 동의하지 않았다. 경찰은 서클-K의 변화를 위해 신고 데이터를 분석하여 인건비 등 비용보다 범죄가 손해라는 의견을 표명했다. 한편 서클-K 인근 우범자들에 대한 감시와 법집행을 실시했다. 이에 따라 서클-K는 범죄율이 높은 지점을 폐쇄하고 신규 지점은 CPTED 원칙에 따랐다. 관리자의 참여, 매장 운영 및 디자인 개선, 청소년 범죄 예방, 범죄 빈발 장소 단속을 통해 매장별로 신고

[그림 2.8] 글렌데일 편의점 위치와 범죄신고 지도

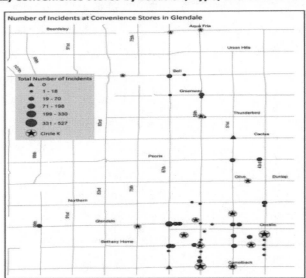

Figure 1
Glendale (AZ) Convenience Stores by Location, Type, and Calls for Service (2010)

요청이 19~60% 감소되었다. 서클 - K는 경찰과 협약을 맺어, 경찰차가 서클 - K 주차장을 사용할 수 있게 했다. 경찰은 주차 장소를 마련하고, 서클 - K는 범죄를 예방하는 효과가 있었다.

글렌데일의 사례는 민간 사업자와 경찰의 견해 차이가 존재할 때 경찰이 데이터를 활용하고 인근 경찰과 함께해서 태도를 변화시킨 착안점이 있다.[19]

(5) 청소년 강도 범죄 대응 사례

캘리포니아주 인디오시 경찰은 캘리포니아 대학과 협업하여 강도를 감소시키는 프로젝트를 개발했다. 연구팀은 10년간 데이터 분석을 통해 강도와 학생들의 무단 결석이 유의미한 관계가 있음을 분석했다.

경찰은 무단 결석이 증가하면 그 지역의 강도 범죄도 뒤이어 증가하는 예측이 가능함을 발견했다.([그림 2.9]) 경찰은 무단 결석을 낮추는 것이 중요한 예방책이라고 판단했다. 경찰은 장소 중심 경찰활동으로 무단 결석 학생들을 적발

[그림 2.9] 2010년 강도범죄 예측-발생 지역 비교

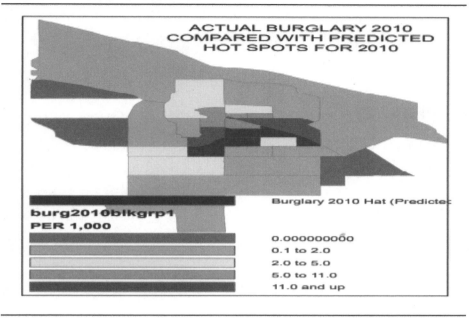

[그림 2.10] 인디오시 결석 방지 캠페인 포스터

해 학교와 가정에 인계하여 관리했다. 공동체 경찰활동으로 지역 단체들과 협업하고, 학생-부모-지역 사회 간 관계 개선 노력을 했다. [그림 2.10]의 포스터는 경찰이 부모 역할에 대해 촉구하는 것(왼쪽), 결석과 강도가 관계가 있음을 홍보하는 것(가운데)와 결석을 방지하여 졸업을 독려하는(오른쪽) 내용이다.

1년 동안 활동 결과 해당 지역에서 강절도 범죄가 모두 감소하였다.[20] 인디
오시의 사례는 무단 결석과 강도의 상관관계를 분석하여 전략을 수립한 정보기
반 경찰활동과 지역 사회와 협업하여 결석을 방지하는 공동체기반 경찰활동, 문
제중심 경찰활동의 결합이다.

(6) 총기 범죄 대응

캘리포티아의 이스트 팔로알토(East Palo Alto)는 작은 도시임에도 2.5제곱마
일 지역에서 총격 사건이 빈발하다. 13%의 총격 사건 빈발지에서 총격 사건의
25%가 발생했다. 경찰은 BJA의 지원을 받아 Shot-Spotter 시스템을 개발했다.
이는 총성에 자동 반응하여 총격 소리인지를 판단하고, 자동적으로 위치를 분석
해서 제공하는 기술이다.

[그림 2.11] 총격 밀집지역(2009~2013)

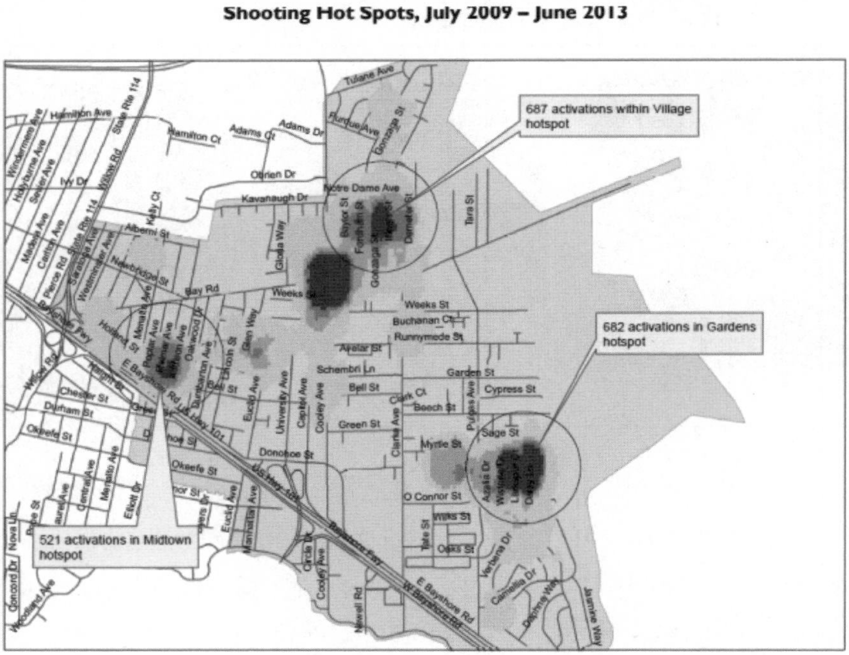

팔로알토는 실리콘밸리의 IT 업체가 밀집한 곳이다. 첨단 기술을 도입한 방식은 지역 특색과 어울린다. Shot-Spotter는 뉴욕 경찰을 비롯한 다양한 곳으로 확산되었다. 소리를 인식하고 위치와 총성 여부를 순간적으로 판단하고 경찰에게 전달해주는 IT 기법은 최근 스마트치안의 변화를 보여준다.

6개 지역 경찰은 범죄 데이터를 활용해 연구기관과 함께 범죄와 무질서에 대해 조사-분석-대응-평가하는 스마트치안을 운영했다. 사례별로 경찰학 이론과 스마트치안의 특징이 조금씩 차이가 있다. [표 2.3]을 보자.

[표 2.3] 스마트치안 사례와 경찰학의 함의

지역(주, 시) (협업 연구기관)	대상 범죄	대응 전략 → 경찰학의 이론/함의
캘리포니아 LA (정의안전 전략재단)	총기 범죄	① 통계적 분석을 통한 상습 총기범죄 빈발 지역 산출 → 컴스탯 ② 상습 범죄자 정보 분석 활용(중요 사건 수사 상황 공유, 중요 범죄자 관찰 대응) → 정보 중심 경찰활동
필라델피아 (템플대학)	노상 강력 범죄	○ 통계적 분석을 통한 빈발지역 추출 ○ 지역별로 다른 접근법 실험 → (1)빈발 장소 순찰(컴스탯), (2)범죄 환경 정비, 지역 사회 참여(문제해결 경찰법), (3)상습 범인에 대한 직접적 활동(정보중심 경찰활동)
팜비치, 플로리다 (린 대학)	이민자 거주지 강도 범죄	○ 통계와 인터뷰를 통한 원인 분석(경찰에 대한 부정적 인식) ○ 이민자 공동체 내 지역사회 경찰활동 → (1)기초 질서 정비 교육(깨진 유리창 이론) (2)지역 협의체가 범죄 예방/교육과 신고 유도를 주도적으로 참여(지역사회 경찰활동)
글렌데일 (애리조나 주립대학)	절도 범죄	○ 통계 분석으로 원인 분석(서클-K의 범죄 빈발 시간, 인력, 환경) → 빈발 일시·장소에서 집중적인 법집행(정보중심 경찰활동) ○ 여론 조성, 변화 관리 → (1)범죄 환경 정비 독려 (문제중심 경찰활동) (2)시설 개선 등 지역 참여(지역사회 경찰활동)
캘리포니아 인디오	강도 범죄	○ 통계 분석으로 원인 분석(무단 결석과 강도의 상관관계) ○ 경찰-학교-지역사회 연계 → 결석 학생 빈발지 단속(정보중심 경찰활동), 가족 관계 개선 프로그램 운영(지역사회 경찰활동) 결석 방지-출석 독려 홍보(문제기반 경찰활동)
캘리포니아 팔로알토	총기 범죄	○ 통계 분석으로 현황 분석(밀집 지역에서 대부분의 총기 범죄 발생) ○ 첨단 기술 개발 → 총성 인식, 총성 여부 확인하여 위치 식별하여 통보해주는 시스템 개발: 해당 지역 및 경찰 확산(최신 과학 기술을 활용한 경찰활동)

2.3.2 미국 스마트치안의 특성

위 사례로 살펴본 미국 스마트치안의 특성은 다음과 같다.

(1) 넓은 적용 범위와 다양한 연구 전략

대상별로 장소기반, 정보기반, 범죄자기반 등 여러 전략을 사용한다. 사용한 기법 역시 지리적 분석, 통계적 분석, 범죄심리학, 행동 분석, 정신의학 등 다양한 기반을 활용한다. 다차원적·다각적 접근 방법에 기인한 것이다. 이에 따라 고유한 이론 체계라고 하기 곤란하다는 의견도 있다. 기술의 수준도 차이가 크다.

(2) 방법적 공통점

이론적 지적에도 불구하고 경찰활동의 혁신이라는 가치가 있다. 문제 정의와 전략 구성, 평가와 개선에 데이터를 활용하고 지역사회와 연구기관 간 협업을 필수조건으로 한다. 모든 경찰 기관들은 협업 연구기관과 전략을 수립하여 평가받는다. 이 과정을 평가하는 미국 법무부 역시 연구 기관과 협업하는데, 현재 CNA이라는 곳이 맡고 있다. 한편 참여 기관 전체의 과학성도 평가한다.

이를 위해 '메릴린치 척도'를 사용한다. 이 척도는 계량적 분석과 정책 활용, 평가 과정을 얼마나 객관적으로 했는지를 활용하는 기준이다. 레벨 1~5로 구성되어 있다. 레벨 1이 가장 단순한 평가 방식이고 레벨 5는 가장 복잡한 기준이다.([표 2.4] 참고)

[표 2.4] 메릴린치 척도

레벨 1	범죄예방 정책과 범죄·위험 측정 변수들에 대해 일정 시점에서의 상관관계	
레벨 2	범죄·위험에 대한 대응 정책 성과를 시간적으로 분명하게 관찰되거나, 실험을 적용한 집단과 비교	복잡성의 증대
레벨 3	정책 적용에서 차이가 나는 2개 이상의 단위의 비교 분석	
레벨 4	다른 변수를 통제하거나, 근거의 차이가 경미한 집단에 대해 정책 적용을 달리하여 비교	
레벨 5	정책 적용을 한 집단과 비교 집단 간에 임의적 과제로 분석	

[그림 2.12] 스마트치안의 운영 개념과 효과

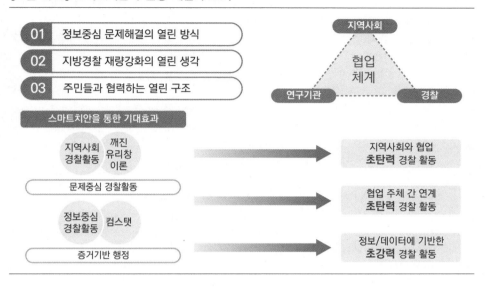

미국 법무부는 메릴린치 척도를 통해 그간 척도 수준이 발전했다고 말하고 있다. 2009~2011년까지 레벨 3 이상의 SPI 프로그램은 50% 이하였는데, 2013~2017년 동안에는 75% 이상이 되었다는 것이다. 과학적 실험 수준으로 통계적 입증이 높아지고 있다.

미국 스마트치안은 과학적 경찰활동을 지향하되 ICT에 한정되는 것이 아니다. 사회과학의 바탕에서 데이터를 통한 문제 정의와 전략 수립을 취하고 지리적 분석을 비롯한 컴퓨터 기술을 활용한다. CCTV나 총성 인식 시스템 등 기술적 도움을 받기도 한다.

문제 해결 프레임은 경찰력뿐 아니라 지역사회와 연결한다. 지역 공동체에 범죄 대응 역할을 맡기기도 한다. 연구 기관이 참여해 모델을 구성하여 성과를 측정한다. 스마트치안의 과학은 좁은 의미의 기술이 아니라, 전체 경찰활동의 과학적 설계와 운영이다. 4차산업 시대의 키워드와 걸맞은 정보(데이터)기반, 주체 간 연결, 열린 대응 수단이다. 도표로 표현하면 [그림 2.12]와 같다.

미국 스마트치안은 데이터를 통해 범죄 문제를 진단하고 대응 전략을 수립하며 평가할 수 있는 분석 역량이 바탕이 되어 있다. 범죄 분석 역량이 향상되면서 데이터를 중심으로 전략 수립과 주체 간 협업이 가능했다. 범죄 분석의 연혁과 최근 변화를 살펴보자.

주 1) 이창한·문준섭.(2016)「한국형 스마트치안 모델의 구상」, 치안정책연구소 학술세미나 경찰청 치안정책연구소(2016.11) 스마트치안 어떻게 할 것인가.

주 2) 윤병훈·이창한.(2013). 치안환경 변화 따른 경찰활동의 모색: SMART Policing의 활용 사례 및 적용방안.「경찰학연구소, 경찰학논총」제8권 제2호, 2013, 416쪽

주 3) 박철현.(2014). 증거에 기반한 형사정책의 발전과 국내 적용방향. 형사정책연구 제25권 제2호

주 4) Jerry H. Ratcliffe, Integrated Intelligence and Crime Analysis: Enhanced Information Management for Law Enforcement Leaders, August 2007.

주 5) Jerry H. Ratcliffe, Integrated Intelligence and Crime Analysis: Enhanced Information Management for Law Enforcement Leaders, August 2007.

주 6) 한상암·박한호·이명우.(2013). 범죄예방을 위한 정보주도형 경찰활동(ILP)에 대한 연구; 국내도입논의를 중심으로. 한국경호경비학회 제36호, 84-90.

주 7) James, A.(2013). Examining Intelligence-led Policing, Palgrave macmilan.

주 8) Ratcliffe, J. H.(2007). Integrated Intelligence and Crime Analysis: Enhanced Information Management for Law Enforcement Leaders, Police Foundation.

주 9) 김영환.(2008). 문제지향적 경찰활동에 관한 이론적 논의. 한국컴퓨터정보학회 2008년도 제38차 하계학술발표논문집 16권 1호, 81-82.

주 10) 이기헌.(2016). 깨진 유리창 이론에 대한 고찰. 형사정책 제28권 제1호.

주 11) 전반적인 내용은 http://www.smartpolicinginitiative.com/ 참조.

주 12) 경찰청.(2016).「스마트치안을 위한 미국 경찰 조사 보고서」.

주 13) 장광호·김주영.(2018). 스마트 폴리싱의 한국적 적용에 대한 연구. 치안정책연구.

주 14) Craig D. Uchida(Marc Swartt, Daved Gamero, Jeanine Lopez, Erika Salazar, Elliott King, Rhonda Maxey, Nathan Ong, Douglas Wagner, Michael D. White), "Lost Agenles, California Smart Policing Initiative: Reducing Gun-Related Violence through Operation LASER", Octover 2012.

주 15) 미국의 폭력범죄는 우리나라의 폭력범죄와 기준이 다소 다르다. 우리나라의 폭력범죄는 폭행죄를 비롯해 경미한 정신적/신체적 피해를 입힌 범행을 모두 포함시키는 데 반해, 미국의 폭력범죄는 총기 등을 흉기를 사용한 중범죄를 대상으로 한다.

주 16) ① 갱단 5점 ② 가석방이나 보호관찰 중 5점 ③ 총기 휴대로 체포 5점 ③ 폭력 전과 기록 5점 ④ 최근 2년간 경찰관 접촉 여부(2009~2011)가 있었는지에 따라 1점 등이 평가의 기준이다.

주 17) Jerry H. Ratcliffe, Elizabeth R. Groff, Cory P. Haberman, Evan T. Sorg, Nola Joyce, "Philadelphia, Pennsylvania Smart Policing Initiative: Testing the Impacts of Differential Police Strategies on Violent Crime Hotspots", August 2013.

주 18) Michael D. White, Debra Ainbinder, Rolondo Silva, "Palm Beach County, Florida Smart Policing Initiative: Increasing Police Legitimacy and Reducing Victimization in Immigrant Communities", June 2012.

주 19) Michael D. White, Frank Balkcom, "Glendale, Arizona Smart Policing Initiative: Reducing Convenience Store Theft", March 2012.

주 20) Robert Nash Parker and Erica Ma, "Indio, California, Smart Policing Initiative: Reducing Burglaries through Predictive Policing and Community Engagement", July 2014.

범죄 분석

스마트치안과 범죄 분석

미국 스마트치안은 범죄 데이터를 분석하여 원인을 파악하고 해결책을 도출하고 객관적으로 환류하는 방법론이다. 경찰뿐 아니라 연구기관, 지역사회의 참여로 문제를 해결한다. 역할과 작동을 그림으로 표현해 보면 [그림 3.1]과 같다.

[그림 3.1] **스마트치안 주체들의 역할과 범죄 분석의 관계**

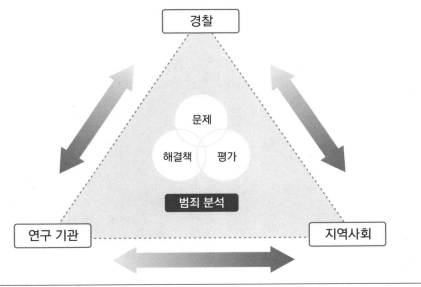

※ 스마트치안의 특성과 단계 등 내용을 그림으로 재정의함.

다양한 주체들이 자원을 투입하기 위해서는 데이터에 기반한 근거가 필요하다. 경찰은 범죄 분석의 전통을 갖고 있다. 개별 사건을 해결하기 위한 정보, 범죄의 특성을 파악해서 대응하기 위한 분석이 그것이다. 경찰의 자원 배분을 위해 필요한 정보도 있다. 범죄 분석은 ICT와 결합해 발전하고 있다.

'범죄에 대한 데이터'는 무엇인지, '범죄 데이터를 어떻게 활용하는지'에 논의해 보자. 빅데이터, 인공지능도 사람이 원하는 질문에 대한 답을 찾는 것이다. 그간 추구한 분석의 전통에 최신 기술을 접목해야 한다. 이 장에서는 스마트치안의 핵심을 이루는 범죄 분석의 대상과 활용 방향을 살펴보고, 제도와 조직, 최신 기술과의 접목에 대해 알아보겠다.

2

범죄 분석의 의의

경찰은 ① 구체적인 사건의 범인을 잡기 위해 ② 일반적인 범죄를 줄이기 위해 ③ 가장 절실한 범죄에 경찰 자원을 배분하기 위해 고민한다. 이 과정에서 정확한 정보에 기반하여 의사결정을 내려야 한다.

경찰이 범죄 정보를 통해 선택하는 의사결정은 ① 범죄 해결 ② 범인 발견과 검거, 기소 ③ 범죄 예방 전략−전술 ④ 내부 운용(operations)의 최적화 ⑤ 순찰과 수사의 우선순위 결정 ⑥ 자원 할당 ⑦ 장래 필요 자원에 대한 계획 수립 ⑧ 효과적인 정책의 입안 ⑨ 공중에 대한 교육 등 다양하다(국제범죄 분석협회−IACA, 2008).[1]

[표 3.1] 데이터, 첩보와 범죄 정보의 정의

분류 주체	정의한 내용
CIA나 FBI	• 생자료(raw data): 통계나 문건, 비디오테이프 등 1차 자료 • 첩보(information): 처리 전 자료 • 정보(intelligence): 처리된 이후 지식
UN마약범죄국 (UNODC) 범죄 정보 분석가매뉴얼	• 첩보(information): 본래 형태의 지식(raw data) • 정보(intelligence): 이해 가능한 첩보, 가치가 포함된 첩보, 출처와 신뢰성의 맥락을 고려해 평가된 첩보
Carter(2004)	• 범죄 정보란 "다양한 경로로 입수된 첩보(information)를 평가한 분석의 생산물로서, 첩보들을 통합하여 집약한 후 문제해결을 위한 과학적 방법('분석' 등)을 사용해 만들어 낸 범죄현상에 대한 결론이나 예측"

※ 출처: 장윤식(2012), 35면.

[그림 3.2] IACA 순환 모델

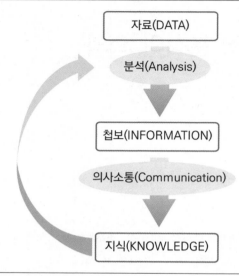

※ 출처: IACA(2010): 101.

활용되는 정보는 내용의 성숙도와 입수 시기, 사용 방법에 따라 자료(raw data), 첩보(information), 정보(intelligence)의 용어들이 사용된다. FBI, CIA와 전문가들은 [표 3.1]과 같이 정의하고 있다.[2]

위 구분은 자료의 정확성과 유용성에 따른 전통적인 분류이다. 최근 민간 영역에서는 자료(data)와 첩보(information), 정보(business intelligence) 등의 용어를 혼용하면서 분류를 엄격하게 하고 있지 않다. 대용량 정보 처리와 분석 기술의 발전으로 자료(data) − 첩보(information) − 정보(intelligence)의 영역을 오가면서 순환하고 있기에 포괄적으로 이해하는 것이 효율적이다.

국제범죄 분석협회(IACA)의 순환모델은 자료(data) − 정보(information) − 지식(knowledge)의 발전 단계를 거치고, 그 사이에 각각 분석(analysis)과 의사소통(communication)이 존재한다.

사례를 대입해 보자. 경찰 정보 시스템상에 입력된 사건 보고서를 통해 특정 지역에서 반복적으로 차량 털이범이 발생한다는 것을 분석한다. 분석된 첩보(Information)를 안건으로 형사회의를 하여 형사활동이라는 지식 정보(knowlegde)를 생산하여 범인을 검거하였다. 이 과정에서 인력 배분의 결정이나, 순찰 노선의 조정 등이 이루어졌다.([표 3.2] 참조).

[표 3.2] IAEA 모델 사례 모형

Data		Information		Knowledge		Result
경찰 정보 시스템상 입력된 개별 사건보고서	분석	반복적으로 차량 털이범이 발생함	의사소통	연쇄강도가 다음 형 사회의에서 주된 안 건이 됨	전략과 행동	연쇄 차량털이범 검거됨
특정 지역 인구당 경찰관 수		인구 대비 경찰관 수가 평균보다 20% 적음		경찰서장은 예산을 제안할 때 이 정보 를 고려함		경찰인력 증원
전년 대비 금년도 범죄 규모; 기록관리시스템의 개별기록;관할 정보		차량 털이범 20% 증가, 쇼핑몰 신설 과 관련된 것으로 보임		경찰은 이 정보를 공유하고 순찰 활동 에 반영함		차량 털이범 감소 함

※ 출처: IACA(2009), 9면의 내용을 번역하고 한국 현실에 맞게끔 일부 수정.

이 책은 '범죄 정보'를 '경찰활동 전반에서 범죄에 대한 데이터, 자료, 정보, 지식을 포괄하여 범죄에 대응하는 데 사용하는 정보의 총체'로서 포괄적으로 정의한다. 이런 범죄 정보를 분석하는 활동을 '범죄 분석'이라고 칭하기로 한다. 범죄 분석은 법집행 분석(law enforcement analysis)이라고도 하며, 경찰－법집행기관에게 정보 지원을 제공하는 절차, 기술, 산물을 의미한다(IACA, 2008). 목적과 방법, 사용되는 정보의 유형으로 나눠 보면 구체적으로 이해할 수 있다.

3.2.1 분석 대상인 범죄 정보

(1) 범죄 정보 분석-사건 정보 분석

범죄 정보 분석가(crime intelligence analyst)는 범죄자, 특히 조직 범죄자와 공모자들에 대한 정보를 분석한다. 범죄조직의 구성원과 관계, 자금과 장물의 흐름, 범인의 활동과 계획 등 체포와 기소를 위한 분석을 한다(IACA, 2008). 예를 들어 범죄자가 누구인지, 어디에 사는지, 무엇을 하는지, 누구의 지시를 받는지, 어떠한 범행을 계획하고 있는지 등에 관한 것이다.[3] 활용되는 정보는 '범죄 사건 정보'라고 지칭한다. 이 활동은 전문 분석관, 담당 수사관이 할 수 있고, 순찰 경찰도 할 수 있다. 경찰 현장에서 전형적으로 이루어진 분석이다.

(2) 범죄 행동 분석: 심리행동 분석-범죄자 프로파일링

범죄 행동 분석(cirminal behavior analysis)는 범죄 특성에 기반하여 범인의 물리적, 행동적, 심리적 프로파일을 만드는 활동이다. '프로파일링'과 동의어이다. 범죄 수사 분석(criminal investigative analysis)으로 불리기도 한다. 살인, 강간, 방화 등과 같은 범죄(특히 연쇄 범죄)에 제한적으로 적용되며 기술과 훈련이 필요하고, 시간이 소요된다.

범죄 행동 분석가는 개별 사건을 해결하기 위해 용의자를 비교하거나 유사한 수법의 범죄자 정보를 비교하는 등 '범죄 정보 분석' 기법을 사용할 수 있다. 수사관 혹은 범죄 정보 분석관은 연쇄 범죄를 해결하기 위해 프로파일러, 범죄 행동 분석관과 정보를 공유할 수도 있다. 그러나 범죄 행동 분석과 수사 분석(범죄 정보분석)의 응용은 다른 영역이다(IACA, 2008).

(3) 범죄 분석-통계적 정보 분석

범죄 분석이란 "범죄의 이해, 범죄와 무질서의 감소, 범죄예방 및 평가를 위한 범죄와 무질서, 사회 ─ 인구학적, 시공간적 요소를 포함한 경찰 이슈에 대한 체계적인 연구"를 말한다.

범죄 분석가(crime analyst)는 범죄와 무질서 데이터를 분석한다. 이들은 패턴, 추세, 문제를 발견하고 분석하여 해결하고, 감소시키며, 예방하는 데 도움이 되는 정보를 생산한다. 예를 들어 어떤 범죄가 증가했고 감소했는지, 범죄다발지역(hot spot)은 어디인지, 주된 피해품은 무엇인지 등을 분석한다(Jerry H. Ratcliffe, 2007).

범죄 분석은 상대적으로 새로운 개념이다. 범죄 사건 정보는 경찰 역사와 함께했지만 범죄 분석은 컴퓨터가 도입되고 경찰 업무가 전자화되어 업무 관리 시스템이 갖춰지면서 발전되기 시작했다.

범죄 분석은 정보의 유형과 목적에 따라 ① 범죄 분석(통계적 분석) ② 범죄 정보 분석(사건 분석) ③ 범죄자 분석(범죄 행동 분석)으로 나눠진다. 최근의 범죄 분석은 ①~③의 분석을 융합하고 있다.

다음은 이러한 유형의 범죄 분석이 어떻게 활용되는지에 대해 소개한다.

[그림 3.3] 범죄 분석의 대상 정보와 활용

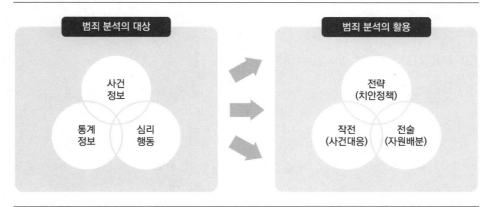

※ 출처: Ratcliffe(2007), 13면 내용을 참고하여 IACA(2009)의 분류 방법과 함께 표현.

3.2.2 범죄 분석의 활용 범위

정보를 수준에 따라 전략, 작전, 전술의 세 종류 혹은 더 간명히 '전술과 작전'으로 분류하기도 한다(Police Foundation). 혹은 전략-수사-범죄 분석으로 나누기도 한다(BJA, ILP). 여기에선 '전략-전술-작전'으로 구분해서 설명하겠다.

(1) 전략 정보(strategic intelligence)

전략 정보는 경찰의 장기 목표에 맞춰서 활동의 우선순위와 구조를 설정하는 정보이다. 범죄 환경과 추세, 공공 안전과 질서에 대한 위협, 경찰의 대응, 필요한 정책과 법규정의 변화 등이 있다.

범죄 분석이 경찰 전략에 활용되는 경우는 장기적인 범죄 추세를 분석하여 경찰활동의 우선순위를 정하고 정책을 설정하는 지식으로 상정할 수 있다.

(2) 작전 정보(operational intelligence)

작전 정보는 구체적인 범죄를 예방 또는 진압하기 위해 자원을 배분하는 중간 영역이다.

즉, 특정 관서 또는 부서에서 해당 관할의 빈발하는 특정 범죄를 막거나 검거하기 위해 특정 시간대에 인력을 배치하고 순찰 또는 검거활동을 결정한다면 자원 배분 활동이다. 이 분야는 최근 정보기술의 발달로 빠르게 개척되고 있다. 뉴욕 경찰의 컴스탯을 비롯해 지리적 범죄 분석과 자원 배분이 대표적이다.

(3) 전술 정보(tactical intelligence)

전술 정보는 경찰 개인 혹은 팀 단위의 구체적인 범죄 사건 대응을 위한 의사결정이다.

특정 사건의 범인을 검거하기 위해 자금 추적, 조직도, 공범의 정보를 취합하고 어디에 범인이 있을지, 어떤 증거로 혐의를 입증할지 등 가설과 추론, 필요 정보를 수사팀에 제공하는 것이 전술 정보 활용이다.

이렇듯, 정보의 활용 목적 – 범위에 대한 구분을 전략 – 전술 – 작전으로 나눌 수 있다. 전략적 정보는 조직 활동의 우선순위 설정, 즉 거시적인 '치안 정책' 정보, 작전 정보는 인력·예산·장비 등 '자원 배분' 정보, 전술 정보는 구체적인 범죄 사건을 제압하거나 예방 등 '사건 대응' 정보이다.([그림 3.3] 참고)

이런 분류는 정보의 유형과 분석의 활용 범위를 이해하는 데 도움을 준다. 이런 분류가 더 중요한 이유는 역설적으로 최근의 범죄 분석이 그 방법과 활용에서 통합되는 추세이기 때문이다.

3.2.3 범죄 분석의 융합 동향

위 분류에서, 전략적 정보를 위한 '범죄 분석(통계적 분석)'과 수사에 활용할 전술적 정보를 얻기 위해 정보를 종합하는 '범죄 정보 분석(수사 분석)'은 다른 영역에 해당한다. 구분된 분석 활동이 전략, 전술, 작전 단계에서 별개로 운영되면서, 정보가 유실된다는 지적이 제기되었다.[4]

[그림 3.4]에서 분석 수준별로 '현장 단위'에서 범죄 분석은 사건 정보를 종합하고, 범죄 정보는 범죄자들의 정보를 분석한다. '운영 단계'에서는 범죄를 패턴 단위로 종합하고, 개별 범죄자가 아니라, 범죄 조직이라는 집단적 활동을 찾으려 한다. '전략 수준'에서는 범죄자나 조직이 공격 대상으로 하는 시스템의 취약성을 찾아내려 한다.

이 방식은 통계 분석 전문가와 수사분야 전문가들이 전문 분야에 따라 정

[그림 3.4] 상호 독립적인 범죄 분석과 범죄 정보의 단일 분석모델

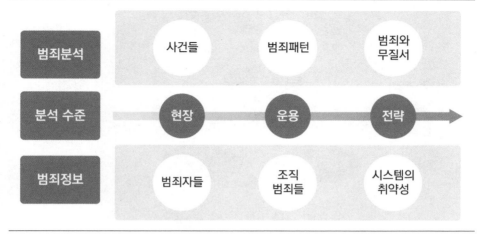

※ 출처: Ratcliffe(2007), 19면 그림을 번역.

[그림 3.5] 범죄 및 정보 분석의 통합모델

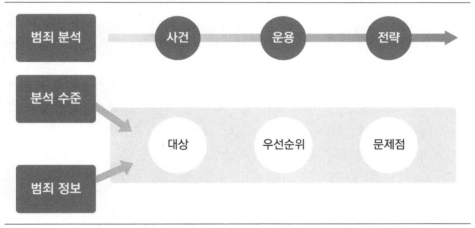

※ 출처: Ratcliffe(2007), 21면 그림을 번역.

보를 수집하여 단계별 목표에 따라 운영해 온 것을 설명한 것이다. 이 과정에서
서로 협조할 정보가 단절되는 문제점이 있었다. 문제 해결을 위해 통합 모델이
제시되고 있다. [그림 3.5]를 보자.

[그림 3.6] 영국 국가 정보모델

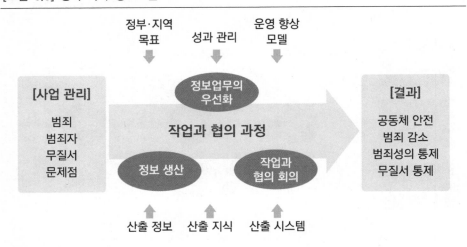

※ 출처: 경찰청 국외출장보고서(2014) 39면에서 번역, 재인용.6)

통합모델에서는 범죄 분석과 범죄 정보 모두 '사건(현장) 단위'에서 파악하는 것은 범죄자 또는 범죄 그 자체이다. '운영 수준'에서는 우선순위로서 대응할 범죄조직 혹은 범죄 패턴에 집중한다. '전략 단위'에서는 정책적으로 대응할 범죄와 무질서 문제 혹은 시스템의 취약점을 찾고자 한다. 전문가들이 칸막이를 쌓아 정보를 차단할 이유가 없으며 수집한 정보나 착안점을 공유한다.

'정보와 관점의 단절'을 극복한 통합모델은 대용량 정보기술의 발전 덕분이다.

통합모델에 따라 범죄 활동과 범죄자들의 정보를 통합하면 범죄에 대응하는 문제중심(problem-oriented)의 해결책을 제시할 수 있다.

'작전 차원'에서 단기적으로 법집행 대상을 집중할 수 있다. 보호대상 혹은 장소가 될 수도 있다. '전술 차원'에서 자원배분을 결정하는 정보를 제공한다. '전략 단계'에서는 장기적 과제로서 범죄와 시스템 취약점을 파악할 수 있다.

미국은 2000년대 초반까지 범죄 분석과 범죄 정보의 분리 모델을 운영하다가 9.11 이후 범죄 정보를 강화하면서 상대적으로 범죄 분석을 지체해왔다. 반면 영국은 '범죄 정보'와 '범죄 분석'을 구분하지 않고 발전된 기술을 통합하여 혁신을 이뤘다(IACA, 2008).

그 결과물이 사건/관서/지역/국가 단위의 범죄 정보를 통합하는 국가정보
모델(National Intelligence Model, NIM)이다. [그림 3.6]을 보듯 영국의 범죄 정보
운영은 개별 범죄 대응에 머무르지 않고, 사업 제도화, 과업 조정, 정보 작업의
우선순위를 정하는 역할을 한다.[5)

범죄 정보와 범죄 분석은 ① 사건 정보에 기초한 범인 검거 ② 범죄 통계
에 입각한 정책 수립과 평가 ③ 정보에 기반한 경찰 자원의 배치와 작전 등 목
적에 따라 사용한다. 정책 효과 측정도 범죄 정보를 통해 환류한다.

최근 기술 발전과 제도 운영은 범죄 정보와 범죄 분석, 통계−사건−심리행
동을 포괄한다. 범죄 분석이 영국과 미국에서 어떻게 구현되고 있는지 제도와 조
직 운영, 기술적 현황을 살펴보자.

주요 국가의 범죄 분석

3.3.1 영국의 범죄 분석: 제도와 조직

영국은 자치단체가 경찰을 운영하는 자치경찰 제도이다. 중앙집권형 상명하달이 아닌, 기관 간 협력이 기본 원리가 된다. 영국 경찰은 수평적 연결을 중시하고, 명령이 아닌 정보로 상호 조정하는 체제를 발전시켜 왔다. 영국은 범죄 정보를 경찰활동에 활용하는 노력이 오래된 나라이고, 제도와 조직 등 운영 체계가 보완되고 있다. 이는 자치경찰 제도 도입을 앞둔 한국 경찰에게 착안점이 있다. 영국의 범죄 분석 운영을 국가, 광역, 지역단위로 분류하여 살펴보자.

(1) 국가 단위 범죄 분석

영국이 국가 단위로 운영하는 범죄 분석의 제도와 조직을 살펴보자.

우선 국가정보모델(National Intelligence Model, NIM)이다. 2002년 도입한 NIM에 따라 영국의 모든 경찰/법집행/정부기관은 범죄에 대한 정보를 기록, 평가, 유통, 활용할 때 NIM의 통일된 규격과 기준을 사용한다. 이는 경찰기관 상호 간 그리고 다양한 법집행 기관 간에 범죄 정보를 체계적으로 유통하고 역할을 조정하기 위함이다. NIM에 대한 개괄적 내용은 [표 3.3]과 같다.[7]

NIM은 [표 3.3]과 같이 내용 작성 때 지켜야 할 규정과 착안점, 평가 방법, 활용 방법의 분류에 대한 통일된 원칙이다. 이에 따라 경찰은 범죄에 대한 자원 투입 전략을 수립하고 작전을 수행한다(NCPE, 2005: 25-27).

다음은 영국 경찰이 범죄 정보를 분석하는 조직 활동이다.

[표 3.3] NIM의 범죄 정보 작성·평가·활용 기준

구분	착안점
작성의 유의점·내용	• 〈양식〉 요점(case summary)을 250 단어 내로 작성 • 〈필요성〉 △왜 경찰에서 다루는지, △새로운 정보인지 • 〈내용〉 ① 최신 정보 ② '사실'에 입각 ③ 타 기관과 중복 유의 ④ 활용 방안 제안 ⑤ 투입자원 ⑥ 관련 시간 ⑦ 정치적 쟁점
평가의 기준	• 〈활용 주체〉 1레벨(지역 단위) 2레벨(2개 이상의 관서/지역 포함) 3레벨(국가-국제적 범죄) • 〈정보 출처 평가〉 A(항상 믿을만한 출처)~E(고의적인 역정보) • 〈정보 사실성〉 1(최고 등급)~4(판단 불가)
활용의 분류	• 〈정보 배포 범위〉 1(타 기관 공유)~5(지정 제한 공개) • 〈사용 방법〉 1(무대응)/2(체포 작전)/3(협력/회신 필요)

※ 출처: 장광호·김문귀(2018), 111면.

영국은 자치경찰 국가임에도 국가범죄청(National Crime Agency, NCA)이라는 국가경찰도 운영하고 있다. NCA는 2011년 기존 중대범죄청(SOCA)이 재편된 조직이다. SOCA와 NCA의 차이점은 중요 범죄에 대해 지방경찰기관들에 대한 보고와 지시 권한을 강화한 것이다. NCA는 수집한 정보를 통해 영국 전체의 경찰활동의 전략을 설정하고 자원을 배분한다.

NCA의 체제는 원장과 3명의 부국장(협업/정책/법무) 이하 6개 국을 두고 있다. ① 작전국(Director Operation)은 지역별 현장 활동을 하고, ② 조직범죄국(Organised Crime Command) ③ 경제범죄국(Economic Crime Command)는 사기, 위조통화, 자금세탁 등의 범죄 대응과 범죄수익 환수 ④ 국경경찰국(Border Policing Command) ⑤ 아동범죄국(CEOP Command)은 각 대상 범죄를 대응한다. ⑥ 정보국은 제반 범죄 정보를 수집/분석 유통한다. 정보국 산하에는 민간과 연계, 정보 분석·추출·지원, 범죄 조직을 분석하는 '인텔 허브', NCA 및 영국 전체의 정보 흐름을 평가하면서 실시간으로 상황을 판단하는 '실행조정팀'(Tasking and Coordinatind) 등이 있다.

NCA 정보국 실행조정팀은 영국 전체의 범죄 정보 흐름을 평가하면서 실시간으로 상황을 판단한다. 매일 영국 내 경찰 기관에서 발생한 특정 현상이나 사건, 예상되는 위협을 검토하고 내무부에 보고한다.

NCA 정보국은 여러 법집행 기관들의 정보 시스템을 연동하는 ADDAM이라는 체계를 운영하고 있다. ADDAM은 하위 시스템인 ARENA, DISCOVE,

[표 3.4] 영국 NCA의 범죄 정보 시스템

활용 시스템	구성 정보	사용자
ARENA	영국 금융정보 분석원(FIU)의 데이터베이스인 ELMAR 및 공개 정보 데이터베이스와 연동	73개 기관, 1,500명 요원
DISCOVE	범죄에 대한 각종 데이터베이스(CM, KB, Pisces, Roma, NCISCC 등)를 연동	NCA 내부 485명의 요원이 사용
MATRIX	민감 정보(테러, 정치적 중요 인물 정보 등)	내부 소수의 인가받은 요원이 이용
DATA LAB	모든 정보 시스템과 연동	21명의 Data Lab 개발자들만 사용

[그림 3.7] NCA-민간 정보 교류 목적 관리

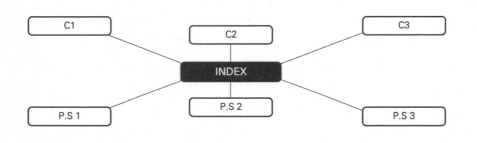

* C=법집행기관(Command), P.S.=사적 영역(Private Sector)
※ 출처: 경찰청 국외 훈련 보고서(2014) 중 77면의 내용을 관계도로 재정리.

MATRIX, DATA LAB의 약자이다. 세부 시스템의 구성 정보와 사용자들은 [표 3.4]와 같다.

한편 경찰과 민간 영역과의 정보를 교류하고 목록 방식으로 공유하고 있다. 이는 민간과의 정보 교류가 사적 연결고리에 한정되지 않고, 지속적으로 관리하면서도 보안성을 지키는 방식이다.

[그림 3.7]과 같이 공공 안전 영역(PS1~PS2) 정보 요원이 작성한 정보와 민간 영역(C1~C3)으로부터 입수한 정보를 목록으로서 저장한다. NCA 구성원들은 이 목록을 보고 필요한 내용을 승인을 거쳐 열람한다. 이에 대한 법적 근거는 존재하지만 영국의 관습법 문화를 통해 정보의 순환을 통해 상호 도움이 되는 방향을 추구하면서 관계를 유지하고 있다.

영국의 국가 정보모델인 NIM과 국가경찰인 NCA는 2000년대 이후 테러와 사이버범죄 등 환경 변화에 따른 변화이다. 다음은 각 자치경찰이 지역별로 정보를 수집하고 범죄에 대응하는 활동을 살펴보자.

(2) 광역 단위 경찰의 범죄 정보 운영(런던 경찰청)

런던 경찰은 NCA가 생기기 전부터 런던은 물론, 국가적·국제적 범죄를 대응하는 기관으로 활약해왔다. 인구 720만 명인 런던 경찰청에는 경찰관 31,000명, 비경찰 직원 14,000명 등이 근무한다. 런던 경찰의 정보 부서는 60개이며 팀 단위로는 200개, 정보 부서 인원은 약 1,000명이다. 경찰본부에는 ANPR(CCTV를 통한 자동차량번호식별시스템)를 운영하고, 정보중앙부는 런던 전체의 정보를 종합하고 약 250명이 근무한다. 부서별 역할은 [표 3.5]와 같다.

정보부서장(OCU Commander)은 전체 조직을 총괄한다. 분석 총괄(Prinipal Analyst)은 정보 분석과 지원, 채용과 훈련을 책임지고 대부분의 정보 팀을 운영한다. 상시 조사관은 긴급 사건의 정보를 지원하는데, 세부적으로는 정보를 기록·평가·배포하는 RED팀, 통신정보를 수집하는 팀, 공개정보를 수집하는 팀이다. 또 특별한 작전을 위해 정보를 모아 지원하는 팀(SC&O)과 기밀팀도 분석총괄 소속이다. 기밀팀은 타 기관과 민감 정보를 교환하고, 잠입작전을 수행하는 부서가 있다. 이들과 별도로 각 부서의 법 준수와 적정성을 점검하는 감독 부서를 운영하고 있다.

각 팀의 운영을 예시하면 다음과 같다. 10세 아이의 실종 사건 신고에 대한 정보 지원 요청을 상시 조사팀(24/7 Duty Intel Inspector)이 접수했다. 범죄 위험성을 판단하고자 아이 엄마와 아빠 사이에 문제가 있었는지, 이혼한 아버지 등 별거 가족에게 납치될 가능성의 정보를 확인한다. 공개 정보팀(Open Source unit)은 트위터, 페이스북 등에서 아이와 주변인들이 게재한 공개 정보를 수집한다. 통신팀(CIU)은 파악되는 전화의 위치를 확인한다. 경찰본부의 CCTV 정보 수집 분석팀(ANPR Intel Support)에서는 용의자의 차량 위치와 이동경로를 확인한다.

정보 부서는 지역 정보 조직을 운영하고 있다. 런던의 32구(boroughs)마다 지역 조직을 두고 시 전역을 4개의 권역으로 구분해서 정보 취합과 추가 조사를 담당한다. 살인/마약/무기 등에 대한 조직범죄 정보 수집이 중요한 임무이다.

정보 부서에서 소개한 분석 사례들은 다음과 같다. ① 특정 지역의 노트북

[표 3.5] 런던 정보국 부서와 역할

부서(장)	역할
부서장 OCU Commander	전체 조직으로의 정보 유통 총괄
분석 총괄 Principal Analyst (Head of intelligence Analysis)	• 모든 등급 조직의 분석과 조사에 대한 의사결정 지원 • 정보 부서의 분석 · 조사와 채용/훈련 총괄
상시 정보 조사관 (24/7 Duty Intel Inspector)	24시간 업무 지원: 긴급 사건의 정보 지원이 필요하면 전화 등으로 요청
RED팀	기록(Record), 평가(Evaluation), 배포(Dissemination)하는 팀
통신팀 (Communication Unit)	전화 · 통신 등에서의 정보를 수집
공개 정보팀 (Open Source Unit)	트위터 · 페이스북 등으로 공개된 정보 수집 · 분석
특별 범죄 · 작전 정보 지원 대응 지원 (SC&O: Specialist Crime and Operations Intelligence Development/Support)	• 특정한 작전을 수행하는 부서를 위해 범죄/무질서에 대한 정보 수집하여 지원 • 지원할 팀이 정해지면, 그 팀을 위한 정보를 재가공하여 제공하는 역할
기밀 팀 (Confidential Unit)	• 민감 정보 취급: 다른 법집행 기관과 필요한 정보를 주고 받음 • 주요 교환 정보: △인적정보 △위장요원 △수용소 정보 △인터넷조사 △타 기관 수집
잠입 · 감시 지원 (Covert Ops & Surveillance Services)	범죄자를 좇거나, 정보원 등을 통해 정보 수집
감독 부서 (The Cover Governance and Intelligence Compliacnce Unit)	각 부서의 법 준수와 적정성을 점검

※ 출처: 경찰청 국외훈련보고서(2014).

절도를 분석하여 빈발지역 · 빈발시간대 · 범행의 특성 · 의심되는 용의자, 이후 행동에 대한 예상, 수사와 순찰 경찰에 대한 지원 사항 ② 스마트폰의 장물 유통에 대해 분석하여 공항을 통한 반출, 중고 시장을 통한 증가 ③ 조직범죄 활동을 범죄 빈도(양적 측면)나 심각도(질적 측면)를 분석하여 경찰활동의 대응에 활용한다.

런던의 범죄 분석은 '선제적 경찰활동'(Proactive Policing)이라는 개념과도 연결된다. 이는 경찰력을 미리 행사하여 범죄를 예방하는 개념이다. '강력한 순찰 및 초기 검거'뿐 아니라, 높은 위험의 범죄를 초기에 제압하는 활동이다. 국제 인신매매 조직을 수사하면서, 아직 혐의를 입증하지 못했지만, 이미 규명된 마약 수입 증거를 활용하여 국외 추방으로 범죄를 중단시키는 방식이 이에 해당한다. 또 교도소에서 출소한 상습 강도에 대해 런던 경찰이 수시로 검문하면서 교외로 이주하게 한 사례들을 소개했다. 런던 경찰 정보국은 2014년 정보 활동을 통해 20 : 20 : 20에 기여한다고 했다. 이는 20% 예산 절감, 20% 범죄 감소, 신뢰도 20% 향상을 말한다. 범죄 분석을 통한 전략적 우선순위의 설정과 자원 배분에 기여하는 정보 활동의 일면이다. 런던의 범죄 정보 분석은 다채롭고 복합적이다. 여기에는 각 경찰서 단위 이하의 체계적인 기반이 있다. 다음은 그러한 경찰서 이하의 활동을 소개한다.

(3) 기초 단위 경찰의 범죄 정보 운영(포츠머스 경찰서)

경찰서의 정보 활동을 조사한 곳은 자치경찰(43개) 중 하나인 햄프셔(Hampshire) 경찰청 산하의 포츠머스 경찰서이다. 이 지역은 영국의 경찰서가 어떤 방식으로 범죄를 분석해서 대응하는지 전형을 보여준다.

포츠머스시는 인구 20만 명의 도시인데, 시를 4개 지역으로 나눠 각 지역에 경찰서를 두고 있다. 1개 지역은 본부 직할, 3개 지역은 하위 경찰서가 담당하는데, 전체 경찰본부서 일하는 경찰관과 일반직원의 합계는 약 300명이다. 경찰서 전체에서 본부서만이 정보 부서를 운영한다(본부를 제외한 3개 경찰서는 순찰-수사 부서만 운영). 본부 정보 부서 구성은 총 8명으로 조사자(Researcher) 1명, 분석관(Analyst) 1명, 보조원(Assistance) 2명, Police Officer(Intelligence Officer) 4명, 책임자(Boss) 1명으로 구성된다. ① 조사자는 수집된 정보(NIM)에 대하여 '5WH'로 요약하고, ② 보조자는 이를 평가하여 분석관에게 전달한다. ③ 분석관은 경찰서 활동을 지원하기 위해 지역 범위를 중심으로 빈발지나 연쇄 범죄에 대해 분석한다

이 과정은 앞서 소개한 NIM(국가정보모델)에 맞춰 유통된다. 분석관은 통계 분석, 범죄 행동 분석, 범죄 수사 분석을 오가면서 통합적으로 분석한다. 그 방식은 다음과 같다.

첫째, 지리적·통계적 분석을 통해 침입절도가 자주 발생하는 지역을 확인

[그림 3.8] 영국 범죄 정보 분석관의 분석 보고서의 작성 방식

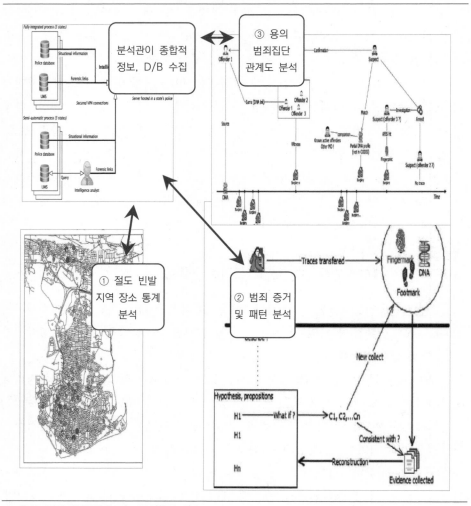

※ 출처: 전게 경찰청(2014), 72면에서 인용.

한다. 이 분석은 해당 지역의 순찰과 수사 활동에 반영된다. 둘째, 범죄 행동 정보를 분석한다. 범행 시간, 장소, 범행 수단, 주요 피해품 등에서 유사한 용의자를 찾아낸다. 셋째, 범죄 사건 정보 분석이다. 추적하는 용의자 집단의 정보를 시각화하고, 단서를 찾는 과정이다. 예컨대 용의자 후보들의 예전이나 최근 통화 내역이나 입건된 기록을 통해 유사 범행의 증거를 찾거나, 검거에 도움이 되는 공범을 파악할 수 있다. 이 과정을 그림으로 표현해 보면 [그림 3.8]과 같다.

① 빈발지역의 확인부터 ② 수사 정보를 DB에서 찾고 ③ 단서를 생산하는 과정이 한 명의 분석관의 통합된 활동으로 이뤄진다.

영국의 범죄 분석은 국가-광역-기초 단위의 분석 체제 설정과 표준화, 통계-심리행동-사건 정보에 대한 종합적 접근이다. 미국은 영국의 이론과 체제를 자신들의 방식으로 전문화하였고 최신 기술을 활용한 정보 시스템 개발로 이어지고 있다.

3.3.2 미국의 범죄 분석: 정보 시스템과 운영 조직

미국은 연방(Federal), 주(State), 시(City)에서 경찰을 운영하지만, 더 작은 지역 단위(County 등)에도 경찰을 창설, 운영하기도 한다. 예컨대 워싱턴DC도 운영 주체가 비용을 부담하고 기관별 경비(Secret Service), 공원(Park), 대학 경찰을 각각 운영한다. 범죄 통계 발간물인 「Crime in USA」에 수록된 경찰 기관은 3만 4천 개가 넘는다. 이런 여건에 따라 미국은 연방과 자치경찰 간 정보를 공유하는 체제를 운영하고 있다. 연방 법무부 FBI가 법집행 정보의 허브 역할을 한다.

(1) FBI의 범죄데이터 운영과 분석

NCIC(National Crime Information Center)는 미국의 형사 사법 기관이 이용하는 범죄 데이터의 전자 정보 센터이다.[8] NCIC는 1967년 발족했고, 2015년 말 현재 21개의 시스템을 운영하고 있다. 이는 7개의 물건/사건 등 정보 시스템과 14개의 인물 정보 시스템이다. '물건'에 대한 파일은 ① 기사 ② 총기 ③ 차량 ④ 번호판 ⑤ 보트 ⑥ 차량·보트 부품 ⑦ 증권에 대한 파일이다.

인물에 대한 파일은 실종자, 보호대상자, 외국으로 도주한 자, 영장발부자, 보호할 대상자, 절도·폭력·성범죄자 등 14개 파일을 관리한다.

개인 파일에는 대상자의 식별을 위한 지문, DNA, 홍채, 음성 패턴, 손바닥 자국, 얼굴 패턴 등을 검색할 수 있다. 지문은 IAFIS(Integrated Automated Fingerprint Identification System)로 통합되어 있다.

[표 3.6] NCIC 운영 시스템(7개 물건 파일)

대상 파일	기록 내용(건수)
기사(Article)	도난에 대한 기사 및 공공 안전, 국토 안보 및 중요한 기반 시설 식별에 대한 기록(996,012)
총기(Gun)	폭발/발사체를 사용한 범죄, 도난/분실/회수 된 무기 기록(3,546,908)
차량(Vehicle)	도난 차량, 범죄 이용 차량, 압수 차량(843,064)
번호판 (License Plate)	도난당한 번호판(999,702)
보트(Boat)	도난당한 보트 기록(18,046)
차량 및 보트 부품 (Vehicle/Boat Part)	특별한 차량과 보트의 부품(39,217)
증권 파일(Security)	도난, 횡령, 몸값, 위조 증권 사용 기록(23,857)

※ 출처: 다부처 국외훈련보고서(2018).

[표 3.7] NCIC 운영시스템(14개 인물 파일)

연번	대상 파일	기록 내용(명수)
1	실종자 (Missing Persons)	범죄 위험 등이 의심되는 어린이를 포함한 개인 실종 기록 (88,277)
2	외국 도망자 (Foreign Fugitive)	미국에서 저지른 범죄에 대해 다른 국가가 중범죄를 범한 사람에 대한 기록(42,056)
3	신원 도용자 (Unidentified Person)	개인이 허위 신원을 사용하는 경우를 기록(8,722)
4	이민 위반자 (Immigration Violators)	출입국 당국이 추방한 범죄 경력자 기록(306,221)
5	보호 명령 (Protection Order)	보호 명령이 내려진 개인에 대한 기록(1,831,840)
6	감독 공개 (Supervised Release)	집행유예, 가석방 등에 대한 기록(495,396)
7	갱(Gang)	폭력 조직과 그 구성원에 대한 기록(98,842)
8	신원 미확인 (Unidentified Person)	신원이 확인되지 않은 사망자/생존자/피해자 등 기록(8,722)
9	보호 관심사 (Protective Interest)	보호 대상자와 그 가족, 위험 보호 인물에 대한 기록(59)
10	테러리스트	지정된 기준에 따라 분류된 의심 테러리스트 기록
11	영장 발부된 개인 기록	연방 영장이나 중죄 또는 경범죄 영장이 있는 개인 기록(2,400,859)

	(Wanted Persons)	
12	성범죄자 등록 파일 (NSOR)	관할 성범죄자 등록 기관에 등록된 개인 기록(811,739)
13	거래 거부자	NICS(National Instant Criminal Background Check System) 거래 파일 거부자(2,223,326)
14	기타	식별된 절도범(21,037), 폭력적인 인물(7,193)

※ 다부처 국외훈련보고서(2018).

FBI는 이런 파일에 대해 1,200만 개의 주요 정보를 보관하고 2015년 기준 연평균 1,260만 건을 회신했다.

FBI는 CJIS(Criminal Justice Information System, 형사사법자료 시스템)라는 절차를 운영한다. CJIS는 미국의 모든 법집행기관이 형사사법정보를 수집하고 공유하는 규약을 운영한다. 이 부서는 정기적으로 회의하여 형사사법정보 수집과 활용에 대한 정책을 결정한다. FBI의 정보 공유는 법무부가 다른 기관들을 우월적으로 명령하는 것이 아니라, 수평적 관계에서 각기 발전해온 다른 자치경찰과 법집행기관과 통합하는 방식이다.[9]

FBI도 최신 기술을 반영한 시스템을 개발하고 있다. 최근 지문과 홍채, DNA 등 다양한 개인식별 정보들을 통합한 NGI(Next Generation Identification)를 개발하였다. NGI에는 지문 7,390만 건, 인물 정면 사진 2,994만 개, 얼굴 인식 자료 88,754개가 포함되어 있다. 최근 '센티널'(Centinel)이라는 시스템도 알려졌다. 2012년 도입된 이 시스템은 각 수사관들이 자기 사건을 입력하는 '사건 관리 시스템'(Case Management System)으로 사건의 발단부터 종료까지 모든 기록을 관리한다. 접속자들의 등급을 나누어 권한을 관리할 수 있고, 사건기록 및 업무, 증거물과 보고서를 조회할 수 있다. 서로 다른 부서와 법집행 기관들끼리 사건들의 연관 관계를 파악할 수 있게 되었다.

FBI의 대표적인 분석 시스템으로 '팔란티어'(Palantir)가 있다. '팔란티어'는 '반지의 제왕'에 등장하는 '미래를 보는 돌'의 이름을 딴 프로그램이자 회사의 이름이기도 하다. CIA로부터 초기 200만 달러를 투자받은 벤처 기업이고, 주 고객은 CIA, FBI, Air Force 등 안보 기관들이다. 팔란티어는 범죄자 간 연고지, 동기간 수감 여부, 갱 구성원, 쇼셜 미디어의 데이터 마이닝, 연결 주소 등 데이터

를 연결하여 정보를 추출한다. 팔란티어는 테러리스트인 오사마 빈 라덴을 찾는
데 기여한 것으로 알려졌다.

팔란티어에서 보듯 미국은 정보기술을 경찰 영역에 적극적으로 사용한다.
뉴욕과 LA 등 지방정부의 활용 사례를 살펴보자.

(2) 뉴욕 경찰(NYPD)[10]

뉴욕 경찰(NYPD)의 구성원은 5만 명인데, 법집행 경찰관은 3만 6천여 명이
다. 800만 명의 뉴욕 시민에 대비하면 시민 244명당 경찰관 1명이다. 뉴욕 경찰에
서 정보기술을 활용한 범죄 대응 시스템으로 많이 알려진 것은 DAS(Domain
Awareness System, 주소 기반 시스템)이고, 조직으로는 RTCC(Real Time Crime Center,
실시간 범죄센터)가 대표적이다.

1) DAS(Domain Awareness System)

주소 기반 시스템 DAS는 뉴욕 경찰이 마이크로소프트(MS)와 함께 개발하
여 2012년부터 사용하는 시스템이다. 프로그램 개발에 약 4천만 달러(420억 원)
가 들었다고 한다. 주소를 기반으로 그 지역에 거주하는 범죄자의 범죄 이력 등
을 검색[11]할 수 있다. DAS의 목적은 출동하는 경찰이 현장의 많은 정보를 미리
확인해서 용의자의 공격에 대비할 수 있도록 하는 것이다.

DAS에는 기존 뉴욕 경찰이 활용하던 CCTV, 자동차번호 인식 시스템 등 프로
그램과 기술이 통합되어 있다. MS는 여러 솔루션을 하나의 시스템으로 구축하고,
지도를 기반으로 여러 층(Layer)을 쌓아 한눈에 볼 수 있도록 했다. 사용된 데이터
는 영상, 경찰 업무 데이터, 음성이다.

영상에는 공공·민간 운영 CCTV, 경찰의 웨어러블 카메라(8,000대)가 포함
된다. DAS 프로그램을 사용하는 경찰 부서는 카메라의 위치를 표시하고 방향과
거리를 조작하여 사진과 영상을 얻을 수 있다. NYPD가 2019년 현재 뉴욕 시에
서 조회할 수 있는 CCTV는 약 2만 대이다.[12] 이 중 경찰이 조작하는 공공
CCTV 카메라를 ARGUS Camera라고 부른다.[13] 맨해튼의 공공 CCTV는 자동으
로 특정 행동을 분석할 수 있고, 광케이블로 센터까지 직접 연결하여 모니터링
할 수 있다. 민간에서 450개 지역에 설치한 CCTV 3,500대도 인터넷으로 DAS와

[그림 3.9] NYPD DAS 화면과 CCTV

※ (왼쪽)CCTV 위치[14] 확인 (오른쪽) 범죄예방 공용 CCTV(ARGUS Camera)

연결되어 있다. 민간 카메라 운영자는 정보를 제공함으로써 신속하게 안전 문제를 해결할 수 있다. 제반 전송 체제가 있어 실시간 중계를 받을 수 있다. 예를 들어 뉴욕 경찰의 헬리콥터에서 촬영한 자살 위험 상황이 DAS로 전송되어 상황 부서에서 공유할 수 있다.

DAS는 검색할 시스템을 나열하고 이를 주소 단위로 선택하여 체크 박스로 표시하면 해당 시스템 정보 중에 그 주소에 해당하는 내용을 추출해서 보여주는 방식이다. 여기에는 911 출동시스템, 순찰시스템(Patrol), 고소·고발(Compliant), 가정폭력(DIR), 범죄 발생의 통계적 표출 시스템(comstat) 등이 포함되어 있다. 강도, 폭력 등 죄명을 선택해서 걸러 보는 방법도 있다.

상황을 통제하고 지령하는 부서(후술 JOC), 수사를 위한 정보를 분석해서 제공하는 부서(후술 RTCC와 정보부서), 현장에 출동하는 경찰관들이 DAS를 주로 사용한다. 모든 경찰은 'NYPD폰'이라는 공용 스마트폰을 사용해 실시간으로 현안을 확인하고, 차량에도 태블릿으로 CCTV 영상을 확인할 수 있다. NYPD폰을 이용할 때 ID카드로 신원을 확인하거나 개인 아이디를 입력해서 사용[15]한다. 현장 경찰도 공용 휴대폰으로 주요 사건·사고, 실종자 정보를 현장에서 입력할 수 있다. 이 정보들은 JOC(후술) 상황판 하단에 자막으로 실시간 업데이트된다.

현장 경찰은 출동하는 장소의 위험 인물 주거 여부와 예전 사건 이력을 주로 조회하는데, 용의자의 인적사항 및 이전 전과(체포경력 등), 공범, 수사기록, 사용한 총기, 이용 차량, 교도소 이력, 수감 동료, 지문번호, 포렌식 사항 등을 열람할 수 있다. 정보를 표현하는 형태는 주소를 기반으로 많은 정보를 한 페이지에 보여주는 방식(Snap shot)이다. 스크롤을 많이 내리더라도, 한 화면에 주소지에 대한 모든 정보가 나오게 하고, 세부 내용을 보고자 다시 화면 이동하지 않게 개발했다.

DAS를 통해 지역별 범죄현황을 파악하고, 정책 의사결정에도 활용한다. NYPD에서 활용하던 COMSTAT, COMPLIANT라는 프로그램이 DAS와 결합한 것이다. 지역과 죄종별로 대상을 설정하여 발생빈도와 검거/미검까지 원그래프 형식으로 현출할 수 있다. 정책결정자에게 주기적으로 보고하여 전략 수립에 활용하고 있다

DAS는 데이터를 클라우드에 축적하고 인공지능·기계학습 기능을 활용하여 고도화하고 있다. 차량 번호판을 인식하고 경로를 추적하는 시스템이 한 예이다.

LPR(License Plate Reader, 차량번호판독기)이라는 시스템은 순찰차 위나 국경 지역, 고속도로 톨게이트 등에 카메라를 설치하여, 자동차 번호판의 이미지를 얻어낸다. 2004년 오하이오주 고속도로 순찰대에서 최초로 운영했고 현재 미국 여러 주에서 사용된다. LPR은 자동차 번호판을 인식해서 시간·경로 정보를 저장하고 1일 2회 중앙장치에 정보를 업데이트한다. 도난차량 데이터베이스를 검색할 수 있고, DAS 운영 CCTV로 차량 등록 주소, 소유자 등 정보를 한 화면에 표출할 수 있다. 수사 대상 차량의 5년간 경로를 파악할 수 있으며, 이동 패턴을 예측해 검거에 활용한다.

예를 들어, ① 소셜미디어에 갱단의 파티 장소가 올라오면 경찰은 LPR이 설치된 자동차로 파티 예견 장소를 순회하면서 차량을 기록한다. 사건이 발생하면 사라진 차량들을 확인해서 추적한다. ② 미행을 당하고 있다는 신고를 받고 신고자 차량의 번호판을 입력해서 주위의 다른 차량과 계속 함께 인식되었는지를 확인하여 의심차량을 찾는다.16)

총성을 확인하는 음향 추적 시스템도 추가로 도입되었다. 샷 스파터(SHOT SPOTTER)라는 시스템은 90마일 내에서 작동하는데 총소리가 나면 3개 이상의 센서를 확인해서 위치를 추적한다. 이 음성은 캘리포니아 분석실로 전송되고, 1분 내에 총성 여부와 위치 및 방향을 알려준다.17) 이 시스템으로 신고되지 않은 총기 사건도 대응할 수 있다.

위험 행동을 예측하는 지능형 CCTV도 운영되고 있다. 맨해튼 특정 지역의 CCTV 밑에 가방을 놔둔 채 떠난 후 일정 시간이 지나면 그 상황을 위험 상황으로 인식하여 경고를 해주는 기술을 활용하고 있다. 최근에는 테러 예방을 위해 방사능 인식 센서도 실용화되었다. 전체 운영 체제는 [그림 3.10]과 같다.

[그림 3.10] 뉴욕 경찰청 DAS 프로세스

※ 출처: 서울신문, 현실로 다가온 마이너리터 리포트(2014.11.6)

2) RTCC(Real Time Crime Center)

실시간 범죄 센터(RTCC)는 중앙 집중식 기술 기반 수사정보 분석 센터이다. 이 센터는 수사 중인 경찰관에게 정보를 제공하고 패턴을 식별하고 범죄를 예방하는 것을 주목적으로 한다. RTCC는 1,100만 달러(123.17억 원)가 투입되었고, 비영리 단체인 뉴욕시 경찰 재단(New York City Police Foundation)의 보조금을 지원 받았다. 2005년 7월부터 연중 무휴 24시간 운영되고 있다. 실시간범죄센터는 마이애미, 시애틀, 워싱턴 DC, 세인트루이스, 휴스턴 등으로 확산되어 있다.

RTCC의 정보 원천은 △500만 개 이상의 뉴욕주 범죄 기록, 가석방 및 보호관찰 파일, △뉴욕시의 2천만 건이 넘는 형사 고발, 체포, 911/311 전화 및 5년에 걸친 소환기록, 3,100만 건 이상의 국가 범죄 기록, △330억 건 이상의 공개기록 등이다.([그림 3-11])

9.11을 겪은 미국은 위험 정보에 대한 기관 간 공유 실패가 원인이라고 평가하고, 재발 방지를 위해 공공 안전에 대한 데이터 베이스를 통합했다. RTCC는 뉴욕시의 38개 시스템을 통합되어 있다.([표 3.8] 참조).

[그림 3.11] 실시간 범죄센터 개념도

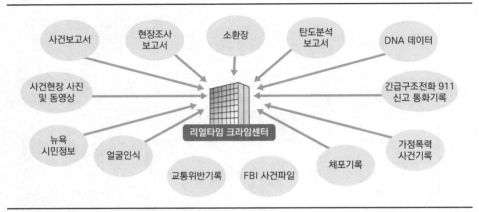

※ 언론에 보도된 RTCC의 집약정보(동아사이언스, 2011.1.1)[18]

RTCC는 수사지원팀(Investigative Support Section), 소셜미디어 분석조사팀 (Social Media Analysis Research Team), 청소년범죄(Juvenile Crime), 얼굴식별 (Facial Indentification)이라는 4개 팀으로 이뤄져 있다.

수사지원팀은 수사경찰이 필요한 정보를 실시간 지원하는 부서이다. 사용하는 기법이나 프로그램은 ① 정보를 집적하고 관계도를 찾아내는 Palantir ② 목표로 하는 사람이 경찰 정보망에 입력될 때 찾아내는 WISE, ③ CCTV를 비롯한 주소기반 정보를 추출하는 DAS 등이다. Palantir는 이름, 차량번호, 사회보장번호 등 키워드를 통해 관계망 분석 프로그램인데 뉴욕 경찰의 데이터를 연결하는 플랫폼이기도 했다.[19] 그 역할은 2017년 IBM의 Cobalt라는 플랫폼으로 변경되었다.[20] IBM은 I2라는 관계도 분석 솔루션을 개발해 대용량 데이터 속에서 이름·전화번호·아이디(ID) 등 키워드 사이의 관계도를 보여주거나, 시간대별 사건발생을 보여줄 수 있는데 이를 뉴욕 경찰 데이터를 연결하는 플랫폼으로 구축했다. 예를 들어 뉴욕 경찰은 전화번호의 상호간 통화 내역과 기지국을 연결한 지리적 분석을 시각화할 수 있다. 또 이메일, 소셜미디어 데이터들의 연관성 (LINK)을 분석해서 용의자의 조직이나 연쇄사건을 발견하는 데도 사용한다. 총기사건의 경우 탄흔이 유사한 사건을 추출해 대조한다. 수집하고 분석한 정보가 다시 데이터로 경찰관들이 공유할 수 있다.[21] WISE(Web Intelligence Search Engine)는 NYPD의 32개 시스템을 검색해서, 경찰이 찾는 대상자(용의자 등)가 체포되거나, 범죄를 저지르면 경보를 발령해준다. WISE에 미리 등록해둔 용의

[표 3.8] 미국 뉴욕 경찰 실시간 범죄센터(RTCC)의 38개 데이터베이스 내역(비밀자료 제외)

연번	시스템 이름	시스템 개요 및 내용
1	311 calls	뉴욕시가 운영하는 뉴욕시 전반에 관한 정보서비스 콜센터 응급 전화로 분류되지 않고 50개 국어로 응대(이름과 전화번호, 주소 등 제공)
2	911 calls	응급 상황일 때 발신자 위치를 자동으로 파악할 수 있으며, 범죄와 관련될 때 순찰차를 현장으로 출동할 수 있게 하는 시스템(전화 종류에 따른 자동적으로 물리적 주소 등 제공)
3	accidents	교통사고에 대한 다양한 정보 제공: 사고 장소(인도, 차도, 교차로, 고속도로, 다리, 터널 등), 차량 종류, 피해자, 가해자 등
4	aided	개인이 다치거나 길을 잃었을 때 경찰에 도움을 요청한 기록: 발생 장소, 날짜, 사람 이름, 도움을 준 내용 등을 구체적으로 기입한 정보 제공
5	Alerts	범죄 관련 경보: 불특정 용의자의 범죄 내용, 성별, 연령대, 인상착의, 차량 등에 대한 정보 제공
6	Arrests	체포된 건수, 피해자 · 피의자 관련 정보
7	C summons	법원 출두 명령을 중심으로 범죄 내용 및 소환 내용에 대한 자료 제공
8	CJA interview	체포된 사람의 조사 내용, 고용 관계 등 정보
9	Complaints	고소 · 고발 사건 사건 관련 자료
10	DD-5 pink	초범이나 재범 관계 없이 현재 수사 중인 보고서 작성 내용
11	DIR (domestic incident report)	가정 폭력으로 경찰에 입건된 사람의 가족관계, 폭력 정도, 위협 유무, 약물 유무, 사진 등 정보
12	Juvinile report	청소년기 범법 행위에 대한 경찰, 분류심사원, 소년원 등 범죄 내용
13	LPR (license plate only)	차량번호판 인식 시스템
14	NITRO/Kite	마약 · 약물 사용으로 입건된 사람에 대한 자료
15	NYC DOC	교정기관에 구금된 경험이 있는 전과자 자료
16	NYC Moving violation	주차 위반한 경험이 있는 자에 대한 기록
17	OCA	비밀 자료
18	Parking Summons	주차 위반 장소, 위반 시간, 자동차 번호 등 정보
19	Shooting and murders	총기 관련 사건과 살인 사건 관련 범죄 제반 정보
20	Stop question and Frisk	테러 방지를 위해 실시하는 무기 소지 여부를 묻는 검문 검색 자료: 2011년에 뉴욕에서 684,000명에게 실시

21	tab summons	뉴욕시에 미납으로 신고된 경우 소환한 건에 대한 정보
22	ALPS	비밀 자료
23	Closed search warrants	수색 영장을 마감한 건에 대한 정보
24	NY Department of Finance	뉴욕 거주자의 은행 기록, 보험 관련 기록 정보
25	I-cards	개인 식별 신분증으로 이름, 성별, 주소, 관할 구역 등 정보 제공
26	Lawman	비밀 자료
27	Parolees	가석방 관련 정보
28	Probation	보호관찰 관련 정보
29	SOMU	성범죄자 관리 대상자에 관한 정보
30	Warrants	구속되어 체포 영장 발부된 자료
31	Public Records DB	정부 기관 공공 데이터로 이름, 주소, 전화번호, 차량 소지 여부, 재산 상태, 가족, 학교, 사회 관계 등으로 자주 업데이트된 자료 제공
32	DOC	연방/뉴욕주/뉴욕시 교정 시설에 수용된 재소자 검색 서비스
33	E-Justice	NCIC(National Crime Information Center)와 연계된 뉴욕 형사사법 정보로 범죄자에 대한 자료 제공
34	Photo System	전과자들이 각 기관에서 찍은 사진 정보(FBI, NYPD, AFT, DEA 등 공유)
35	IDS	NYPD 지능 수사 데이터베이스 시스템: 주로 경제 사범에 대한 정보
36	Justice Exchange	미국 내 29개 주에서 '실명, 교도소 수감 여부'에 관한 자료 제공
37	STARS	뉴욕시에서 불법 주차로 소환된 정보와 사업상 타인과 돈거래 중 범법 행위한 정보
38	ISO Claimsearch	사유재산, 상해, 자동차 관련 등 고발 사건 중심으로 고발 입력된 정보

자가 교통 위반, 피해자로 911 신고했을 때 담당 수사관에게 바로 알려지는 방식이다.

'Identity Insight'라는 개인신원 프로그램도 활용된다. 뉴욕은 우리나라의 주민등록 제도처럼 엄격한 개인식별체제를 적용하지 않기에 경찰이 알고 있는 이름이 정확하지 않을 때가 많다. 'Identity Insight'는 다른 사진과 각종 개인정보와의 일치성을 연결해서 개인정보의 정확성을 검증해준다. GNR(Global Name Recognition)이라는 프로그램도 있다. 개인식별 정보를 연결해서 동일인물을 식별하고, 다양한 국적의 이름 특성을 반영한다.

소셜미디어 분석조사팀(Social Media Analysis Research Team, 약칭 S.M.A.R.T.)은 소셜미디어에서 정보를 수집한다[22]. 사이버괴롭힘, 갱활동 등에 대한 패턴이나 추세를 분석하여 순찰 경찰관을 지원한다. 또 게재 정보를 증거로 활용한다. 소셜미디어의 위험성에 대한 정보를 정부기관 및 대중에게 제공하는 일도 한다. 정보를 수집하는 방법은 다음과 같다. ① 가상인물의 아이디를 생성하여 대상인물(갱 멤버 등)과 친구를 맺어, 연결된 관계를 찾아가면서 관련성 등을 찾아 본다. 범행에 대한 글을 올리면 증거로 활용한다. 채팅으로 정보를 수집하고, 게시글로 갱단 간의 공격과 갈등도 파악한다. 가상 계정 활동을 할 경우 타인 사진의 출처, 사용 목적 등을 보고하고 상관의 허가를 받아야 한다. ② 페이스북 등 회사에 영장을 보내 계정의 접속 IP, 게재글과 사진·동영상, 채팅목록, 음성파일 등을 받는다. ③ IP 정보를 얻으면 별도 프로그램을 이용해 상세 정보를 수집한다.

청소년 범죄팀은 청소년 범죄 현장에서 해당 청소년의 범죄 이력이나 관련 정보를 조회하여 법집행 방침을 지원한다. 청소년 관련 법령은 미국에서도 다양하고, 현장 판단이 어려운 경우가 많아 연령·위반행위에 대한 규정 및 가능한 조치, 범죄 경력 등을 파악해서 체포 여부 판단을 돕는다.

얼굴인식부서(Facial Identification Section)는 형사들로부터 식별을 요청하는 사진자료 혹은 인상착의 진술로 대상자의 얼굴 사진을 검색 분석하여 우선 수사 대상자를 통보해준다. 정보 원천은 NYPD의 전과자 900만 명의 정면 얼굴 사진이다.

4천여 명의 형사들이 사건관리시스템(Crime Enterprise System)을 통해 1년에 1인 평균 780명을 신청한다. 12명의 분석관들은 이 사진을 얼굴인식 시스템으로 추출하고, 유사도 높은 사진을 약 250명 단위로 눈으로 살펴보면서 포토샵 등 프로그램으로 편집해가면서 대조한다.

사례로 소개된 사건들은 ① 용의자 사진에 화장이 진하게 되어 있던 눈 부분을 없애고, DB에서 눈을 합성하여 붙여서 가장 비슷한 사람을 찾음 ② 반쪽 찍힌 얼굴을 복사해 붙여서 완전한 얼굴로 만들고 대조하여 찾음 ③ 영화배우 우디 앨런을 닮았다는 목격자 진술에 따라 우디 앨런의 사진으로 DB에서 검색하여 추천되는 닮은꼴 중 찾아냄 ④ 셀프카메라는 역방향으로 찍히므로 다시 역

[그림 3.12] RTCC 얼굴 인식덤이 식별한 용의자 사진

※ 요청된 사진과 비슷한 얼굴을 시스템에서 조회한 결과(좌), 실제 범인의 얼굴과 저장전과자 사진(우)

방향으로 돌려서 식별해냄 ⑤ 입이 벌어진 사진을 포토샵으로 다물게끔 작업한 후 찾아낸 경우들이다.

3) 통합운영센터(JOINT OPERATION CENTER, JOC)

실시간 범죄 센터가 발생한 사건의 수사를 위한 사후 정보를 제공한다면, 통합운영센터(JOC)는 현장 상황 정보를 공유하고 신속하게 대응하는 부서이다.

뉴욕 경찰의 통합운영센터는 경찰, 연방수사국(FBI), 국토안보부(DHS) 등 다양한 부서들이 합동 근무하며 상황 정보를 확인하고 지령한다.[23] 9.11 테러 이후 기관 간 정보 공유와 조기경보 필요성이 높아짐에 따라 창설되었다. 뉴욕시에서 재난·재해는 물론 테러 등 범부처적 공동대응을 위해 약 890억 원을 투입해 설치했다. CCTV 영상과 경찰정보 확인이 가능한 DAS를 운영하고, 실시간 항공기 관제 시스템에도 연결되어 있다. 이후 4,900만 달러(한화 약 549.87억 원)를 투입해 시설을 확충했다.[24]

평소에는 6~7명이 근무하지만, 한 달에 1~2회 대통령 경호, 국제 대회와 같은 대형 행사, 대형 사건을 대응하며 관련 기관의 의사결정 권한이 있는 관계자들이 뉴욕 경찰에 모여 공동 대응하는 상황실 역할을 한다.

911신고에 대응하고, 필요한 경우 DAS를 활용해 신고지역의 CCTV를 조작할 수 있다. 헬리콥터나 경찰관의 웨어러블 캠으로도 현장 화면을 실시간으로 확인할 수 있다.

[그림 3.13] JOC 운영 항공기 이동 영상

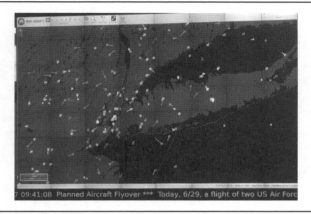

※ 항공기 이동 모니터링 시스템(공항 관제시스템과 연결되어 등록 여부 확인 가능)

[그림 3.14] JOC 상황판(순찰차, 지휘관 위치)

※ (왼쪽)순찰차 위치/상태 ② (오른쪽)직급/분야별 지휘관 위치와 근무 상황

3) LA경찰의 Predpol(Predictive Policing)

LA경찰은 범죄예측을 위한 시스템인 PredPol를 사용한다. Predpol은 미국 UCLA 및 산타클라라 대학이 LAPD와 협력하여 개발한 프로그램이다. LAPD에서는 재산(property) 범죄가 가장 심각하기 때문에 차량절도, 차털이 등의 발생을 예측하고, 경찰을 배치할 때 사용한다. 예측알고리즘을 개발한 산타클라라 대학은 범죄가 시간별로 퍼지는 흐름이 지진이나 전염병 전파와 유사하다는 데서 착안했다. 큰 지진이 발생하면 작은 지진이 시간 간격을 두고 인근 지역으로 퍼져가는 것이 범죄의 발생과 유사한 패턴을 보인다는 것이다. Predpol는 모든 범죄를 예측하지 않으며 재산범죄, 주로 절도를 대상으로 한다.(폭력 범죄는 스마트치안 지원 사례인 LASER라는 프로그램을 사용한다.)

[그림 3.15] LAPD 운영 Predpol화면

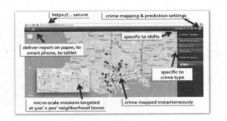

관리자들은 PredPol을 이용해서 발생 가능성이 높다고 예측한 장소를 순찰하도록 경찰관에게 임무를 부여한다. 현장 경찰은 예측된 범죄 장소에 실제로 어느 정도 방문을 했는지를 일일 보고서(daily field report, DFR)로 입력하고 순찰차의 GPS도 연결해서 확인한다.

Predpol를 통한 효과로 2013~2014년 동안 범죄율이 20%, 차량절도 20%, 강도는 32% 감소했다. 한편 Predpol의 효과에 대한 현지 경찰관들의 의견은 흥미 있는 점이 있다.

> 현지에서 경찰관들에게 Predpol이 얼마나 정확하게 범죄량을 예측하는지, 얼마나 업무에 도움이 되냐고 질문했습니다. 이에 대해 경찰관들은 그 시간대, 그 장소에서 범죄가 발생할 것이라고 대부분 경험적으로 알고 있다고 했습니다. 즉 Predpol이 경찰들이 알지 못하는 통찰을 주는 것은 아니라는 것이죠. 그러면 무엇에 도움이 되냐고 했더니, 범죄가 많이 발생할 것으로 예측되는 지역과 시간은 위험하기 때문에 경찰도 순찰을 회피했다는 겁니다. Predpol은 그런 배경에서 현장 경찰들에게 객관적인 근거에 기반해서 임무를 부여하여 수행하게 하는 도구로서 의미가 있습니다.(현장 방문 연구자 인터뷰)

범죄 분석 경찰 의사결정을 위한 정보 제공뿐 아니라 경찰의 일하는 방식을 변화시키는 촉진수단이기도 하다.

3.3.3 다른 나라의 범죄 분석

(1) 중국

중국은 첨단 기술을 경찰활동에 활용한다고 적극적으로 알리고 있다. 중국에서 IT를 이용해서 범죄에 대응하는 방식은 여러 면에서 화제이다. 미국과 영국처럼 경찰의 전통이 축적된 나라는 인권과 안전에 대한 논쟁이 새로운 기술과 공존한다. 반면, 중국은 논쟁이 충분하지 않은 상태에서 기술 발전에 매진하고 있다.

화제는 톈왕(天网), '하늘의 그물'이라는 시스템이다. 2015년부터 구축한 톈왕은 16개 성과 시에서 AI 감시 카메라와 범죄 용의자의 데이터베이스를 연동한다. 안면인식 기술을 이용해 인파 속에서 '신호를 무시한 자동차', '갑자기 달아나기 시작한 통행인'과 같은 이상행동 인물이나, 목표 인물을 경찰 데이터베이스와 대조해 신원을 식별하고 체포할 수 있다. 중국에는 약 2억 대의 감시 카메라, 지능형 CCTV는 2,000만 대가 있다. 보도에 따르면 톈왕의 정확도는 최대 99.8%로, 14억 명의 중국인의 얼굴을 3초 안에 90% 판별한다. 2015년 도입 이래 2년간 2,000명 이상의 범죄자를 검거했다.[25]

선전(深圳) 등 도시에서는 교통량이 많은 교차로에 교통법규를 위반한 운전자 또는 보행자의 얼굴을 확인하여 대로변 스크린에 사진과 성(姓), 주민등록번호 일부를 띄워 경고한다. 일정 기간 동안 동일 인물의 위반 행위 횟수를 기록해서 경고방송을 하기도 한다. 정저우(鄭州)에서 얼굴 인식 안경을 쓴 경찰관이 기차역에서 헤로인 밀수업자를 발견했다는 사례도 있다. 스마트 안경은 용의자들의 데이터베이스가 연결되어 있다. 안경을 쓰고 시민을 보면 5m 거리에서 3초 이내에 얼굴을 인식하여 사람의 정보를 알 수 있고 1만 명의 얼굴을 동시에 인식한다. 난징(南京)에서 샤오징이라는 로봇이 도로에서 움직이면서 신호를 어긴 보행자와 운전자를 사진 촬영해 교통 시스템으로 전송하는 사례도 비슷하다. 기차역에 로봇경찰을 배치하여 수배자를 검거하거나, 안면 인식으로 무단횡단자를 적발했다는 사례도 그렇다.[26]

중국은 거대한 인구로부터 생산되는 데이터량, 개인정보에 대한 낮은 장벽이 ICT와 결합했을 때의 기대와 두려움을 보여준다. 중국 기업 텐센트는 99.99% 정확한 안면인식 기술을 활용해서 실종 아동을 10년 만에 찾다고 발표했다. 이

기술은 연령별 연굴 변화 규칙을 학습해서, 실종 당시보다 10년 후 예측되는 얼굴을 5명으로 좁혀냈고, 최종적으로 DNA 검사로 실종 아동을 찾았다. 텐센트는 경찰 실종 방지 플랫폼과 협력해 1,091명의 실종자를 찾았다고 한다.

중국은 데이터와 인공지능으로 도시 전체를 제어하는 스마트시티 계획을 발전시키고 있다. 항저우(抗州)는 98%의 택시에서 모바일 결제가 가능하고 95%의 매장에서 알리페이를 사용할 수 있다. 세계 최초의 온라인 법원을 설립해서 온라인상에서 소송을 제기하고 안건을 상담 받을 수 있다. 알리바바는 항저우의 차세대 스마트시티 프로젝트인 '시티브레인'을 주도하고 있다. 항저우는 128개 신호등을 관리하여 통행시간은 15.3% 줄이고, 하루 500건 이상의 교통사건을 92%의 정확도로 자동 신고하고 있다.[27]

인권침해와 통제사회에 대한 우려도 있다. 텐왕은 국민의 법위반에 대해 점수를 매기는 감시시스템으로 연결되며, 이미 민간영역을 침해하고 있다는 지적이 있다. 알리바바는 고객 활동을 평가하여 게임을 얼마나 하는지, 무엇을 사는지 특성을 프로파일 하는데 이런 정보를 정부에 공유할 것을 강요받고 있다는 것이다. 중국의 통합공동운영 플랫폼인 IJOP는 CCTV의 촬영 정보, 개인정보 데이터의 분석을 통해 위험성을 예측하고, 지방 당국에 알려준다고 발표했다. 한편 2020년까지 국민들의 행동 양식을 정부, 상업, 사회, 사법 분야에서 평가하는 체제를 만들겠다고 했다. 여기에는 주차위반, 전기요금 체납뿐만 아니라, 신용정보를 연계한 대출, 고용, 진학 등이 포함된 통제를 예고한다.[28]

기술의 효과성이나 인권침해 우려도 과장되었을 수 있다. 기술력 과시와 함께 중국 국민들을 통제하려는 측면도 있을 것이다. 서방의 지적은 기술 패권에 대한 불안감이 내재된 소지도 있다. 그렇기에 중국의 기술은 여전히 탐구할 관심 사항이다.

(2) 일본

일본은 많은 인력과 체계적인 수사 방식을 갖춘 전통적인 경찰국가이다. 범죄 정보 분석도 그간에는 범죄심리학을 활용한 진술분석, 유사사건 동일범 분석, 지리적 분석, 즉 사회과학 전문가들이 촘촘하게 분석하는 방식이 알려져 있었는데, 최근에는 ICT도 활용되고 있다.

2018년 8월 일본 경찰청은 첨단수사 강화를 위해 인공지능(AI) 도입을 위한 실증에 착수했다.[29] 2020년 도쿄 올림픽을 대비해 2019년부터 차량 분석, 금융 의심거래 분석, 테러리스트 분석에 1억4400만 엔(약 14억 원)을 AI를 도입해 데이터를 학습시키고, 효용성 실험을 하기로 한 것이다.

차량 분석은 인공지능이 자동차의 모양과 성능 등을 학습하여 CCTV에 포착된 범죄 의심 자동차를 특정하는 것을 목표로 한다. 영상이 선명하지 않거나 차량의 일부만 찍혔을 경우에도 데이터를 조합해 차량을 특정할 수 있도록 한다.

금융 의심거래 분석용 AI는 금융기관으로부터 보고된 금융 의심거래 중 범죄 용의점이 높은 케이스를 추출하는 것이 목표다. 국제 금융법규에 따라 의심거래는 경찰기관에 신고하고 있다. 일본의 경우 연 40만 건을 보고받아 이를 사람이 분석하고 있다. 인력이 부족해 모든 거래를 조사하지 못하고, 의심점이 높은 거래만 수사하는데 여기에 인공지능을 적용하는 계획이다. 일본 경찰은 오랫동안 거래가 없던 계좌에서 뭉텅이 돈이 입출금되거나 단기간 반복적으로 해외로 거액이 송금되는 사례에 인공지능이 효과를 거둘 것이라 기대하고 있다.

테러리스트 분석 AI는 대규모 행사장 주변 CCTV 카메라를 통해 수상한 인물이 포착되면 화학물질이나 총기 등과 같은 테러용 무기를 소지했는지 자동 분석하는 시스템이다. 영상 데이터를 실시간 분석해 같은 장소를 여러 차례 오가거나 수상한 인물이 특정 위치에 장시간 물건을 내려놓고 찾아가지 않을 경우에도 테러 의심 물건으로 감지한다. 일본 경찰은 실험 결과에 따라 확산 여부를 결정하기로 했다.

지금까지 범죄 분석을 소개하고, 여러 나라의 운영과 ICT를 활용한 변화를 살펴보았다. 경찰이 알고자 했던 것은 '누가 범인이고 증거는 무엇인가'라는 '과거'에 대한 해답을 찾는 질문이었다. 하지만 정보와 지식의 증가는 '현재 상황을 어떻게 해결하는가' 하는 현재, '사람의 예상되는 행동', '범죄가 많이 발생될 거라 예상되는 시간과 장소' 등 미래에 대한 질문이 가능하게 되었다. 모두 '정보와 기술의 연결'이 키워드이다.

앞서 범죄 분석 유형을 범죄분석(통계통계), 정보분석(수사분석), 행동분석(심리분석)으로 설명했고, 그 활용을 우선순위 설정의 치안 정책(전략), 인력·예산의 자원 배분(작전), 범인과 공범 조직과 증거라는 단서 확보(전술)로 나눴다. 그리고 분석 유형과 활용 분야가 연결되는 동향임을 소개했다. 정보 원천과 형태, 분석 기술도 연결되고 있다.

연결되는 정보의 원천은 ① 경찰이 수사, 순찰 등 업무로 생산한 경찰 데이터 ② 형집행, 구급의료, 민원 행정 등 공공 데이터 ③ 공개된 인터넷과 쇼셜 네트워크 등 공개 데이터이다. 연결 데이터 형태도 텍스트, 영상, 소리까지 다양하다. 정보 내용은 사건, 사람(얼굴과 생체 정보), 행동(공격, 서성거림 등), 물건(차량, 피해품, 범행도구) 등이다.

이런 데이터를 웨어하우스(Warehouse)로 집약하고 클라우드로 공유하여 더 많은 효과를 기대하고 있다. 과거를 묻는 질문(범인은 누구인가?)을 해결한 사례를 보자.

> 볼티모어 경찰은 IBM의 데이터 통합 솔루션을 적용하고 WILDFIRE라는 클라우드를 만들었다. 범죄 장소, 추격장소, 위치, 페이스북 등 정보, 범죄기록(접수기록), 사건 기록, 트위터, 링크드인의 정보를 모았다. 실제 살인 청부 사건에 적용한 사례가 있다. 'YGG TAY'라는 닉네임을 쓰는 자가 살인을 청탁했다는 정보가 있었다. 경찰은 WILDFIRE를 활용해 YGG TAY 닉네임을 검색하여 용의자를 추출한다. i2 프로그램으로 위치를 확인해서 범죄장소와 용의자가 얼마나 가까운지 확인하고, 인간관계, SNS 활동 등도 추출한다. 통화 기록 등을 통해 친소관계 등을 확인한다. 그 결과 범죄 당일, 용의자의 총기 사용과 관련한 사진을 SNS에 올린 사람을 특정했다. 이 정보를 이용해 2일 만에 사건을 해결했다.

클라우드에 경찰의 범죄 기록, 페이스북, 트위터, 링크드인 등 쇼셜 정보를 연결함으로써 범인을 찾아낸 사례이다. 사건의 구성 요소를 비교하여 유사성을 탐색하고 인물관계도를 그려 단서를 찾는 기법이 고도화된 것이다.

'지금 어떻게 대응해야 하는가?'에 대한 사례도 있다. 과거 사건의 단서를 찾는 것이지만, 현장성이 강하고, 급히 변화하는 현장을 지원한다. 경찰 업무데이터와 CCTV영상, 전자발찌 착용 법집행 정보, 총성이라는 음성 정보를 연결하여 대응했다.

> 워싱턴 DC 사례: 2015년 7월 14일 13:47, 총기 강도사건이 신고되었다. 신고자는 4명의 용의자의 인상 착의에 대해 이야기했고 51번가에서 마지막으로 목격되었다. 분석팀은 실시간으로 현장 근처의 CCTV를 조작하여 사건 당시 촬영된 용의자 인상착의와 이동 경로를 분석했다. 용의자들은 전과자들이 석방 조건으로 착용하는 전자발찌 착용자였기에 시스템인 'Veritracks'

를 분석하여 범행 시간에 그 장소에 있있었던 경로 기록으로 용의자를 특정했다. 당시 총성 탐지기(Gunshot Detection)로 총을 발사했음도 확인했다. 경찰은 전자발찌 GPS를 추적해서 범인을 체포했다.[30]

지금 행동하는 공간 중심으로 많은 정보를 연결하는 개발도 있다.

> 뉴욕 경찰은 MS와 공동개발한 DAS를 통해 지역별 범죄 이력과 거주인물의 범죄 경력 등 정보를 제공받아 출장에 순찰에 대비할 수 있다.

> IBM은 순찰을 하는 경찰관이 주변에 위험분자들을 확인할 수 있는 '머큐리 프로젝트'를 추진 중이다. 경찰관은 휴대폰으로 신고자 정보(신상, 사진 등), 신고 장소 주위범죄자 정보(주소, 사건기록, 체포기록 등)을 알 수 있다.

마지막으로 미래를 예측해 경찰활동의 우선순위를 정하는 영역이다. 미국 Rand연구소는 예측적 경찰활동을 ① 범죄 증가로 예상 시간과 공간 예측 ② 범죄 위험 인물에 대한 예측 ③ 과거 범행을 프로파일링하여 범죄자를 밝혀내는 것 ④ 특정 시간과 장소에서 범죄 피해를 당하기 쉬운 피해자 예측으로 분류했다(RAND, 2013). ①의 시공간 예측은 LA 경찰의 Pledpol이 그 예이다. ② 범죄 위험 인물에 대한 예측은 LA 경찰의 LASER 프로젝트나 영국의 조직범죄 분류처럼 범죄자나 조직의 최근 범죄 행동의 횟수나 중요도(위험도)를 측정하여 평가한다. 최근엔 영상 기술에도 활용되어 폭력, 파괴, 배회, 투척 등 행위를 인식하여 경고하기도 한다. 뉴욕 경찰의 DAS와 연결된 CCTV가 그 예이다. ③ 범죄자의 신원을 밝혀내는 것은 과거의 행동에 대한 질문이지만, 유형을 분류하여 세밀한 용의자상을 그린 다음, 발생한 범죄가 그 유형의 범인이 저질렀을 것이라는 예측이다. ④ 피해자 예측은 피해자 특성을 프로파일링하여 대응하는 방법이다.

예측을 통해 경찰은 사건 유형과 증감 추세를 파악하여 정책을 수립한다. 지역의 범죄 위험성을 판단해서 순찰에 반영하고, 인물 위험성 등을 평가하여 경고하거나 감시하여 초기에 억제한다.

예측분석은 통계적 분석, 그래프를 이용한 계열 예측이 쓰였고, 데이터의 증가와 인공지능 기술의 결합으로 발전하고 있다. 중국에서 시민의 위법행동을 프로파일링 하겠다는 것도 그런 기술에 자리잡은 예측적 법집행이다.

과거·현재·미래를 연결하고 문자·텍스트·음성을 연결하면서 도시를 지키는 '스마트시티' 개발이 항저우를 비롯한 세계적인 추세이다.

주 1)   International Association of Crime Analysts. Exploring Crime Analysis(2nd edition). Overland Park, KS: IACA, 2009.

주 2)   장윤식.(2012). 선진국의 사이버범죄 정보분석 제도 도입방안, 치안정책연구소 책임보고서.

주 3)   Jerry H. Ratcliffe, Integrated Intelligence and Crime Analysis: Enhanced Information Management for Law Enforcement Leaders, August 2007.

주 4)   Healy, Deirdre and O'Donnell, Ian. Calling Time on Crime: Motivation, Generativity and Agency in Irish Probationers. Probation Journal, Vol. 55, No. 1, 2008.

주 5)   NCPE(2005). Guidance on the National Intelligence Model.

주 6)   장광호·고유석·송민영. 「범죄 정보 기반 경찰 운영(영국 경찰과의 비교 중심)」. 경찰청 국외훈련 보고서. 2014.

주 7)   장광호·김문귀.(2018). 영국의 범죄 정보 기반 경찰활동에 관한 연구. 한국경호경비학회지, 2018, Vol. 54, pp. 101-125.

주 8)   장광호 등 6 「4차 산업혁명에 대응하는 미국 스마트치안 다부처 국외훈련」. 경찰청 국외 훈련 보고서, 2018.

주 9)   FBI, 즉 연방 법무부가 전국 경찰 기관의 범죄 데이터의 중개 역할을 하는 것을 '미국도 법무부(검찰)가 전국 경찰을 통제한다'는 것으로 해석해서는 안 된다. 미국은 지방 자치 경찰이 먼저 생겨났고, 이후 서로 다른 규약을 통일해야 하는 연방정부의 필요에 따라 FBI가 범죄통계의 발간, 데이터의 공유 역할을 하고 있는 것이다. FBI와 지방 자치경찰 관계도 서로의 사건 관할을 달리하는 협력 관계로 운영된다. FBI는 마약·유괴·수표위조 등 주·지역 경찰의 권한으로는 다루기 힘든 260여 개 영역의 범죄를 관할로 한다. 그 외 사건에 대해서는 일반 사건의 경찰권한을 행사하지 않으며, 기소권이 없다. 그렇기에 일반사건을 관할하는 경찰과 기소권을 가진 검찰과 협력한다. 수사 경합 시 FBI가 우선 하거나 경찰을 지휘, 감독하는 경우는 없으며 공동으로 수사를 진행한다.

주 10) 장광호 등 6, 전게서.

주 11) 검색 시에는 WISE(Web Intelligence Search Engine)라는 시스템을 사용한다. WISE는 RTCC에서 후술 참조.

주 12) 김지온·김혜진·김경종, 「한국형 실시간 범죄대응센터 구축을 위한 통합형 정보분석 방법론 연구」. 경찰청 국외훈련보고서, 2019.8.

주 13) ARUGUS Camera의 서버 DB는 외부에 구축하고 일반인에게는 공개하지 않는다. 데이터 저장 기간은 통상 90일이다. 중요 정보는 별도 보관하기도 한다. 민간 카메라 영상은 실시간 모니터링에만 사용하고 별도로 저장하지 않는다.

주 14) 초록색 원(CCTV 표시 장소)

주 15) 정보의 검색-열람에 대해 별도의 승인을 구하거나, 정보 열람의 등급이 구분되어 있지 않다. 영미 경찰의 정보 사용 방식은 사전에 허가를 구하는 것이 아니고, 자신이 공무상 필요한 정보를 자유롭게 사용하게 사후에 권한없는 정보 열람이 있었을 때 강한 처벌(파면도 가능하다고 함)을 받는 식으로 운영한다.

주 16) 김지온 등, 전게서.

주 17) 이 기능은 스마트치안프로그램(SPI)의 캘리포니아 팔로알토의 성과물이 뉴욕에 활용된 것으로 보인다.

주 18) 동아아시언스, [세계의 스마트시티를 가다]<1> 뉴욕, 범죄도시서 청정도시로 http://dongascience.donga.com/print.php?idx=−5251432, 2011.1.1.

주 19) https://www.brennancenter.org/blog/palantir-contract-dispute-exposes-nypd%E2%80%99s-lack-transparency

주 20) https://www.policemag.com/369095/cobalt-software-platform

주 21) 다른 사건을 위해 입수한 데이터를 그대로 등재하는 것은 수집목적의 범위를 벗어나는 쟁점이 있을 수 있다. 그러나 뉴욕 경찰은 원본을 등재하는 것이 아니라 정해진 매뉴얼에 따라 수사기록의 형태로 조사한 내용을 입력하는 방식으로 공유한다. COBALT에 대한 사용 사례는 김지온 등 2019년 전게서 참고.

주 22) 김지온 등, 전게서.

주 23) 부서의 운영 형태에 대한 방문 보고서는 2017(경찰청) 참조.

주 24) http://www.smwllc.com/projects/new-york-police-department-joint-operations-center-joc/

주 25) 로봇신문사, 중국 AI 범죄자 추적 시스템 "천망(天網)" 물의. 2017.10.11.

주 26) Business Insider, China is building a vast civilian surveillance network — here are 10 ways it could be feeding its creepy 'social credit system. 2018.4.29'.

주 27) 코트라 해외시장 뉴스, 항저우, 중국 최고의 스마트시티로 거듭나나. 2018.2.27.

주 28) 김진우, 조지 오웰의 악몽: 중국의 사회신용시스템. 아산정책연구원, 2017.3.10.

주 29) CBS노컷뉴스, 일본 경찰청, 첨단수사용 AI 도입 실증실험 추진. 2018.8.30.

주 30) 김지온 등, 전게서.

경찰 분야의
과학 기술

1

치안 과학 기술

과학 기술이 인간의 생활을 변화시키면서 치안 서비스도 변화하고 있다. 과거에도 경찰은 순찰차와 무전기를 활용했고, 정보시스템을 적용하여 정보를 관리했다. 그 기술들은 영역별, 경찰활동별로 분류할 수 있다.

남궁현(2016)은 선행 연구(Nunn, S., 2001, Manning, P.K., 2003)를 인용하여 경찰 과학 기술을 분류했다.[1] 적용 범위와 대상 등에 따라 ① DNA, 지문, 홍채인식 등 피의자와 피해자의 생물학적 증거를 분석하는 생체정보기술(biometrics) ② 방범용 CCTV나 교통용 단속카메라 등을 통한 감시기술(monitoring) ③ 사람, 장소, 물리적 증거를 촬영한 영상자료를 활용하는 영상기술(imaging) ④ 경찰관서와 경찰관 사이 의사소통을 하는 통신기술(communications) ⑤ COMPSTAT이나 GIS 등을 통해 치안정보를 분석하여 계획을 수립하고 실행하는 데 도움을 주는 의사결정 지원기술(decision support) ⑥ 범죄 정보나 경찰의 인사 및 행정정보 등을 데이터베이스로 구축하고 활용하는 기록관리기술(record-keeping) ⑦ 테이저건(taser gun)이나 살수차 등 경찰무기(weaponry) 등으로 구분될 수 있다. 이것은 경찰의 업무 형태와 도구 중심으로 구분한 것이다.

목적에 따라 구분해 볼 수 있다. ① 이동식 기술(mobility technology)이 있다. 자동차를 이용한 순찰서비스, 최근 드론과 자율주행차 등이다.[2] ② 경찰을 훈련시키는 기술(training technology)은 다중진압훈련, 사격 및 통신장비 기술 이외에도 상황별 시나리오를 기반으로 하는 세부훈련을 아우른다. 최근 가상현실(VR) 혹은 증강현실(AR)이 적용되고 있다. ③ 혁신적 기술(transformative technology)은 사람의 감각만으로는 구분·확인이 어려웠던 지문, DNA, 모발, 섬유, 총기 등의 증거를 과학적으로 감별하여 피해자나 피의자를 식별하도록 하는 기술이다. ④ 분석기술(analytic technology), 범죄지도 등 다양한 치안정보를 수집, 분석함으로써 범죄를 예방 및 진압하기 위한 기술이다. ⑤ 통신기술(communicative technology)은 무전기나 컴퓨터를 활용해 인적·물적 자원을 배치하고, 인터넷 사이트나 소셜 미디어(SNS)를 통해 정보를 수집하고 배포하는 기술이다.

다양한 기술은 경찰이 시민을 대하고, 사회로부터 정보를 수집하며 경찰활동을 더 다양하고 효율적으로 할 수 있도록 해줄 것이다. 과학 기술은 경찰활동에도 영향을 미쳐 새로운 경찰활동을 창출한다. 대표적으로 제언되는 인공지능, 드론, 자율주행차에 대해 살펴보자.

2

최근 기술 동향

4.2.1 인공지능

(1) 인공지능의 출현과 발전

사람을 닮은 컴퓨터에 대한 꿈은 컴퓨터의 발명이 구체화되면서 자연스럽게 이어졌다. 앨런 튜링(Alan Turing)은 '이미테이션 게임'이라는 방식으로 사람을 닮은 컴퓨터 개념을 제시했다. 인공지능(Aritificial Intelligence, AI)의 개념은 1956년 미국 다트머스 회의에서 처음 등장했다. 인공지능은 ① 기계로부터 만들어진 지능 ② 지능적 행동을 자동화하기 위한 컴퓨터 과학의 한 분야 ③ 현재 사람이 더 잘하는 일을 컴퓨터가 하도록 하는 연구로 정의할 수 있다.[3] 알파고 이후 주목받는 딥러닝(Deep Learning), 기계학습 분야는 인공지능의 하위 개념이다.

인공지능 연구는 딥러닝, 기계학습, 강화학습 등 이론의 발전, 증가하는 데이터, 컴퓨터 계산 능력의 향상이 맞물려서 발전하고 있다. 인공지능 기술 이론은 경쟁과 함께 공개되고 있고, 공개된 도구들을 실무에 응용하면서 발전 속도를 높이고 있다. 인공신경망 기술의 발견은 비약적 계기가 되었다. 인공신경망 기술은 제프리 힌턴(Geoffrey Hinton)이 개발한 것인데, 사람이 생각하는 방법대로 컴퓨터가 작동하게 해야 한다는 개념이다. 힌턴은 뇌과학과 심리학을 연구하며 사람의 뇌와 유사한 작동법의 알고리즘을 만들었다. 인공신경망은 사람 뇌 속의 신경망의 '뉴런'과 비슷한 인공뉴런을 만들어서 정보의 입력과 전달과정을 설계한 것이다. 인간의 뇌는 1,000억 개의 뉴런을 갖고 있는데, 현재 인공지능은 대략 15억 개의 뉴런과 비슷한 수준이다. 꿀벌의 뉴런이 약 10억 개인바, 인공

지능은 꿀벌보다는 우월한 지능으로 사물을 해석하고 생성하는 셈이다.[4]

(2) 인공지능의 해석 능력과 생성 능력

인공지능은 해석하는 능력과 생성하는 능력으로 나눌 수 있다. 해석하는 능력은 사진, 음성, 언어를 컴퓨터가 이해하는 것이다. 생성하는 능력은 사진, 음성, 언어 등 인간이 이해할 수 있는 결과물을 만들어 내는 것이다. AI가 해석하는 원리는 사진이나 언어 등 존재했던 것을 숫자로 바꾸고 원하는 결과가 나올 때까지 인공뉴런인 파라미터 값을 조정하는 것이다. 해석 능력도 마찬가지이다. 만들어내려는 것을 숫자로 바꾸고 원하는 생성 결과가 나올 때까지 무한하게 반복해서 파라미터 값을 조정한다.

매 순간 발전하는 인공지능은 사람이 쓴 것과 비슷한 수준의 글을 쓰고, 사람의 얼굴을 바꿔주며, 사람과 대화하고, 번역해준다. 지문을 주고 문제를 풀게 하는 시험에서 평균적인 인간의 언어 이해능력을 뛰어넘는 성능을 발휘하기도 했다.

인공지능은 이미지/영상/음성/언어라는 인간의 정체성이라고 생각했던 부분에서 직관적인 시범장면들을 보여주며 흥행에 성공하고 있다.

IBM에서 개발한 인공지능 엔진인 WATSON은 미국의 인기 높은 퀴즈 쇼에서 우승했는데, 많이 활용되는 분야는 의료분야이다. 수집된 의료기록과 영상을 학습한 WATSON은 인간보다 빠르고 정확하게 병명을 판독해준다. 법률분야도 인공지능의 도입이 활발하다. 2016년 등장한 인공지능 판사는 축적된 판결 내용을 분석해서 유럽 인권재판소의 재판 결과를 80% 이상 적중시켰다. 최근엔 리걸테크(Regal-Tech)라는 용어도 만들어졌다. 소송서류를 학습해서 적용 법률을 찾아주거나, 모순점을 찾아내 계약 체결을 지원해주는 서비스가 일부 상용화되어 있다.

인공지능의 영역이 언어/음성/이미지/영상 등 인간이 인지하고 판단하는 거의 모든 영역에서 디지털화하여 스며 있다.

(3) 경찰 분야의 인공지능 활용[5]

범죄 대응 활동에도 활용되고 있다. 영국에서 항공기 엔진 제조업체인 '롤스로이스 사의 뇌물 사건'이 주목을 받았다. 과거 30년간 롤스로이스는 엔진 판매를 위해 인도네시아, 태국, 인도, 러시아, 나이지리아, 중국, 말레이시아 등 각국에 뇌물을 전달했다. 영국 중대사기청(Serious Fraud Office, SFO)은 해당 뇌물 사건을 수사하기 위해 약 3,000만 건에 이르는 방대한 양의 문서 분석을 실시했다.

이 사건 수사에 인공지능으로 문서를 검색하고, 해석하여, 요약할 수 있는 Ravn 사의 ACE(Applied Cognitive Engine)를 활용했다. 하루 60만 쪽의 사기나 부패혐의와 관련된 워드, 이미지, 엑셀, 이메일 텍스트, 파워포인트 등 문서를 살피고 분류하고 요약했다. 처음에는 70명의 분석관이 투입되었고, 이 인원들이 4년 동안 문서를 읽고 분류해야 한다고 예상했다. 하지만 문서 분석 프로그램은 하루 60만 쪽에 달하는 문서를 분석, 탐색, 분류했다. 이로써 수사관 7명이 10개월 만에 사건을 분석할 수 있었다.

인공지능은 막대한 데이터를 연결하여 해답을 찾아내는 과정이므로 빅데이터와 연관되어 있다. 인공지능을 경찰에 활용하는 데이터의 종류는 텍스트, 영상, 음성 분야로 나눠볼 수 있다.

치안 분야에서 활용 가능한 데이터의 형태는 ① 사건 조서 등 텍스트(text) ② CCTV나 블랙박스에 저장된 영상(image) ③ 녹음된 화자의 음성(voice) 등 이다.

텍스트는 경찰이 작성한 조서, 경찰 업무시스템에서 생성된 사건과 경찰활동 정보, 관련된 공공 데이터들이 있을 수 있다. 이런 정보로 범죄의 발생 빈도를 예측하는 인공지능을 적용할 수 있다.

경찰은 수사 과정에서 생산한 수사결과보고서라는 문서에서 특정한 범죄의 발생 확률을 예측하고, 찾고자 하는 범행과 가장 유사한 범죄 사건을 찾아주는 기술을 개발했다. CLUE(Crime Layout Understanding Ending)라고 이름 붙여진 이 기술은 수십만 건 문서를 단시간에 분석하고 현재 수사 중인 사건과 매칭시키는 기법이다. 범죄확률을 예측하는 원리는 발생한 범죄 사건을 날씨, 지역별 환경과 통계 기법을 결합해서 발생량을 예측하는 방식이다. 유사사건을 찾는 기술은 수사결과보고서 내 범죄를 묘사하는 문장을 텍스트마이닝하여 범죄일시·장소 유형, 범죄 도구, 범죄의 동기 등 단어를 추출함으로써 유사한 범죄를 찾는 방법이다.

영상 데이터를 활용하는 인공지능 기법도 다양하다. CCTV나 블랙박스 데이터에서 찾고자 하는 인물, 사고, 번호판을 인식하는 기술들이 연구되고 있다. 최근에는 인공지능 기술을 활용해 사람보다 더 정확하게 자동차 번호판을 찾는 대회도 열렸다. 특정한 인물을 CCTV 등 영상매체에서 바로 찾을 수는 없지만, 체형이나 복장, 걸음걸이를 통해 인식해서 그 사람이 어디로 이동했는지를 찾는 기술도 있다. 이런 기술은 치매노인이나 실종아동, 도주한 피의자를 빨리 찾을 수 있도록 하여 수사시간을 단축시킬 수 있다. 영상 속의 특정한 행동을 해석해서 위험으로 인식하는 기술도 치안 활용성이 높다. 의심스러운 물건을 놓고 떠나는 행동, 배회하는 행동, 사람을 때리는 행동을 인공지능에 학습시켜 위험으로 인식하게 하는 기술은 상용화되어 있다. 뉴욕 경찰은 DAS 시스템으로 테러 위험 행동을 인식하고 있다. 우리나라의 전자통신연구원(ETRI)에서도 쓰레기 무단투기, 교통사고 인식 등을 학습시켜 현장 활용을 앞두고 있다.

인공지능이 이미지를 학습해서 영상을 그리는 이미지 생성도 경찰에게 필요하다. 전문가가 사람의 진술을 듣고 목격한 사람의 영상을 그리는 '몽타주'에도 인공지능이 적용되고 있다. 한국과학기술연구원(KIST)에서 개발하는 '폴리스케치'는 목격자 진술에 따라 나이와 인상까지 반영한 몽타주 소프트웨어이다. ([그림 4.1]) 얼굴 생김새뿐만 아니라 권위적이라거나 어려 보인다는 식의 느낌들도 데이터베이스로 구성해서 생성한다. 나이별 인상을 추정하는 얼굴 변환 기능은 오래된 실종 아동의 현재 모습을 추정하는 데 도움을 준다. 실종된 아동의 어릴 때 사진과 부모의 사진을 합성해서 추정되는 현재 얼굴을 생성하는 기술이다. 이런 기술을 에이징(Aging)이라고 한다. 폴리스케치에 활용되는 얼굴 데이터는 한국인 남녀노소 900명의 인상을 숫자로 바꾼 다음, 눈, 코, 입 길이와 얼굴형, 주름살이나 피부색 등을 기계 학습을 통해 반영한 것이다.

영상 인식 인공지능을 인터넷에서 유포된 아동 성착취(아동 성매매)를 추적하는 데 사용하기도 한다. 미국 내 비영리 기관 Thorn은 아마존의 레코그니션, 아마존 렉스 등 인공지능 기술을 활용해, 온라인 성매매 사이트에 올라오는 수십만 개의 영상 및 텍스트 게시물을 분석하여 자동으로 미성년을 탐색하는 아동보호 이미지 인식 시스템을 개발했다. 이 시스템은 1억 4,000만 건의 성매매 게시물과 300만 개의 이미지를 분석해서 수 초 만에 아동이 촬영된 게시물을 모니터링하여 65%의 시간 비용을 절감했다. 해당 프로그램은 미국, 캐나다의 1,300

[그림 4.1] 범인 몽타주 작성 프로그램 '폴리스케치'

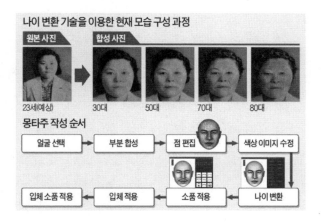

나이 변환 기술을 이용한 현재 모습 구성 과정

원본 사진 → 합성 사진

23세(예상) / 30대 / 50대 / 70대 / 80대

몽타주 작성 순서

얼굴 선택 → 부분 합성 → 점 편집 → 색상 이미지 수정

입체 소품 적용 ← 입체 적용 ← 소품 적용 ← 나이 변환

※ 출처: 한국경제(2016.6.21), 38년 전 미아 찾아준 'AI 몽타주' 기술.

개 이상 공공기관(경찰)에 무료로 제공되어 2019년 8월 현재까지 2만 1,000건의 아동 성착취 게시물을 찾아 1만 2,000명의 아동을 구해냈다.

사람의 음성을 구분하는 데도 인공지능 기술이 쓰이고 있다. 스펙트럼·음의 높낮이(pitch) 등의 낮은 수준(low-level)의 요소 추출 후, 발음·음소 분포와의 높은 수준(high-level)의 요소로 재구성하고 자동으로 숫자를 부여하는 기술(VAE, Variational Autoencoder)을 이용해 발화한 화자의 성문에 적용한다. 이 기술로 상습적인 112 장난 전화 신고를 인식하여 차단하거나, 검거한 보이스피싱 범인과 녹음된 음성을 비교하여 범인 여부를 식별하는 데 활용할 수 있다.

(4) 우리나라의 인공지능 기술의 수준

그렇다면 우리나라의 인공지능 기술 수준은 어떠할까? 정보통신기술진흥센터(IITP)는 한국, 미국, 중국, 일본, 유럽(7개국)을 대상으로 세계 인공지능 기술 격차 분석을 실시했다. 한국은 미국, 일본, 중국, 유럽과 비교할 때 여러 영역에서 모두 최하위 수준이었다([표 4.1]). 한국은 최상위국인 미국보다 기술 격차가 2.3년 뒤처진 것으로 평가되었고, 2위인 일본보다 2년, 중국보다도 1.9년 뒤처진 것으로 평가되었다.([표 4.1])

[표 4.1] 인공지능 기술 격차 분석 결과

인공지능 분류	기술격차(년)				
	한국	미국	일본	중국	유럽
추론 및 기계학습	2.2	0.0	2.1	1.7	0.6
지식표현 및 언어지능	1.3	0.0	1.6	1.7	0.8
청각지능	1.1	0.0	1.1	1.1	1.0
시각지능	2.0	0.0	1.8	1.1	0.8
복합지능	2.6	0.0	1.1	1.7	0.8
지능형에이전트	2.2	0.0	2.0	2.2	1.6
인간-기계협업	2.1	0.1	1.2	1.7	0.0
AI기반HW	6.0	0.0	4.6	4.6	2.7
종합	2.3	0.0	2.0	1.9	1.0

인공지능은 이론·데이터·계산능력의 결합이라고 볼 때, 특히 데이터의 부족이 원인으로 지적된다. 미국·중국보다 데이터 규모도 작고, 개인정보보호법 등 규제는 데이터 활용을 어렵게 하는 장애물이다. 개인정보침해 우려를 줄이면서도 기술 발전과 안전을 위한 논의가 필요하다.

(5) 인공지능의 발전과 대응[6]

인공지능에 대한 우려도 존재한다. 터미네이터, 매트릭스 같은 SF에서 인류의 적은 모든 것을 제어하고 지배하는 인공지능과 기계들이다. 오지 않은 미래는 알 수 없다. 그러나 아직, 인공지능은 보편적인 지식을 갖추고 있지 않다.

인공지능의 단계는 3가지 단계로 나뉜다. 첫째 약인공지능이다. 특정 방면만 잘하는 인공지능이다. 이세돌을 이긴 알파고(Alpa-Go)는 바둑에 특화된 인공지능이다. 우리 주위에는 한 분야에 특화된 인공지능으로 둘러싸여 있다. 체스, 바둑 인공지능은 스마트폰 게임 알고리즘으로 반영되어 있다. 증권사는 주식 거래 전문 인공지능 매매 프로그램을 운영하고 있다. 스팸메일의 차단기술은 사용자가 차단하는 메일의 패턴(발신자, 메일의 내용)을 읽어서 자동 차단하는 인공지능이다. 우리가 웹을 검색할 때 나타나는 화면, 소셜 네트워크에 나타는 친구 추천, 제공되는 배너는 당신이 누구이고, 무엇에 관심 있는지를 수집하여 성향을 분류하여 제공하는 정보이다. 둘째 강인공지능이다. 여러 방면에서 모두 인간과

겨룰 수 있는 인공지능이다. 인간이 할 수 있는 지능적인 일은 모두 할 수 있다. 린다 고트리슨(Linda Gottfredson) 교수는 강인공지능을 다음과 같이 정의한다. "광범위한 심리적 능력, 사고할 수 있고 계획할 수 있으며 문제를 해결할 수 있고 추상적인 생각을 할 수 있다. 복잡한 이념을 이해하고 빠르게 학습할 수 있으며 경험 속에서 학습을 할 수 있는 능력이다." 강인공지능은 개념만 이야기되고 있을 뿐, 아직 만들어지지 않고 있으며 어떻게 만들지도 알지 못한다. 마지막으로 초인공지능(ASI, Artificial Super Intelligence)이다. 옥스퍼드 철학가이자 유명한 인공지능 사상가인 닉 보스트롬(Nick Bostrom)은 초지능을 다음과 같이 정의한다. "과학 기술 창조, 일반적인 지식, 사회적 능력 등을 포함한 거의 모든 영역에서 제일 총명한 인류의 두뇌보다 훨씬 총명한 지능이다." 초인공지능은 여러 방면에서 모두 인류보다 조금 강할 수도 있고 모든 방면에서 인류보다 수억 배 강할 수도 있다. 초인공지능은 인류의 멸망, 혹은 영생이라는 극단적인 미래와 직결된다.

현재 약인공지능의 수준인 인공지능은 인류를 편하게 해주는 혁신 도구로 활용되고 있다. 전문가들은 2040년 즈음엔 강인공지능이, 2060년에는 초인공지능이 출현할 것이라고 예측하고 있다. 이 역시도 의견일 뿐 앞으로의 변화 범위와 속도는 예측할 수 없다.

2019년 10월 발표된 양자컴퓨터의 발명은 그런 속도를 앞당기고 있다. 고전 컴퓨터는 세상을 숫자 0과 1로 바꿔서 그 조합으로 현상을 이해하고 계산한다. 그런데 양자컴퓨터는 양자물리학을 기반으로 하여 한순간 0과 1을 동시에 인식하는 큐비트(quantum bits, qubit)를 사용하여 기존 슈퍼컴퓨터로 1만 년이 걸리는 계산을 200초 만에 마쳤다. 양자컴퓨터가 실용화되기에는 많은 시간이 걸릴 것이다. 하지만 양자컴퓨터의 등장으로 인간의 상상력이 닿지 못하는 지점까지 컴퓨터가 도달할 미래가 더 빨라질지도 모른다.

그렇다면, 생명의 멸종을 초래할 수 있는 초인공지능의 연구를 막아야 할 것인가? 현실적으로 가능하지 않을 것이다. 테슬라의 CEO 일론 머스크(Elon Musk)는 인공지능에 대해 반대입장을 표명하는 것으로 유명하다. 그는 인간이 그저 하나의 디지털 초지능 생물의 부팅 로더(boot loader)가 아닐까 하는 걱정을 한다.[7] 그렇지만 테슬라 역시 인공지능에 바탕한 자율주행엔진을 기반하고 있다. 머스크 역시 인공지능을 선하게 연구하는 것을 목표로 '오픈 AI'라는 회사를 설립해 1조 원을 투자했다. 변화를 막을 수 없다면, 직시하고 선한 방향으로 노력하는 것이 논의를 회피하는 것보다 바람직하다.

4.2.2 드론: 비행체[8]

(1) 드론의 의의

드론(Drone)은 항공법상 "사람의 탑승 없이 원격·자동으로 비행 가능한 항공기"이다. 무인항공기, UAV(Unmanned Aerial Vecial)라고 불리기도 한다. 드론은 여러 장비와 기술 요소의 결합이다. 드론을 이루는 장비는 비행체, 임무장비(카메라 등), 지상통제장비(비행 제어 장비), 데이터링크(비행체－통제장비 간 통신)가 결합되어 있다. 드론을 운영하는 핵심 기술은 비행 제어 시스템 기술, 자율비행 및 충돌 회피 기술, 탑재 장비·센서 기술, 추진 동력 기술, 데이터링크 기술이다.

(2) 드론의 치안 활용

경찰활동에도 드론이 활용된다. 교통 지원을 위한 사례는 명절 기간 고속도로 단속에 드론을 활용한다. 드론 조종사가 고속도로 위에서 정체 구역을 오가면서 찍은 사진을 넘겨받아 갓길 주행 등 위반 사례를 분석해서 차량명의자에게 위반 사실을 통보한다. 실종자 수색에도 활용한다. 2015년 3월 구리경찰서에서 경찰 최초로 실종자 수색에 활용했고 여러 경찰관서에서 실종자의 수색 구조에 활용한다. 순찰에 활용하는 사례도 있다. 울산경찰청은 2017년 9~11월에 드론을 통한 범죄예방 순찰을 운영했다.

해외에는 다양한 분야에 활용한다. 중국, 미국, 일본, 영국 등에서 위반 상황을 촬영, 얼굴 인식, 사고 원격 조사, 그물이나 비살상 장비를 탑재해서 발사해서 범인을 체포하는 데 활용하는 등이다. 최근에는 범죄나 테러에 드론을 이용하는 것에 대응하는 드론 요격(Anti Drone)도 중요한 쟁점이다.

[표 4.2] 치안 분야 드론 연구 개발

연번	과제명	내용	기간	예산	부처
1	실종자수색 전용 무인기 및 영상분석 기술 개발	산악 등 특수지형에 접근이 용이하고 넓은 지역을 촬영 가능한 드론 개발	'16~'18	8억	과기부(주관)/ 경찰(수요)
2	국민안전 대응 무인항공기 융합 시스템 구축	카메라, 탐조등, 전파교란기, 스피커 등 경찰 전용 드론 개발	'17~'20	24억	소방청(주관)/ 경찰(참여)
3	저고도 무인기 감시 · 관리기술 개발	소형드론 탐지가능한 카메라-레이더 기술	'17~'21	94억	국토부(주관)/ 경찰(참여)
4	소형 드론을 활용한 현장 경찰 지원 및 2차 사고 방지 시스템 개발	소형 드론 자동 임무수행 기술 개발, 차량 휴대용 드론 및 경찰차 탑재용 도킹 스테이션 개발 등	'18~'20	20억	경찰/ 과기정통부

(3) 치안 드론의 연구 개발

드론 분야의 기술 개발도 활발하다. 특수 지형에서 촬영이 가능한 드론 기술(연번 1), 재난, 화재, 실종 등 다양한 상황에 대응할 수 있는 다목적 드론(연번 2), 불온한 드론에 대한 탐지와 방해전파 발사 등 안티 드론(연번 3), 경찰 현장에서 경찰을 인식해서 따라오며 현장 상황을 찍어주고, 교통사고 현장에서 높이 떠서 뒤따라오는 차들에게 위험 상황을 알려주는 드론(연번 4)이 개발 중이다.

R&D 중 일부는 시범 운영 후 확대되고, 교육도 확산될 예정이다. 치안 드론 분야의 기술은 자율비행, 충돌방지, 비행시간의 연장, 해킹 탐지 분야에서 연구가 필요하다. 법 · 정책 측면에서도 드론의 성능이나 유형별에 따라 규제하는 규정을 준비하고, 사생활 침해와 개인정보침해에 대한 융합 연구도 필요하다.

4.2.3 자율주행차[9]

(1) 자율주행차의 의의와 기술 단계

우리나라의 자동차관리법상 자율주행차란 '운전자 또는 승객의 조작 없이 자동차 스스로 운행이 가능한 자동차'로 정의하고 있다. 자율주행차의 발전은 5단계의 레벨로 나뉜다. 0레벨은 사람이 주행하는 단계이다. 1레벨은 급제동이 필요한 경우와 같은 돌발 상황이 발생했을 때 자동차가 부분적으로 개입하는 단계이다. 2레벨은 자동차가 현재의 상황을 인지하고, 판단하며, 자동차를 제어하는 기능 중에서 두 가지 이상의 기능을 동시에 작동할 수 있는 단계이다. 3레벨은 특정 상황에서 자동차가 모든 기능을 제어할 수 있고, 운전자의 개입이 필요한 경우에 경보를 알려서 운전자가 개입하게 하는 단계이다. 4레벨은 특정 상황에서 자동차가 모든 기능을 제어하고, 운전자 개입 없이 단독으로 주행하는 단계이다. 5레벨은 모든 상황에서 자동차가 제어하고 목적지까지 자율주행하는 최종 단계이다.

현재 자율주행차 기술은 기본 개발 단계를 지나 상용화 개발 단계에 접어들고 있다. 자동차 제조사 — 정보통신 기업들 간의 협업으로 자율주행차를 2020년까지 출시하고, 2035년까지는 상용화하려는 목표가 진행되고 있다. 경찰은 교통운영 및 법제도를 담당하고 있기에 자율주행차의 상용화 단계를 대비해야 한다.

(2) 자율주행차에 대비한 경찰의 역할

자율주행차가 원활하게 운영하기 위해 경찰이 준비할 것은 무엇일까? 첫째, 신호기, 안전표지 등 교통안전시설 등 인프라 운영 기술을 개발해야 한다. 지금은 사람인 운전자가 신호기와 안전표지를 눈으로 인식하지만, 자율주행차가 신호기와 안전표지에서 발신하는 정보를 인식하고 자동으로 멈추거나 출발하도록 하는 인프라를 만들어야 한다. 둘째, 교통운영 시설을 만들어야 한다. 여기에는 신호제어 장치와 관제 기술 등이 포함된다. 현재 사람이 교통량과 사고 여부를 관찰하고 교통 신호를 조작해서 교통 흐름을 관제한다. 하지만 현재도 일부 지역에서는 교통량에 따라 자동으로 신호를 부여하는 스마트 신호 제어 시스템을 운영하고 있다. 이런 신호 제어와 관제 시스템이 자율주행차와 정보를 주고 받

[그림 4.2] 자율주행차 다부처 R&D계획

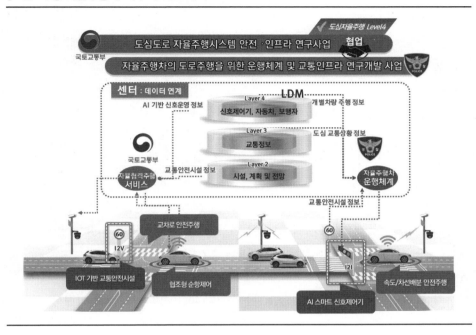

으면서 교통상황을 관제하고 신호를 제어하는 AI 스마트 교통 관리 시스템을 개발해야 한다. 셋째, 자율주행차 운행을 보장하고, 자율주행차의 운영 능력을 검증하는 법제도를 정비해야 한다. 현재 자율주행차는 자동차관리법상에만 정의되어 있을 뿐, 도로 운행을 위한 제도는 갖춰져 있지 않다. 실험 운행을 위해 국토교통부 장관의 임시 허가 절차만 규정되어 있을 뿐이다. 사람도 운전면허를 따기 위해 주행 시험을 보고, 적성검사를 받아야 하듯이 자율차도 성능 검사를 하는 체제가 법제도로 만들어져야 한다.

이런 체제를 기술 개발로서 추진하려는 국가 R&D가 기획 중이다. 자율주행차의 도로 주행을 위한 운행 체계 및 교통 인프라 연구라는 다부처 R&D가 예비타당성 심사를 진행되고 있다. 이 R&D를 통해 국토교통부는 도로 자율 주행 시스템의 안전과 인프라를 연구하고, 경찰은 자율주행차의 도로 주행을 위한 운행 체계 및 교통 인프라를 연구하는 역할이다.

4.2.4 3D프린팅[10]

　　3D프린팅은 '3D로 입체적인 물체를 제작하는 기술'이다. 종이에 글자를 인쇄하는 기존 프린터와 유사한 방식으로, 스캔 데이터를 바탕으로 입체 모형을 만든다. 3D프린터는 대상물의 3D 데이터를 기반으로 입체적 제작물을 생성하는 시스템 일체를 의미하며, 주로 플라스틱을 비롯한 경화성 소재를 사용한다. 다양한 재료를 바탕으로 3차원 모델링 정보를 활용하여 실물 구현이 가능하다. 일반적으로 1~10시간 내외에서 3D프린터에 입력된 모형을 3차원 실물로 완성할 수 있다.

　　3D프린터의 방식을 개괄하면 ① 파우더 형태의 재료에 접착제를 분사시켜 결합하여 금속, 폴리머, 세라믹 재질의 물체를 형성하는 Binder Jetting ② 액상 재료를 프린팅 노즐을 통해 분사시켜 자외선으로 경화하여 폴리머, 왁스 재질의 물체를 형성하는 Material Jetting ③ 고체 재료를 열을 이용하여 노즐을 통해 분사시켜 폴리머, 나무 물체를 형상화하는 Material Extrusion ④ 레이저나 전자빔으로 재료를 직접 증착 또는 녹여 금속(파우더), 와이어 재질의 물체를 형성하는 Direct Energy Deposition ⑤ 파우더 재료를 베드 위에 놓고 레이저나 전자빔을 조사하여 선택적으로 녹여 금속, 폴리머, 세라믹 재질의 물체를 형성하는 Powder Bed Fusion ⑥ 광, 레이저 조사로 폴리머, 세라믹 소재의 액상 재료를 경화하여 물체를 형성하는 Photo-polymerisation ⑦ 얇은 필름 형태의 재료를 칼이나 레이저로 가공하여 접착제 등으로 붙여 Hydrids Metallic, 세라믹 소재의 물체를 형성하는 Sheet Lamination 방식 등이 있다.

　　주로 3D스캐닝(3D Scanning) 작업이 같이 이뤄지는데, 적외선, 가시광선, 레이저 등의 빛과 초음파 등을 이용하여 3차원 데이터를 측정하고 저장하는 과정이다. 이런 작업에 사용되는 시스템을 3D스캐너라고 한다. 이 시스템에서 측정된 데이터는 3차원 물체를 나타내고 실물로 구현할 때 기반 데이터를 생성하는 역할을 한다.

[그림 4.3] 경찰의 장비 개발-구매 절차

(1) 기술 동향과 경찰 활용 사례

산업계에서는 3D프린팅을 통해 제조 원가나 기간을 단축하는 사례가 늘어나고 있다. 기존의 금형 제작을 통해 부품을 생산하는 방식보다 3D프린팅을 통해 개별 부품을 출력해서 조립하는 방식이 시간과 시행착오, 비용을 줄일 수 있다. 미국 항공사에서는 3D프린팅으로 원가 25%를 줄이고, 비행기 중량이 40% 절감하기도 했다.

3D프린터는 다품종 소량생산을 가능하게 하고, 혁신적인 제품 생산의 기반을 확산할 수 있다. 해외 경찰의 활용도 많다. 영국 웨스트요크셔 경찰은 3D스캐닝을 범죄현장조사에 적용 중인데 절단된 골격의 3D 실물 제작으로 상호 일치 여부를 확인한 바 있다. 홍콩 경찰 브리핑지원팀(BSU)에 따르면 3D프린팅 기술을 통한 테러, 인질, 화재 사건의 작전 투입 전 현장 전체를 모형화하여 작전의 이해도를 높이는 데 사용하고 있다. UAE에서도 아부다비 경찰의 3D 인쇄팀은 탄약 훈련에 사용할 수 있는 다양한 샘플(탄)을 3D로 구현하여 교육에 적용했으며, 사건 현장의 뼛조각 일부도 제작했다는 사례가 있다.

(2) 한국 경찰 활용 착안점

산업계와 해외 경찰의 3D프린터 활용은 한국 경찰에도 도입할 착안점을 준다. 장비 개발의 분야와 수사 활용 분야이다.

첫째, 장비 개발 분야이다. 현재 경찰의 개발/구매 절차는 각 부서(수사/교통/경비/과학수사 등)의 구매 담당자가 새로운 장비 개발의 계획을 수립하고 경리 부서는 그 계약을 진행하며, 장비가 납품되면 담당 부서에서 검사하는 과정으로 이뤄지고 있다.([그림 4.3]) 그런데 이 과정은 주로 수사/교통 등 업무 분야와 경리 분야 담당 경찰공무원이 중심이 되어 진행하고 있다. 이들은 해당 분야의 정책

[그림 4.4] 경찰착용장비/보호장비/특수목적 드론/경찰 휴대물품 등

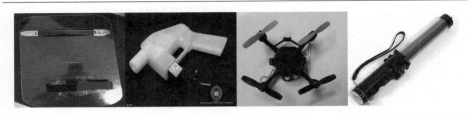

[그림 4.5] 3D프린팅을 통한 경찰활동 활용 분야

전문가인바, 이들의 정책 활동을 뒷받침할 기술/성능에 대한 공학적 지원이 필요하다.

현장의 요구는 다양해지고, 과학 기술을 활용한 신 장비 개발 요구는 늘고 있다. 새로운 장비의 대량 생산에 착수하기 전에 시제품(Prototype)으로 제작하여, 치수를 평가하는 과정이 필요하다. 이 시제품 개발 혹은 성능 검사 등을 위한 경찰 자체 기술은 부족하다. 새 장비를 제작해서 현장에 배포하더라도 현장에서 불편이 있으면 사용이 안 될 우려가 있다. 치수와 성능에 대한 정밀한 검증과 반복 실험이 필요하다. 3D프린터를 활용해서 계약을 의뢰하기 전 다양한 규격과 개념의 시제품을 제작해 보고, 장비의 무게, 크기, 착용감을 실험해 볼 수 있다. 해외에서는 사제 총기를 3D프린터로 제작한 악용 사례도 있는데, 정밀한 부품까지도 3D로 출력해서 조립 가능하다. 정밀 부품도 3D스캐닝이나 모델링을 잘할 수 있다면, 3D로 출력해서 작동 여부와 성능까지도 실험해 볼 수 있다. 플라스틱이나 금속류의 내구성 등도 측정해 볼 수 있다.

일부 다품종 소량 생산할 새로운 개념의 장비는 3D프린터로 직접 생산도 가능하다. 드론도 다양한 목적으로 활용할 수 있는 프레임(틀, 뼈대)은 3D프린터로 개발해서, 모터 등 기존 부품을 끼워 배포할 수 있다.([그림 4.4])

신 장비의 개발 과정의 시행착오를 예방하여 예산을 절감하고 장비 품질을

높이며 보급 시기를 단축할 수 있을 것이다.

둘째, 범죄 현장이나 증거를 재현하는 경찰활동에 활용할 수 있다.

해외 경찰에서 많이 공유되는 사례는 범죄 현장의 뼈나 치아 등 증거를 3D로 재현하여 용의 인물의 정보(사체의 경우의 뼈, 치아의 경우 치과 기록 등)와 대조하는 것이다. 앞에서 보듯이 범죄 현장과 증거에 대한 3D프린팅 수요는 존재한다. 이미 경찰에 3D스캐닝 장비도 도입되었으나, 3D프린터를 운영하는 부서는 없다 보니, 실물을 제작하는 사례는 충분히 확산되지 않고 있다.

3D 몽타주 기술과 결합하여 용의자의 얼굴도 3D로 출력해 볼 수 있다. 나이변환기술(Aging)과 연계해서 실종 아동의 어렸을 때 사진을 부모의 얼굴과 대조하여 현재 추정연령 얼굴을 만들고 3D로 출력하는 활용도 생각해 볼 수 있다.

범죄 현장을 3D로 재현하는 경우도 있다. 밀폐 현장에서의 살인 사건에서 많은 쟁점이 있는 사건의 경우 3D로 현장을 재현하고 용의자의 동선과 현장의 상황을 분석하며 수사 착안점을 도출할 수 있다. 야외 현장 역시 재현하여 주요 지점을 경찰관들에게 공유하여 대규모 수색을 쉽게 한다든지, 대중과의 소통을 쉽게 하는 도구로 사용할 수 있다.([그림 4.5])

이렇듯 3D스캐닝, 모델링, 3D프린팅 과정을 통해 ① 증거물을 디지털화하고 ② 오류·훼손을 방지하며 ③ 데이터를 보존·재현하며 사건을 신속하게 수사하고 미제 사건을 해결하는 역할을 기대할 수 있을 것이다.

스마트치안의 개념과 사례, 범죄 분석의 의의와 세계적인 추세, 그리고 각종 과학 기술을 경찰에 적용하는 동향을 알아보았다. 다음은 한국 경찰이 데이터와 과학 기술을 경찰활동에 활용하는 스마트치안 현황을 알아보자.

주 1) 남궁현·심희섭.(2017). 과학 기술이 경찰활동에 미친 변화와 그 시사점. 치안정책연구 제31권 제1호, 35-40.

주 2) 남궁현 등 전게서.

주 3) 이용걸, 인공지능을 활용한 수사. 치안정책리뷰, 61호, 2018.9.30.

주 4) 조영환, 인공지능기술의 원리와 동향, 투블럭AI 발표자료, 2019.10.

주 5) 이용걸, 전게서.

주 6) coolspeed, 왜 최근에 빌 게이츠, 일론 머스크, 스티븐 호킹 등 많은 유명인들이 인공지능을 경계하라고 호소하는가?. https://coolspeed.wordpress.com/2016/01/03/the_ai_revolution_1_korean/

주 7) 로봇신문사, '엘론 머스크' 인공지능 전문 기업 '오픈AI' 설립총 10억 달러 투자. 2015.12.14.

주 8) 류연수, 「치안분야 2019년 주목할 주요기술 – 드론: 2019치안과학 기술연구계획」. 치안정책연구소, 2019.1.

주 9) 김남선, 자율주행차 기술 동향 및 R&D 진행 사항: 2019치안과학 기술연구계획」. 치안정책연구소, 2019.1.

주 10) 장광호·방금환·류연수. 경찰활동에서 3D프린터의 활용 방향과 전망. 수사연구 2019.1.

한국 경찰의
스마트치안

한국의
스마트치안 기술 개발

한국 경찰은 'SMART policing'을 '스마트치안'으로 번역하여 사용하고 있다. 한국 경찰 내 연구 기관인 치안정책연구소의 학술 세미나 자료집(2016)의 경찰청장 발간사에 "최근 선진국을 중심으로 제시되고 있는 치안 패러다임이 스마트치안이며, 그 핵심 요소는 전략적관리(Strategic Management), 분석·연구(Analysis & Research), 과학 기술(Technology)입니다."라고 발표했다.[1] 같은 자료집에서 경찰대학장 발간사는 "SMART 치안이란 범죄통계 등 치안관련 데이터베이스를 정밀하게 수집·분석하여 취약요인을 찾아내고, 한정된 경찰력을 선택과 집중에 따라 운영하는 등 전략적 치안활동을 의미합니다."라고 표현되어 있다. 즉 경찰은 미국 스마트 폴리싱의 개념을 받아들여 연구하고 있다.

경찰청 '2018~2019년 주요 업무 계획'에서 '스마트'라는 단어가 포함되거나, 빅데이터·인공지능 등 최신 기술을 활용하는 업무 계획은 다음과 같다.[2]

[표 5.1] 2018년~2019년 경찰청 주요 업무 계획 중 관련 과제

연번	과제 내용	담당(과)	주요 내용
1	'스마트치안지능센터' 설치	연구발전	치안정책연구소를 치안과학 기술 전문연구기관으로 확대하며 데이터 분석 부서로서 '스마트치안지능센터 신설' 등
2	피해자 보호를 위한 스마트워치 제공'	피해자 보호	신변 보호 대상인 중요 피해자에게 위치 확인, 경고 알람 등에 활용할 수 있는 스마트 워치 제공
3	스마트 순찰차 성능 고도화 및 확대 보급	장비	신고 내용, 순찰 경로 등 순찰에 필요한 정보를 안내하는 차량 일체형 디스플레이와 수배차량 검색을 검색하는 멀티캠을 설치한 순찰차 개발
4	'스마트 워크 시스템'으로 ① 자원봉사단체 활동 ② 경찰 장비 관리	범죄예방	지역 순찰 경찰관들이 사용하는 정보 종합 포털 시스템인 '스마트워크시스템'에 ① 범죄예방 관련 자원 봉사단체의 활동을 등재하여 관리 ② 경찰 장비 사용에 대한 보고서와 통계 관리 기능 추가
5	'스마트 신호운영시스템' 개발	교통 운영	교통정보(Big-data)를 활용하여, 실시간 자동으로 신호를 제어할 수 있는 시스템 개발 추진
6	공동체 치안을 위한 스마트치안시스템 개발	범죄예방	지역·시간대별 112신고범죄 분석시스템을 운영하고 범죄위험 진단, 탄력 순찰 등에 활용
7	치안R&D 활성화	연구발전	R&D운영체제를 활성화하고, 국립치안과학원으로 확대 개편 추진, 치안산업 진흥 인프라 구축
8	데이터 기반 의사결정 체계 마련	기획조정 등	전문분석관 채용, 수사사건에 빅데이터 분석기법 활용, 빅데이터 활용을 위한 정보화 전략 추진

연번 1의 '스마트치안지능센터'는 경찰에서 '스마트치안'이라는 명칭으로 설립한 부서이다. 경찰은 산하 연구기관인 치안정책연구소는 '스마트치안(SMART Policing)'을 위한 중장기 발전 계획(2016)을 수립해서, 2018년부터 담당 부서인 '스마트치안지능센터'를 설치했다. 이 센터에는 경찰관, 사회과학, 공학 연구자들이 모여 치안정책, 예방경찰, 수사지원을 위한 데이터 분석을 하고 있다.

연번 2, 3은 새로운 기술(웨어러블, 일체형 태블릿, 소형 카메라와 전송 기술)을 경찰활동에 접목하여 정보를 전송하는 활용이다. 연번 4 '스마트워크(Smart Walk) 시스템'은 범죄 예방 부서의 포털 시스템으로 범죄 예방 시설과 경찰 장비 정보

를 관리한다. 연번 5 '스마트 신호 운영체제'는 대용량 교통정보를 활용하여 실시간으로 교통을 제어할 수 있는 기술을 만들어내는 시도이다.

'2019년 업무 계획'에도 '치안환경 변화에 즉응하는 스마트치안 구현'이라는 항목으로 연구개발(R&D)을 활성화하고자 ① 치안정책연구소를 '국립치안과학원'으로 확대하고 ② '치안산업 진흥에 관한 법률' 입법 추진 ③ '치안산업 박람회' 개최 ④ 치안데이터 표준과 규칙 정비 ⑤ 빅데이터 분석과 활용을 치안정책에 반영하고 ⑥ 법보행이나 성문(聲紋) 분석 등 과학수사 기법을 발전시키는 내용을 담고 있다. 기술 개발과 확산이 주안점이다.

한국 경찰이 스마트치안으로 소개하는 사례는 기술이나 장비 개발 중심으로 강조된다. 미국 경찰은 해결할 문제중심이되 그 과정에서 기술과 데이터를 수단으로 바라본다. 그 차이는 범죄 데이터를 활용한 의사결정이 활발하지 못한 점, 국가경찰인 한국 특성상 미국의 자치경찰 체제에서 지역 사회와 공동체 경찰활동과 비교가 어렵다는 점이다.

하지만, 스마트치안은 과학적 의사결정을 위해 데이터를 활용해서 범죄를 과학적으로 분석하려는 노력이 핵심 요소이다. 한국 경찰의 범죄 분석을 소개한다.

범죄 분석

5.2.1 통계적 범죄 정보의 분석과 활용

경찰에서 운영하는 통계적 범죄 정보는 ① 범죄통계 원표를 통해 수집되는 공식 범죄 통계 ② 정보시스템에서 산출하는 통계적 정보 ③ 필요에 따라 여러 경찰부서에서 파악하는 정보가 있다.

(1) 범죄통계원표는 경찰관이 수사 과정에서 파악한 정보를 '경찰 범죄통계 작성 및 관리에 관한 규칙(경찰청 훈령)'에 따라 형사사법정보망에 입력하는 정보이다. 경찰은 1983년부터 경찰관서에서 전산입력한 형사사건의 범죄통계원표(발생·검거·피의자통계원표)를 「범죄 분석」이라는 명칭으로 발간하다가 2006년부터 「범죄통계」로 변경하여 발간하고 있다.

(2) 대부분의 경찰 업무가 전산화된바, 각종 경찰 전산시스템에 입력된 정보를 전자적으로 산출하여 통계로 활용된다. 예컨대 특정 범죄 피의자나 피해자의 성별, 연령대, 발생일시, 장소의 유형, 범죄의 세부 유형 등을 산출하여 활용한다.[3]

(3) 전산으로 산출할 수 없는 통계가 필요한 경우, 자체적으로 통계를 취합한다. 예를 들어 여름철 몰래카메라 범죄가 사회문제가 되어 대책을 수립하기 위해 해수욕장, 탈의실 등에서 발생한 사건의 건수라든가, 촬영한 영상을 인터넷에 올렸는지 여부를 알아보기 위해 관련 사건 정보를 취합하는 방식이다.

이런 통계가 인구사회 통계나 지리정보와 결합하여 지식 정보로 사용된다. 사례는 다음과 같다.

(1) 범죄를 예방하는 도시 환경 설계에 활용된 사례

2017년 제주지방경찰청에서는 제주도 서귀포시 표선면 일대에서 최근 7년간(2010~2016) 성범죄 · 폭력 · 절도를 대상으로 범죄발생 건수와 시간대를 분석하여 총 5구역의 범죄다발지를 선정했다. 죄종별로 범죄의 발생패턴 및 지역 세부적으로 확인하여, 방범용 CCTV 10개소 설치 장소를 선정했다.[4] 이런 범죄환경 설계는 최근 많은 경찰서에서 활용하고 있다.

(2) 치안 정책 수립에 활용된 사례

2017년 몰래카메라 문제가 심각해져서 정부 차원의 대책이 수립되었다. 이 과정에서 몰래카메라 범죄의 특성을 분석하는 것이 대책 방향을 설정하는 중요한 요소였다. 당시 경찰청은 최근 5년 간(2013~2017) 접수된 대상 범죄(총 32,816건)의 사건 개요를 발췌하여 범죄의 수법 · 동기 · 장소를 키워드로 도출하는 분석을 시도했다.[5] 이 분석으로 스마트폰 등을 이용하여 여성을 직접 몰래 촬영하는 범죄가 85.5%로 가장 많고 인터넷 등에 배포하는 범죄가 그 다음인 9.4%이며, 여성이 가장 불안해하고 탐지가 어려운 위장형 카메라 설치 촬영은 상대적으로 적은 5.1%임을 도출[6]했다.

(3) 정부 정책 방향에 참고가 된 사례

2017년 새 정부 출범 후 경찰은 치안과 복지의 상관관계가 존재하는지 분석했다. 전국 지자체별 소득을 파악한 후, 해당 기초단체와 관할이 일치하거나 유사한 경찰서 단위로 인구 대비 범죄(총범죄 / 성범죄 / 가정폭력 / 아동 납치)의 상관관계를 분석했다. 이 분석을 통해 소득이 적은 지역일수록 가정폭력, 여성 살인, 아동 강간이 많다는 상관관계가 도출되었다.[7] 이 분석은 치안이 소득이 낮은 지역에 거주하는 여성과 아동 등 사회적 약자에 대한 안전 장치로서 중요하다는 것을 보여주었다. 경찰은 이 분석을 활용해 경찰 자원 확보에 활용[8]했다.

5.2.2 범죄 사건 정보

범죄 사건 정보는 범죄자, 특히 조직범죄자와 공모자, 범죄 조직의 구조, 불법 자금의 흐름, 범죄 계획, 여죄 등이 대상이다. 수사 경찰은 물론, 모든 경찰이 정보를 수집한다. 대표적인 수집 경로와 운영 조직, 발전 방향을 살펴보자.

(1) 범죄 사건 정보 수집 경로

수사 경찰이 사건을 처리하면서 업무 관리 시스템엔 형사사법정보시스템(KICS, Korea Informantion System of Crimal-justice Services)에 사건 진행 과정을 입력한다. 여기에 모이는 정보가 최근 범죄 사건 정보로서 대표적이다.

형사사법정보시스템은 2003년 전자정부 로드맵 사업으로 선정되어, 2005년부터 2010년까지 경찰의 사건수사시스템, 검찰의 수사결정시스템, 법원의 재판 지원 시스템을 구축하고 2010년부터 운영했다. 형사사법절차에 정보기술을 도입해서 수사·기소·재판·형집행에 이르는 형사사법 과정을 전자적으로 처리하기 위해 구축했다. 경찰은 수사 부서와 지구대·파출소 경찰관들이 KICS를 사용한다. 법규화된 수사서류 작성 업무는 KICS에 입력된다. 입력된 정보를 활용해서 과거엔 손으로 작성했던 각종 대장(臺帳)들이 전자적으로 출력된다. 관서별 특정한 죄종의 입건 현황이나 처리 결과에 대한 통계, 해당 사건의 목록을 담당자(내 사건 리스트), 부서장(관리자 리스트)들이 볼 수 있다. 일정한 요건과 절차를 거쳐 피해자·피의자의 이름, 주민번호, 죄종 등으로 사건 접수 정보, 주민등록, 차량번호, 전과, 수배 여부, 상습수법대상자 등록, 운전면허, 교도소 등 수감 여부를 검색할 수 있다.[9]

보고를 통해 중요 사건을 취합하기도 한다. 경찰은 중요한 사건과 동향에 대해 '첩보 제도'를 운영하여 정보를 취합한다. 경찰청 예규인 '수사첩보 수집 및 처리 규칙'에 따르면 '범죄첩보'는 대상자, 혐의 내용, 증거자료 등이 특정된 내사 단서 자료와 범죄 관련 동향이다. 경찰관은 일정 건수의 첩보를 제출해야 한다.[10] 최근엔 이러한 정보도 전산으로 입력한다. 전체 경찰관이 일정 건수 제출하는 '범죄 첩보' 외에도 각 부서별로 중요한 사건을 보고받는다. 경찰은 사건 취급에서 보고 필요성이 있는 경우는 소속 관서장이나 상급 부서에 수사의 착수, 진행, 종결 등 단계별 활동에 대해 보고[11]해야 한다. 수사 부서 외에 순찰, 내부 감사, 경비 등 다양한 부서들도 중요한 사건을 발견했을 때 보고해야 한다.

(2) 범죄 사건 정보 운영 조직

범죄첩보는 경찰청 범죄정보과가 운영하도록 규정하고 있다.[12] 범죄수사규칙상 보고 대상 사건은 범죄의 주체, 대상, 수사 방식, 범죄 종류별로 다양하게 요구하고 있다. 통상 지방경찰청과 경찰청의 부서별로 취합한다. 즉 강력사건(형사과), 지능경제사건(수사과), 사이버사건(사이버안전과), 성범죄와 아동범죄(여성청소년과), 외국인범죄(외사과) 등 각자의 사건 보고를 취합하는 것이다.

(3) 범죄 정보를 활용한 주요 사례

범죄 정보는 일반적인 경찰의 수집 정보로서 일상적이다. 최근 도입된 정보 분석 기법과 발전 방향을 개괄해 본다.

가) 지능형 수사자료 분석시스템(i2)

수사 과정에서 수집한 대용량의 통신·금융 정보 등 수사자료를 사회관계망 등을 활용해 분석하는 시스템이다. IBM에서 개발하여 수사기관에서 사용하고 있고, 한국도 2015년 도입했다. 수사관이 설정한 개체들 간 연결선을 표현하여 연관성, 밀집도, 중요도를 보여준다. 불법 선거 사범 사건에서 1,051명의 통화기록을 분석해서 중요 인물 12명을 추출하고 이를 통해 후보자와의 연관성을 확인했던 사례나, 토지대출 사건의 혐의자 8명의 대포폰 13대에 대해 관련성을 분석하여 중심이 되는 전화번호 사용자들을 검거한 사례 등이 있다.[13]

나) R&D 개발 중인 CLUE

경찰청은 2016년부터 3년 계획으로 52억 원을 투입하여 수사과정에서 형사사법전산망(KICS)에 입력된 범죄 데이터를 분석하는 플랫폼을 개발했다.[14] 범죄 분석 이해 도구(CLUE, Crime Layout Understanding Engine)라는 이름으로 범죄 해결의 단서를 지향한다. 해당 플랫폼은 사건 수사를 위해 경찰관들이 작성한 수사결과보고서 등 수사 서식의 정보들을 추출해서 ① 검거하고자 하는 사건과 유사했던 과거 사건을 추천해주거나 ② 대응하고자 범죄에 대해 환경 변수(날씨, 요일, 소득·

인구 등 지역별 특성 등)를 결합해서 발생 확률을 예측해주는 것을 주요 기능으로 한다.

　　CLUE가 유사사건을 추천하는 원리는 다음과 같다. 경찰 수사 결과를 입력한 KICS의 데이터 중에서 범인이 범죄행동을 묘사한 '범죄사실'이라는 서식에서 데이터 세트를 구축한다. 10여 가지의 핵심 죄종(살인, 성범죄, 전화사기 등)을 대상으로 수사관이 좇는 범죄 유형과 가장 비슷한 유형의 사건을 추천해주는 방식이다. 수사관이 좇는 범죄유형은 자연어를 그대로 입력하여 검색하는 방식은 아니고, 핵심키워드(범행도구, 침입방법 등)를 미리 정의해서 그것을 규칙 기반(Rule-base)으로 찾는다. 정의한 핵심 키워드의 규칙과 데이터 세트를 비교하는 역할은 IBM의 Watson Explorer를 활용하도록 구성했다.

5.2.3 심리 행동 정보

　　심리 행동 정보는 범인의 행동 특성에 기인하여 심리적 요소로 추출되는 정보를 말한다. 이렇게 추출된 정보를 통해 용의자의 상을 구성하는데, 이를 프로파일링이라고 한다. 한국 경찰이 운영하는 제도나 정보 시스템은 다음과 같다.

(1) 범죄 수법 시스템

　　경찰은 행위 특성이 뚜렷하게 구분되는 죄종을 대상으로 범인과 행동 특성을 전산망에 입력했다가 유사한 범죄 발생 시 검거를 위해 활용하는 시스템을 운영하고 있다. 대상 죄종은 강도, 절도, 사기, 위·변조, 약취·유인, 공갈, 방화, 강간·강제추행, 장물, 정보통신망 침해 등 10대 범죄이다. 이 범죄들을 대상으로 32개 대분류, 266개 소분류까지 세부 분할하고 있다. 해당되는 죄명의 범인을 검거하여 상습성이 높은 범인이라고 판단할 경우, 경찰은 그 인물의 사진과 인물에 대한 특성, 범행 요소들을 전산 시스템에 입력한다. 입력된 데이터베이스에서 추적하는 범행과 비슷한 행위와 범인의 사진 등 정보를 검색해서 수사에 활용한다.

(2) 범죄 분석관 운영

　　경찰은 2005년부터 심리학이나 사회학 등 전공자를 범죄 분석요원으로 특별 채용하고 있다. 2005년 16명을 최초 선발한 이후 선발 시기도 간헐적이고, 인력은 점차 줄어, 현재는 60여 명 정도가 채용되어 있다. 채용된 인원 중 범죄 심리행동분석을 주 업무로 하고 있는 인원은 30여 명이다. 각 지방청 과학수사계가 소규모이면 1~2명, 대규모이면 6명 정도가 근무한다.

　　이들은 심리행동 특성이 뚜렷한 범죄(성범죄, 방화, 연쇄 살인 등)의 범인을 면담하여 심리적 특징을 분석해서 전산 시스템에 입력하는 업무를 주로 하고, 발생한 사건에 대해 축적 정보나 경험에 따라 용의자의 심리행동 특성을 추정함으로써 수사를 지원한다.

　　범죄 분석관은 경찰 내에서 범죄 심리 행동 분야라는 특수한 영역에서 정보와 분석 활동을 통해 지원한다. 범죄 분석전문가를 경찰 내에서 충분히 육성하고 활용하는 것이 충분치 않다는 의견이 있다. 채용과 교육 과정의 전문성 부족, 정보 접근의 어려움, 수사 경찰과 의견 공유상 문제점, 별도 조직이 없이 소규모 배치된 현상 등의 개선이 꾸준히 제기(허경미, 2015)되어 왔다. 점차 개선되고 있지만 보다 큰 폭의 변혁이 필요하다.15)

(3) 지리적 프로파일링 시스템(GeoPros)

　　지리적 프로파일링 시스템은 공간 분석 기법을 범죄 데이터에 적용하여, 범죄를 예방하거나 용의자의 범행 근거지 예측 등에 활용하는 시스템이다.16) 2009년도 개발되었고, 모든 경찰이 사용할 수 있다. 주요 기능은 ① 다양한 치안요소(유동인구, 범죄발생통계 등)를 결합하여 지역별 범죄위험지수 산출(치안블록) ② 범죄발생 빈도를 누적하여 범죄 유형별 빈발지 표출(핫스팟) ③ 범인의 범죄발생지를 입력하여 활동의 중심지나 다음 범죄지역을 예측하는 기능들이 있다.

　　분석이 가능한 대상 정보는 10대 범죄이고, 112신고까지 추가했다. 최근 단어 검색 기능, 범죄 유형별 범인의 유형을 통계적으로 산출하는 기능 등이 고도화되고 있다. 주요 기능을 소개하면 다음과 같다.

[그림 5.1] 지리적 파일링시스템(Geopros) '범죄위험지수 빈발지' 메뉴

※ 위험도가 높을수록 빨간색으로 표현됨.

① 범죄위험 지수

이 시스템은 '치안블록'이라는 이름으로 지역을 세분화하고 있다. 전국을 약 367,000개, 거주 인구를 약 200명으로 블록으로 구분해서, 블록별로 범죄 위험 지수를 산출할 수 있다. 범죄 위험 지수는 5대 범죄에 대해 산출한다. 41개 범죄 유관변인을 넣어서 일별/시간대별 범죄 위험지수를 도출한다. 사용하는 변인은 범죄변인(강제추행, 절도, 강도, 살인, 방화, 약취유인, 폭력 등 발생건수, 전과자수), 인구변인(가구수, 인구수, 유동인구, 인구증감, 소득, 토지가격), 공간변인(cctv, 유흥업소, 등, 지역 특성 유형)이다.

치안블록별로 범죄경력자수, CCTV수, 3년 누적사건수, 범죄지수, 유흥업소수, 평균 유동인구수, 총인구 등 다양한 정보를 제공한다. 이 기능은 치안블록별 치안정보(지역특성) 조회 기능으로 활용할 수 있다. 지역별 범죄예방을 위한 환경 설계에도 활용할 수 있다.

② Hotspot(범죄다발지 분석)

기간별/죄종별/발생시간별 사건발생 통계결과를 지리정보와 결합하여 시각화하여 표현하는 기능이다. 사건발생을 등고선 형태로 사건이 많은 지역(Hot)과 적은(Cold)한 지역을 표시해준다. 경찰관서, 죄종, 시간대, 기간별로 범죄다발지역을 확인할 수 있다. 순찰차나 형사 대기 근무 등 경찰 자원 배분이나, 범죄예

[그림 5.2] 옥천지역 3년간 절도 발생 빈발지(Hotspot)

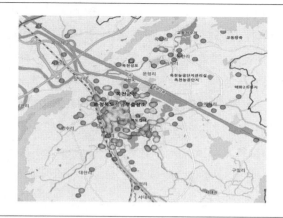

방 시설 등 환경 설계에 활용한다.

③ 사건 분석

시스템에 연계 조회되는 KICS 사건 정보, 수법 범죄자 범죄 이력, 과학수사 요원들이 작성하는 임장일지의 정보를 활용하여 장소, 시간대, 죄종(수법)별로 지도에 표시하여 분석할 수 있다. 지도에 대상 사건을 표시하고 군집 분석, 방향성 분석을 추가하여 발죄 발생 패턴을 분석할 수 있다. 주로 검거하지 못한 사건의 지리적 특성을 분석해서 연관성을 판단하거나, 수사력을 집중할 지역을 결정하는 데 활용한다.

④ 수사대상자 분석

특정한 지역을 설정한 후, 그 지역에 거주하는 수사대상자를 추출해서 확인할 수 있는 기능이다. 경찰이 관리하는 주민자료, 전과자료, KICS 정보를 연계해서 강력사건이 발생했을 때 그 주변에 현재 거주하고 있는 유사범죄 경력자의 목록과 위치를 볼 수 있다. 찾고자 하는 용의자의 죄종, 성별, 혈액형, 연령대, 수형정보 등을 입력하여 검색할 수 있다. 범죄 발생지 주변에 주소를 두고 있는 유사전과자 및 수사대상자, 수법등록자를 추출하여 우선 수사 대상자로 선정해서 탐문 수사하는 용도로 활용한다. 개인정보를 직접 확인하는 분석이므로 수사부서장의 승인을 받아야 한다.

⑤ 연쇄범죄자 거주지 및 다음 범죄지 예측

지리적 파일링시스템(Geopros)의 분석 기능 중에서 관련 교육을 이수한 범죄 분석 요원만 활용한다. 연쇄범죄자의 거주지나 주요 활동지역, 다음 범죄 예상 발생지를 예측하기 위해 범죄학과 결합된 과학적 공간 통계기법을 활용하는 방식이다. 지리적 파일링시스템은 시스템 속에 JTA(Journey to Crime), STA(Space Time Analysis)라는 별도의 분석 프로그램을 설치해 활용하고 있다.

지리적 프로파일링시스템은 경찰에서 업무를 관리하고자 도입한 다른 시스템과 달리, 범죄 정보를 분석해서 의사결정에 활용하고자 개발한 시스템이다. 산출물도 범인 검거(연쇄 범인의 다음 범죄지 예측), 범죄예방(범죄 빈발지 산출)이나 정책 운영(범죄 위험 분석을 통한 경찰 인력 배치)의 분석 목적에 부합한다. 지리적 프로파일링시스템 접속 횟수는 2016년 기준 1일 평균 전국 434건인데, 이는 전체 경찰관 12만 명에 비추어 보면 그리 많지 않다.

지리적 파일링시스템을 통한 분석이 경찰활동에 효과가 있을까? 지리적 파일링시스템 활용횟수와 범죄발생건수, 검거율을 비교하면 긍정적인 상관관계를 보여준다.[17] 전국 경찰서 중 3년(2015~2017) 동안 지리적 프로파일링시스템 활용 순서대로 235개 경찰서를 선정했다. 경찰서별로 경찰관 1인당 사용횟수는 0.82회(2015), 1.12회(2016), 1.37회(2017)로 높아지고 있다. 어떤 경찰서는 경찰관 1인 평균 1년에 0.2회도 활용하지 않으며, 1인 평균 4회 이상 활용한 사례도 있다. 지리적 프로파일링 시스템의 주요 활용 부서는 범죄예방계획을 수립하고 순찰 경찰의 근무를 편성하는 경찰서 생활안전과, 형사 활동 계획을 수립하는 형사과, 수사 업무에서 활용하는 경찰이라는 것을 고려하면 실제 편차는 더 클 것이다.

이런 차이가 경찰서에서 발생하는 범죄건수, 범죄의 검거율과 상관이 있을까? 범죄건수는 범죄가 발생하는 사건의 건수를 집계한 것이다. 범죄의 검거율은 발생한 범죄에 대해 범인의 신원을 밝혀내서 수사하여 사건을 종결한 비율을 나타낸다. 이 가설은 지리적 파일링시스템을 통해 순찰이나 범죄환경설계를 더 과학적으로 하고, 수사에 활용하는 경찰서에서 범죄가 더 적게 발생하고, 범죄를 잘 수사할 것이라는 추론이다. 상관관계를 분석하니 유의한 결과가 나왔다. 2016년에 경찰서별로 경찰관 1명당 지리적 프로파일링 시스템을 1회 활용할 때 2015년보다 총범죄는 0.132건 감소하고, 검거율은 0.145%가 향상되었다.

[표 5.2] 2016년 지리적 프로파일링시스템 1인당 활용과 범죄 지표

		총범죄 발생(전년대비, 건)	총범죄 검거율 (전년대비 % 증감)
경찰서별 1인당 활용(건수)	Pearson 상관계수	-.132	.145
	유의확률(양쪽)	.043	.026

이런 통계 분석은 지리적 파일링시스템을 적극 활용하는 경찰서가 범죄 대응을 잘 한다는 논거가 될 수 있다. 다만 전체 사건량의 증감과 범죄발생과 검거에 영향을 미칠 수 있는 다른 변수를 통제하지 않는 한계가 있다. 지리적 프로파일링시스템 활용은 매년 증가하고 범죄는 감소하는 추세이기에 인과관계보다는 전반적인 발전일 수도 있다.

그러나 실증연구의 의미가 있고, 지리적 프로파일링시스템 활용을 독려하는 관서장의 리더십이 구성원들의 업무몰입에 영향을 미치는 면도 있을 것이다.

유형별 범죄 정보를 운영하는 부서는 어디일까? 통계정보는 주로 수사기획과에서 관리하면서 부서들이 필요한 통계를 개별적으로 혹은 전산시스템에서 추출하여 활용한다. 사건정보 역시 수사기획과에서 수사 업무 관리시템인 KICS를 관리하면서 가장 큰 데이터를 운용하되, 범죄 정보과에서는 중요한 범죄 정보를 수집하고 죄종별 소관부서들도 필요한 정보를 보고받는다. 경찰청 '범죄분석담당관실'은 ① 범죄 분석에 관한 기획 및 지원 ② 범죄기록이나 수사 자료의 관리 ③ 범죄 감식 및 증거 분석 ④ 주민등록지문 등 지문자료를 수집·관리하는 부서[18]이다. 광범위하게 보이지만 실은 영역이 좁다. ②의 '범죄기록'과 '수사자료'는 경찰 수사에서 입력된 개인 정보와 죄명, 입건 일시·관서이다. 사건 내용과 관계자 정보는 없다. ③의 증거는 주로 현장에서 발견한 물적 증거(지문 등)이고, 서류나 진술 정보는 해당하지 않는다 ④의 주민자료는 앞서 지문과 대조하기 위한 자료로서 관리하는 역할이다.

심리행동정보는 범죄 분석담당관실에서 관리하고 있다. 상습범죄자의 수법 정보, 중요 범죄자들의 심리면담과 분석 보고서들이 그것이다. 이러한 부서별 관리체제를 정리하면 [표 5.3]과 같다.

[표 5.3] 분석 유형별 대상 정보와 관리 부서(경찰청 課 단위)

유형	운영 부서(세부 유형)	관련 제도 및 운영 형태
통계 정보	수사기획과 (범죄통계)	경찰청 업무 분장[19]과 규칙에 따라 경찰에서는 수사기획과에서 담당함
	업무 담당 과 (유형별 세부 통계)	범죄예방정책과, 여성청소년과, 형사과, 수사과 등 다양한 범죄유형을 담당하는 부서가 필요한 정보를 취합하여 통계 관리[20]함
	수사기획과, 업무 담당 과 (정보시스템 추출 통계)	형사사법정보시스템(KICS), 형사사법정보시스템에 연동된 각 부서의 정보시스템, 혹은 별도 정보시스템에서 항목별 데이터에서 통계를 추출
사건 정보	수사기획과 (KICS 입력 정보)	수사 업무과정에서 업무를 위해 형사사법정보시스템 및 연동 시스템에 입력한 사건 관련 정보
	범죄 정보과 (중요 범죄 정보)	경찰관들이 업무 중 취득한 가치가 있는 정보를 별도의 방식으로 전산 입력하여 보고한 정보
	죄종별 소관 과 (사건 보고서)	수사, 형사 등 죄종별 담당부서가 중요 사건의 발생과 진행 과정을 요약한 정보를 서면으로 보고받아 유통하고 관리하는 정보
	대테러상황실 (상황 보고)	재난, 재해, 안전, 무질서 상황이 발생했을 때 이를 현장으로부터 취합받아 유통하는 정보
	범죄 분석담당관실 (지문, 전과자료 등)	경찰활동(특히 수사 과정) 중에 취득하는 자료 중 향후 수사가 향후 활용될 수 있는 별도의 정보 요소를 관련 법규에 따라 규정된 형태로 별도 관리하는 정보
심리 행동 정보	범죄 분석담당관실 (수법정보)	상습성이 높은 범죄자의 행동 특성을 별도 규정에 의한 양식으로 저장하는 정보
	범죄 분석담당관실 (심리분석자료)	심리적 특성이 강한 범인을 범죄 분석관이 면담하여 그 내용을 별도 보고서로 작성한 정보

※ 출처: 경찰청 업무규칙 등을 재정리.

주 1)   경찰청, 「스마트치안 어떻게 할 것인가」. 치안정책연구소 정책 토론회 자료집, 2016.11.

주 2)   경찰청, 「2018 주요 업무계획」. 경찰청, 2018.1, 경찰청 「2019 주요업무계획」. 경찰청, 2019.1.

주 3)   통계개발원, 「국가범죄공식통계연구」. 정책연구용역, 2008.11.

주 4)   경찰청, 「경찰청 범죄 분석 보고서」. 내부 자료, 2017년 11호.

주 5)   경찰청 등 관계부처 합동, 「디지털 성범죄(몰래카메라 등) 피해 방지 종합 대책」. 내부 문서, 2017.9.

주 6)   그러나 이러한 통계는 경찰에게 신고가 되거나 현행범 등으로 적발된 범죄들을 대상으로 하고 있어, 한계가 있다.

주 7)   경찰청, 「지역별 경제 여건 ─ 여성/아동의 범죄 피해 간 관계 분석」. 내부 문서, 2017.7.

주 8)   다만 이 분석은 데이터의 한계로 인해 비교할 변수들에 대해 비교 요소들간 통제되지 않는 한계가 있다.

주 9)   형사사법정보시스템 www.kics.go.kr

주 10) 경찰청 예규 '수사첩보 수집 및 처리 규칙' 제2 조(정의) 2. 「범죄첩보」라 함은 대상자, 혐의 내용, 증거자료 등이 특정된 내사 단서 자료와 범죄 관련 동향을 말하며, 전자를 범죄내사첩보, 후자를 범죄동향첩보라고 한다.
        제5조(월 수집기준량) 수사·형사 외근요원은 4건 이상의 수사첩보를 수집·보고하고, 수사내근·지구대·파출소 직원은 1건 이상의 수사첩보를 수집·보고하도록 한다. 다만, 별도 지침을 마련한 경우 이에 따른다.

주 11) 경찰청 훈령 범죄수사규칙 제14조의2(수사에 관한 보고) ② 경찰서장은 관할구역 내에서 별표1에 규정된 수사지휘 대상 중요사건이 발생하였거나 범인을 검거하였을 때에는 별표1의2에 규정된 보고 절차 및 방법에 따라 지방경찰청장에게 신속히 보고하여야 한다.

주 12) 전게, 수사첩보 수집 및 처리규칙, 제7조(평가 및 기록관리 책임자) ① 평가 및 기록관리 책임자(이하 "평가 책임자"라 한다)는 다음과 같다.
        1. 경찰청은 범죄 정보(사이버안전)과장

주 13) 충남경찰청, 「지능형 수사자료 분석시스템(I2)의 개요 내부」 교육자료. 2016.

주 14) 중앙일보, 「52억짜리 AI 수사관 '클루'가 '살인의 추억' 재발 막는다」. 2017.12.8.

주 15) 허경미, 「범죄 프로파일링 제도의 쟁점 및 정책적 제언」. 경찰학논총 제10권 제1호, 2015.

주 16) 경찰청, 「지리적 프로파일링시스템(GeoPros) 사용자 매뉴얼」. 2017.

주 17) 장광호, 「스마트치안을 위한 범죄 분석의 영향요인」. 명지대 박사학위논문, 2018.8.

주 18) 전술 경찰청 및 그 소속 기관의 직제 시행규칙 제6조.

주 19) 전술 경찰청 직제 규칙 제9조(수사국에 두는 과) ③ 수사기획과장은 다음 사항을 분장한다.
        2. 범죄통계의 관리 및 분석.

주 20) 전게 규칙상으로도 각 유형별 통계를 관리하도록 부서단위로 규정된바, 이를 살펴보면 제3조(경찰통계연보의 발간 ─ 기획조정담당관), 제9조(사이버범죄통계관리 및 분석 ─ 사이버안전과)에 규정되고, 하위 규칙인 경찰청 사무분장규칙(경찰청 훈령) 제21조의2(성폭력범죄 통계 관리 ─ 성폭력대책과), 제19조(112신고처리 관련 기록 관리 및 통계분석 ─ 범죄예방정책과) 등 각 부서 단위로 해당 범죄에 대한 통계를 관리.

조직 혁신과
스마트치안

스마트치안과 관련하여 범죄 분석, 과학 기술의 의의, 국내외 사례를 살펴보았다. 경찰에 최신 기술을 활용하는 논의는 활발하다. 기술을 도입하더라도 그 기술이 경찰에 잘 수용되고 확산하는지는 또 다른 연구가 필요한 영역이다. 이는 경영학과 행정학에서 '혁신 이론'으로 다뤄지고 있다. 과학 기술의 폭발적인 증가와 기술을 융합하고 있는 지금 시기의 조직 관리자는 혁신 이론을 이해하고 자신의 조직에 적용하는 것이 중요하다. 새로운 기술만으로 문제가 해결되지 않으며 기술 개발 단계에서부터 조직의 수요가 무엇인지 소통하며 개발하고, 기술 개발이 된 후에는 도입의 시기와 방법이나 단계를 확산하는 것이 기술 개발만큼이나 과학적이어야 한다. 이 과정을 과학적으로 운영되도록 연구하는 것은 기술개발이라는 공학 연구가 아닌, 조직 관리의 개혁에 대한 연구이다. 이렇듯 중요성이 높아지는 '혁신 확산 이론'을 살펴보고, 이것을 경찰에 대입해 보자.

혁신 확산 이론

'조직 혁신'이란 조직을 어떤 상태에서 더 바람직한 상태로 변동시키며, 새로운 아이디어를 창출하고 변화에 적용하여 실천하는 과정이다.[1] 혁신은 계획적이며 의도적이고 목표를 지향한다. 조직 혁신의 유형은 다양하다. 결과에 따라 구분하면 ① 산출물과 과정 측면에서 a)제품과 서비스를 혁신하는 것과 b)프로세스를 혁신하는 것이 있다. ② 영향의 측면에서 a)장비, 절차, 기술을 혁신하는 '기술 혁신'과 b)조직의 구조와 프로세스를 혁신하는 '관리 혁신'이 있다.

혁신의 진행 과정은 다음과 같다. ① 실적이 기준에 미달하는 차이를 발견(인지)하고 ② 대안을 탐색(입안)한다. ③ 대안을 실행(실행)하고 ④ 평가로서 환류(평가)한다. 각 과정은 동태적이고 행동 지향적이며 저항을 수반한다.

스마트치안에도 조직 혁신 이론이 적용되어 있다. 경찰 문제 해결을 위해 아이디어를 창출하고 변화하여 실천하는 과정이기 때문이다. 미국 법무부의 스마트치안은 목표 지향적이고 행동 지향적이며 변화를 추구한다. 그 과정도 ① 인지(현안을 판단)하고 ② 입안(데이터 분석하고 대안 모색) ③ 실행 ④ 평가(환류) 등 유사한 절차로 진행한다.

각 경찰기관의 스마트치안 활동을 조직 혁신의 유형에 대입해 보자. 로스앤젤레스 경찰이 총기범죄를 대응하는 경찰활동 방식을 새롭게 창출하는 'LASER 프로젝트'라는 서비스를 만들어 낸 것은 '산출물을 혁신'했다고 할 수 있다. 그 과정에서 정보팀을 구성해서 위험인물을 평가하고 정보를 배포하며, 경찰관들이 선제적으로 활동한 것은 '과정을 혁신'한 것이다. 팜비치 경찰이 이민자 범죄를

[그림 6.1] 제프리 무어의 기술수용주기 곡선[2]

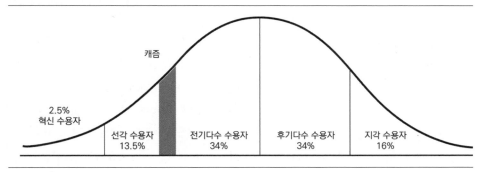

캐즘

2.5%
혁신 수용자

선각 수용자
13.5%

전기다수 수용자
34%

후기다수 수용자
34%

지각 수용자
16%

해결하고자 이민자 공동체에게 범죄 예방 교육을 하게 하고, 책임과 권한을 부여한 것은 '지역사회 경찰활동'을 강화하는 '프로세스 혁신'이다. '기술 혁신'과 '관리 혁신' 역시 사례를 찾을 수 있고 융합되기도 한다. 뉴욕의 DAS(주소 기반 시스템)는 '제품', '프로세스', '기술'을 대상으로 하지만, 이를 통해 조직(RTCC, JOC)을 운영하고 범죄 현황을 파악하며 정보를 수집하는 것은 '프로세스 관리 혁신'이다. 산출물이나 과정을 혁신한 것만으로 조직이 변화하는가? 저항이 발생하거나, 기대한 변화가 일어나지 않는 경우도 많다. 이 질문에 대해 혁신을 수용하고 확산하는 방법을 연구하는 것이 '혁신 확산 연구'이다.

'혁신 확산'이란 혁신이 구성원에게 전파되는 과정이다. 혁신 확산에 대한 연구는 다양하다. 과거 민간의 기술 혁신 과정을 연구하다가, 정책 분야의 혁신으로 확대되고 있다.[3] 조직을 관리하는 기법으로서 기술 혁신 과정을 응용할 수 있다고 발표되면서 활발해지고 있다.[4]

[그림 6.1]은 제프리 무어의 기술수용주기 곡선이다. 이 곡선은 신기술 등 혁신이 집단에서 확산되는 과정을 표현한 것이다. 왼쪽의 혁신수용자부터 선각 수용자, 전기 다수 수용자, 후기 다수 수용자, 지각 수용자의 순서로 분포되어 있다. 이 분포가 의미하는 것은 조직이 혁신을 확산시키기 위해 '캐즘'을 극복해야 한다는 것이다. 캐즘은 선각 수용자(13.5%)와 전기 다수 수용자(34%) 사이의 간극인데, 캐즘을 넘어서면 전기 다수 수용자 그룹으로 혁신이 확산되어 생명력을 얻게 되고, 넘어서지 못하면 소멸된다. 캐즘이 존재하는 이유는 무엇이고 극복하는 방법은 무엇인지 밝히려는 노력이 혁신 확산 이론이다.[5]

확산 이론은 혁신 특성에 대한 구성원 인식을 중요하게 생각한다. 구성원들이 인식하는 혁신에 대한 저항 요인은 조직적 차원과 개인적 차원이 있다. ① 조직적 차원의 저항 요인은 무엇일까? a)조직이 타성에 젖어 있어 새로운 도구나 절차를 사용하지 못할 수 있다. b)새로운 기술이나 절차가 기존 조직의 권력이나 전문성에 대한 존재감을 위협할 수 있을 때도 혁신을 저항할 수 있다. c)혁신을 받아들이면 자기 부서가 인력과 예산 등 자원을 배분받을 때 불리할지도 모른다는 생각도 저항 요인이다. ② 개인도 혁신에 저항할 수 있다. a)기존 업무 방식을 바꾸기 어려워 하는 습관도 있다. b)혁신의 부작용, 권력관계의 변화 등으로 인해 보직, 승진 등을 침해할 수 있어 저항하는 '안전에 대한 집착'도 요인이다. c)새로운 변화가 무엇이든 일단 거부하고 싶은 '미지에 대한 두려움'도 있다. d)어떠한 혁신인지 잘 알지 못하는 인식의 부족도 저항 요인이다.[6]

2

혁신 확산 이론의 경찰 적용

경찰은 계급 간 위계가 강하고, 국민의 생명과 신체의 보호라는 임무의 중요성과 긴급성 때문에 유연함을 발휘하기 힘든 조직이다. 부서별로 전문성의 장벽도 높은 편이어서 혁신의 저항 요인들에 거의 모두 해당한다. 새로운 시도를 받아들였을 때 기존 방식으로 설계된 조직의 운영방식을 바꿔야 하며 그 과정에서 권력관계나 자원 배분의 변화에 민감하다. 신기술이나 절차로 변경했을 경우 성능의 부족이나 정보 유출, 안전 사고 등 부작용의 우려도 큰 업무이기에 두려움이 클 수 있다. 경직된 경찰이 혁신을 더 빨리 넓게 확산하는 조직으로 바꾸는 것은 기술의 개발과 도입 못지 않게 중요하다.

스마트치안을 위해 '무엇을 혁신할 것인가'뿐 아니라, '어떻게 혁신을 확산했는가'를 연구하는 것이 중요하다. '경찰 혁신'이라는 주제는 '수사구조 개혁', '지방 자치경찰', '경찰위원회' 등 경찰의 제도나 선진국의 경찰 비교가 많다. 연구 관심 분야를 기술과 시스템에 대한 혁신의 수용과 확산의 방안으로 돌릴 필요가 있다.

제시된 혁신 확산 방안은 다양하다. 우선 조직원을 변화시키는 방향이다. 혁신 과정에 조직원의 목표와 요구를 반영하여, 두려움과 불확실성을 해소하고, 조직 혁신에 관한 의사결정에 참여하게 하여 저항을 극복하는 것이다. 교육이나 의사전달에 주력하고 변화를 지지하는 사람에게 인센티브를 제공하는 것도 중요하다.[7]

혁신을 통해 성과를 향상시킬 수 있다는 동기를 만들어야 한다. 조직은 혁신 자원을 투입하고 환류 체제를 만들며, 개인은 혁신을 통해 역량과 기술을 발전시킬 수 있다는 동기를 부여하는 것이다.[8]

구성원들이 혁신을 잘 받아들이는 행동 양식을 '혁신적 행태'(innovative work behavior, IWB)라고 정의하여, 원인을 연구한 결과도 있다. 조직 차원의 원인은 보수와 직무 및 절차적 독립, 직무의 안정성과 유연성, 최고 관리층의 지원, 교육 훈련, 혁신을 유도할 조직의 메커니즘, 인적·물적 자원과 인센티브, 조직 문화와 직무 스트레스의 적정성 등이다. 특히 신뢰가 중요한데, 이는 '조직 목표를 달성하기 위해 열심히 일하다가 곤궁에 처했을 때 조직이 이를 받쳐줄 수 있다고 생각하는 믿음'이다. 개인 차원에서는 개인의 동기 극대화(진종순·문신용, 2007), 리더의 확산 노력(이혜영, 2006), 목표의 명확성, 조직 문화, 분권화된 의사결정, 선출직 공무원의 정치적 지원 등(남승하, 2008)을 원인으로 제시했다.[9]

미국 럿거스 대학의 국가공공생산성연구소는 혁신 영향 요인을 ① 인프라 요인 ② 내부 요인으로 구분했다. ① 인프라 요인으로 최고관리층의 관심과 지원, 구성원들의 변화와 혁신에 대한 몰입 정도, 시의회의 관심과 지원, 예산 및 자금 확보, 시민의 관심과 지원, 업무내용의 유연성, (평가)제도 및 규정 정비, 업무시간의 유용성 등으로 정리했다. ② 내부 요인으로는 '옳은 일을 위한다'는 인식, 시민의 요구에 부응, 예산 절약, 중복과 낭비 제거, 관리자 지시에 부응, 구성원들의 전문성과 관심을 연계하여 효율성에 반영, 선출직 기관장 지시에 부응, 긴축예산에 부응, 법적 요구 충족 등으로 제시했다.

혁신 영향요인을 조직·개인, 외부·내부 등으로 나누고, 직무의 성격과 조직문화 등을 연결해서 지원과 관심, 독립성과 신뢰성 등을 높이도록 제안한다. 즉, 혁신을 받아들일 만큼의 자원의 여유가 있고, 그럴 필요가 있는가? 새로운 시도를 할 수 있을 만큼의 권한이 있을 것인가 등으로 압축해 볼 수 있다.

기술수용 모델(Technology Acceptance Model, TAM)도 있다. 조직원이 새로운 기술을 수용하기 위해서는 외부로부터 긍정적인 영향을 받고(외부 영향), 스스로 지각하기에 편리(지각된 편리성)하고 유용하다는 인식(지각된 유용성)을 가져야 한다는 것이다. 이런 인식이 구성원의 사용 의도에 영향을 미치고, 새로운 기술의 사용으로 이어진다. 이 모델을 활용해 한국 경찰 중 과학수사 요원들이 신기술을 수용하는 영향 요인을 연구한 사례도 있다. 범죄 현장에서 증거를 수집하고 분석하는 과학수사 업무는 특성상 신기술에 대한 혁신 수요가 많다. 유제설은 기술수용 모델(TAM)을 적용하고자 과학수사요원에게 설문 조사했다. 항목별로 ① 외부 영향 ② 지각된 편리성 ③ 지각된 유용성이 실제 신기술의 사용에 영향을 미쳤다.[10] 게다가 직무 몰입과 자기 효능감이 높은 응답자가 신기술 사용의 편리성과 유용성도 잘 자각한다고 확장했다. 과학수사라는 영역에서 기술수용모델을 입증한 것이다.

ICT 발전으로 정보시스템을 신설하거나 기존 시스템을 변경하는 혁신이 늘어나고 있다. Kwon·Zmud(1987)가 제언한 정보시스템의 혁신 과정은 ① 변화에 대한 압력을 받는 '개시' ② 자원을 투자하기로 결정하는 '채택' ③ 시스템을 개발해서 설치하고 유지하는 '적응' ④ 새로운 시스템에 대한 구성원의 '수용' ⑤ 정보시스템을 활용해서 성과를 내고 만족하는 '활용' ⑥ 내재화 ⑦ 환류의 과정을 거친다. 각 과정에 영향을 미치는 요인으로는 개인적, 구조적, 혁신의 특성, 업무의 특성, 환경적 요인이었다. ① 개인적으로는 구성원들의 재직 기간이 적정하고, 개방성·전문성과 교육수준, 역할몰입·참여가 높을수록 수용이 쉽다. ② 구조적으로는 조직의 전문화·집권화·공식화 정도와 비공식적 네트워크가 영향을 미친다. ③ 혁신의 특성도 중요하다. 해당 시스템이 혁신에 적합하고, 그 시스템을 썼을 때 상대적 이점이 분명하며 단순해야 한다. ④ 정보시스템을 통해 처리하는 업무가 불확실성이 낮고, 자율성이 높으며, 책임성과 다양성이 인정되고 구성원에게 직무와 동일시되며, 환류기제가 분명할 때 수용이 높아진다. ⑤ 환경 요인으로는 다양성과 불확실성이 낮고, 경쟁성이 적정할 때, 조직 간 협력이 잘 될 때 혁신이 이뤄진다.

이 이론을 한국 경찰의 정보시스템에 적용한 연구도 있었다. 김상호는 지리적 프로파일링시스템(GeoPros)의 경찰 확산에 대한 영향 요인을 연구했다. 지리적 프로파일링시스템의 확산이 각 요인별로 유의미하다는 것을 설문으로 입증했다.[11]

이외에도 지리적 프로파일링시스템과 과학수사 전반적인 스마트치안에도 혁신 확산 영향 요인에 대한 연구가 가능할까? 스마트치안을 혁신으로 인식하여 확산의 영향 요인 대입할 수 있다.

Randol(2013)은 미국의 자치단체 경찰들의 혁신 수용에 대해 연구했다. 그는 경찰의 혁신 유형을 ① 장비 또는 하드웨어를 바꾸는 기술 혁신 ② 조직 관리를 변화시키는 행정 혁신 ③ 프로그래밍 혁신으로 분류했다. 그는 각 자치경찰이 혁

[표 6.1] 경찰의 기술 혁신 확산의 영향 요인 연구

연구자(연도)	영향 요인
Randol(2013)	조직 설계 이론(조직의 구조: 공식성, 집중성, 계층성) 외재적 요인(외부의 충격, 비상 사태)
Stephens(2016)	내부동기, 인센티브, 조직적 정의에 대한 의식, 조직 문화
유제설(2014)	직무 몰입, 자기 효능감, 사용 편리성, 유용성, 사용 의도
김상호(2017)	상대적 이점(업무 수준 향상, 부서 내 높은 평가), 적합성(기존 업무방식들과 조화), 용이성(이해하기 쉬움, 사용자 친화적), 관찰–시험가능성(충분한 시간, 시도할 기회, 의사전달 용이), 자발성(GeoPros 사용 여부는 본인이 결정), 조직 지원(교육 제공, 활용 적극 지원, 지휘자들의 관심), 혁신성(새로운 기술에 대한 의지와 태도, 정보 통신 기술 활용 수준)

신을 받아들이는 동인(動因)을 내외부로 나눠서 탐구했다. 내부 요인을 조명하는 모델은 '조직 설계 이론'이다. 조직 설계 이론은 조직의 내부 구조와 조직의 관행에서 혁신의 동인을 찾는다. 조직의 공식성, 집중성, 계층성이 어떻게 설계되었느냐에 따라 혁신의 동인과 장애 요소가 다르다고 분석한다. 외부 요인은 '우연성 이론'이라고 한다. 혁신 확산에 조직 내부보다 외부의 정치, 사회 경제적 조건의 변화, 즉 외부의 충격, 비상 사태가 우선한다. 연구 결과, 미국 경찰들의 혁신은 내재적인 조직 설계 요인이 외부적 요소보다 혁신 수용에 더 영향을 미쳤다. 대표적 예시는 컴스탯(Compstat)이다. 컴스탯은 컴퓨터로 지역별·죄종별 범죄 통계를 산출하고 여기에 입각해서 경찰 인력을 배치하여 결과를 환류하는 경찰 혁신 프로그램이다. 컴스탯은 기술혁신이자, 행정 혁신이며 프로그램 혁신이다. 그 발단은 내부 동력보다는 '관료주의적 열정'에서 시작했다. '지역 정치 지도자의 강한 열정, 관심'은 '외부적 충격'에 해당한다. 그러나 컴스탯이 외부 요인만으로 확산되지 않았다. 컴퓨터로 산출되는 정보는 경찰관들에게 추상적인 숫자에 불과하다. 경찰들은 매일 구체적인 사건을 쉽고 정확하게 처리해야 한다. 실질적이고도 합리적인 이익이 없다면 추상적인 통계를 사용할 이유가 없다. 즉 컴스탯의 확산은 시작 단계에서는 관료적 열정이라고 표현한 외부적 충격이 있었지만, 경찰들이 컴스탯을 사용했을 때 자신들의 이익이 되도록 기술과 행정, 프로그램을 설계하는 노력이 있었기에 혁신으로 이어졌다는 것이다.[12] 강한 외부 자극이 있더라도 내부 구성원의 변화가 이어지지 않으면 혁신은 성공하기 어렵다.

혁신에 대한 현장 경찰관의 인식 변화 요인을 연구한 예도 있다(Stephens, 2016). 그는 혁신의 필요성을 현장 경찰관에게 설득을 통해 해결하려는 지휘관의 노력은 대부분 실패했고, 내부동기, 인센티브, 조직적 정의에 대한 의식, 조직 문화와 관계가 중요한 요소라고 언급하고 있다.13)

이상 경찰 혁신과 혁신 확산 요인의 주요 내용을 도출하여 보면 [표 6.1]과 같다.

스마트치안의 혁신 확산 요인

혁신 확산 이론을 경찰에 적용한 선행 연구를 통해 스마트치안의 확산에 영향을 미치는 요인들을 도출할 수 있을까? 살펴본 요인들을 재정리해 보면 다음과 같다.

첫째, 조직적 혹은 구조적 측면이다. 구조적으로 혁신을 확산하는데 공식적으로 직접 영향을 미치는 제도, 조직을 말한다. 또 관리층의 지원과 관심 등 노력, 계층적 지시 등이다. 스마트치안은 공식적인 문제 해결을 위한 조직의 정책수단이며 데이터를 활용한 의사결정이기에 조직의 공식적인 구조가 뒷받침되어야 한다.

둘째, 기술적인 측면도 있다. 스마트치안은 데이터와 과학 기술을 활용한 경찰활동이므로 데이터를 활용하기 좋은 기술적 여건이 되는지, 정보시스템이 있는지를 의미한다.

셋째, 개인적 혹은 내재적 측면이다. 혁신의 확산은 구성원 의사결정이고, 경찰 역시 데이터와 기술을 활용해서 구체적인 활동에 반영하는 것은 각 경찰 구성원의 결정이다. 그렇기에 개인들에게 영향을 미치는 요소들이 중요하고, 제시된 요소 중 스마트치안 측면에서 적합한 요소를 찾을 필요가 있다. 우선 개인적 동기에 영향을 미치는 ① 보상이나 인센티브에 대한 인식이다. 구성원들이 스마트치안에 대해 인식하는 ② 효과성이나 그 기대도 포함된다(김상호, 2017). 실제 보상이 어떻게 주어지는가 혹은 얼마나 효과가 있는지에 대한 객관적 사실이 아니라, 조직 구성원이 느끼는 인식을 말한다.

업무 특성도 중요하다. 직무의 특성이 조직 구조보다 더 중요하다는 연구 (이창길 등 2012)에 근거했다. 자세히는 ③ 직무의 유연성과 개방성 ④ 혁신을 시도할 수 있는 직무 환경 ⑤ 공정성에 대한 인식 등으로 규정했다. ③ 직무의 유연성과 개방성은 정보시스템의 혁신 확산 요인(Kwon·Zmud)에서 채택했다. 스마트치안은 범죄 데이터를 분석하는 것이 중요하기에 정보 시스템의 혁신과 비슷한 측면이다.

④ 실험적인 직무 환경이란 실험가능성(trialability)이란 용어를 활용하여 이름지었다. 구성원이 새로운 방법을 통해 업무 방식을 변경해 보고 파악하는 행위가 가능하다고 생각하는 정도이다. 투입 대비 산출에 대한 부담, 실패에 대한 부담이 적고 새로운 시도를 신뢰하는 조직 문화도 포함하였다. 신뢰에 대한 부분은 구성원들의 혁신적 행태에 대한 원인 연구(innovative work behavior, IWB)에서 가져왔다.

⑤ 공정성에 대한 인식이라는 내부 동기는 '옳은 일을 위함'이라고 명명된 럿거스 대학 '국가공공생산성연구소'에서 제시한 변화혁신요인(이석환, 2008)에서 골라서 정의했다. 혁신이란 효율성과 정확성 측면에서 올바른 방향으로 발전하고 있다는 기대가 있어야 한다. 특히 스마트치안은 경찰이 법집행을 하는 의사결정의 목표와 절차에 대한 혁신이므로 정보 왜곡과 남용, 의사결정자의 편향과 사적 유용 욕구, 무사안일을 경계해야 하기에 중요하다.

스마트치안에 적용할 혁신 확산 요인과 선행 연구를 정리하면 [표 6.2]와 같다.

정의한 영향요인과 스마트치안의 관계를 범죄 분석 사례와 함께 설명해 보자. 조직적 요인을 정의하면 다음과 같다.

① 스마트치안을 확산할 조직이 있고, 제도적으로 뒷받침해야 한다. 지휘관의 관심과 지시가 많을수록 좋다. 미국은 법무부 사법지원국이 중심이 되어, 지방경찰관 연구기관들이 역할을 하도록 지원하고 있다. 범죄데이터 활용에 있어 영국과 미국 경찰은 정보국이 범죄에 대한 정보를 순환하는 역할을 한다. 이 조직들은 범죄를 분석하여 경찰 의사결정을 지원하고, 범죄 정보의 수집－분석－배포－환류를 전담한다. 해당 부서에 전문 분석관(또는 연구원)이 근무하면서 경찰활동을 지원하고 있다.

[표 6.2] 스마트치안 사례와 경찰학의 함의

확산 요인		주요 내용의 적용	관련 선행 연구
조직적 구조적 요소	제도	스마트치안을 위한 공식 법, 제도	Randol(2013)
	조직	스마트치안 추진에 용이한 조직의 편제, 전담 조직의 설치, 계층적 지시, 관리자의 관심	Randol(2013)
	기술	정보시스템 등	Kwon · Zmud(1987)
내재적 개인적 요소	인지된 효과성	스마트치안을 통해 성과가 높아졌다는 인식 등	김상호(2017), 유제설(2014)
	보상에 대한 인식	보상과 인센티브, 역할의 인정	Stephens(2016) Holzer&Callahn(1998)
	직무의 개방성 유연성	개방적 정보 전달과 공유, 업무의 분권과 자유의 정도	이창길 등(2012) Kwon·Zmud(1987) Stephens(2016)
	실험적 직무 환경	새로운 방식으로 업무 변경에 대한 여건, 산출물에 대한 부담의 정도, 노력에 대한 신뢰	이석환(2008), 김상호(2017)
	공정성에 대한 인식	효율성과 정확성에 대한 발전 노력, 정직성과 책임에 대한 인식, 편향과 왜곡에 대한 경계	Stephens(2016), 이석환(2008)

조직 활동을 위해 제도적 뒷받침이 필요하다. 대표적인 예로 영국의 국가 정보 모델(National Intelligence Model, NIM)이 있다. 뉴욕 경찰은 공공안전 및 프라이버시 가이드라인(Public Security Privacy Guidelines)을 수립해서 DAS의 합법적 이용과 데이터의 접근 및 관리에 대한 절차를 마련했다.

현장 경찰, 경찰 지휘부, 민간 연구자 간 정보를 공유하여 협력하고 과학적 의사결정을 추구하는 제도와 문화적 기반이 있었기에 가능한 일이다.

해외 경찰 인터뷰를 통해서도 정보 활동이 현장 작전보다 많은 빈도로 수행된다는 내용을 청취하기도 했다. 이러한 인터뷰는 다음 장에서 소개할 한국 경찰의 사례와 대조하여 한국의 스마트치안과 범죄 분석의 확산 영향요인을 파악하고자 진행했다. 한 사례로 영국 국가범죄청이 경찰 작전에 착수할 대상 사건보다 훨씬 많은 사건에 대해 정보를 수집 분석해서 현장에 제공하면 현장에서는 그중 일부만을 작전에 활용한다는 인터뷰를 보자.

"NCA에서는 작전에 착수되는 사건보다 많은 사건에 대한 정보 활동이 이루어진다. 3건의 정보활동 중 1건만이 작전으로 이어지기도 한다. 이는 날카롭게 뒤집힌 역삼각형 같은 형태로, 정보에 기반한 많은 내용들을 날카로운 끝(현장)으로 보낸다(영국 국가범죄청 정보 운영 부서장).

한국 경찰은 정보 지원이 취약한 것에 비하면(후술) 영국은 범죄 정보 지원이 현장 작전보다 더 많은 빈도로 제공한다. 지휘관의 인식도 중요하다. 미국 경찰서를 방문하여 확인한 바에 따르면 범죄 지도 분석(Crime Mapping)을 통한 범죄 예측·분석에 대한 지휘부의 의지가 분명하고, 경찰서장에게 예측·분석 결과를 직접 보고하고 있다.14)

② 기술적으로는 경찰의 서로 다른 데이터가 연계되고 민간과 공공데이터를 활용할 수 있어야 한다. 최신기술이 경찰에 맞게 적용되도록 소통하고 환류하는 체제여야 한다. 미국 법무부는 각 자치경찰에서 신청한 의제를 지원할지 결정할 때 데이터 활용을 심사한다. 문제 해결에 적용할 기술을 도입하고 검증하기 위해 연구기관과 경찰의 협업을 필수 요건으로 요구하고 있다. 미국 법무부 스스로도 CNA라는 데이터분석업체를 파트너로 두고 있다. 뉴욕 경찰은 RTCC를 운영하면서 뉴욕시의 32개 운영 시스템의 데이터를 통합했다. IBM은 뉴욕 경찰의 데이터를 연계 분석할 수 있도록 데이터 플랫폼으로 통합하고 있다. 최근 IBM에서 소개한 볼티모어의 클라우드 사례는 발생 범죄와 SNS, 경찰 데이터가 연계 학습하여 범인을 검거한 예이다.

개인적 내재적 측면은 구성원들이 스마트치안을 선호하게끔 하는 요인들이다.

③ 데이터와 기술을 활용해서 문제를 해결했을 때 보상을 얻는다고 생각하고 있으면 활발해질 것이다. 보상은 실적에 대한 인정, 인사상 보상, 인센티브일 수도 있다. DAS의 경우, 뉴욕 경찰청이 마이크로소프트의 개발에 참여했고, 마이크로소프트사가 DAS를 판매할 경우, 일정 비율의 금액을 뉴욕 경찰에게 지불한다. 이는 경찰 조직이나 개발에 참여한 개인에게 분명한 보상이다.

④ 데이터 분석과 기술이 사용하지 않았을 때보다 사용했을 때 더 유용하다고 생각해야 한다. 미국과 영국, 중국의 경찰 기관을 방문했을 때 소속 경찰관들은 RTCC와 JOC의 활동이 경찰 문제를 해결하고 있다고 내세웠다. 중국의 스

마트시티 계획인 시티브레인도 경찰 문제를 해결한다고 설명하고 있었다. 한편 LA의 Pred-pol은 경찰이 예상하는 것보다 범죄 발생을 예측하지는 않는 것 같다는 현장 의견도 있었다.

미국 DAS의 경우, 개발 과정에 실무 경찰관이 참여하여 현장 경찰의 요구사항을 발굴해서 시스템에 반영했다. 이는 일선 경찰관에게 도움이 되는 개발이 무엇일지 찾아서 개발한 '효과성'으로 연결될 수 있다.

> "뉴욕 경찰의 업무용 전용 스마트폰(NYPD 폰)을 통해 DAS로부터 확인되는 정보는 용의자의 인적사항 및 이전 전과(체포경력 등), 공범(함께 체포되었던 자), 수사기록, 사용한 총기, 이용 차량, 교도소 이력, 교도소 수감 동료, 지문번호, 포렌식 사항 등이다. DAS는 … 많은 정보를 잘 정리하여 신속하게 출력 가능하게 하는 시스템(Get information as quick as possible)이고 그 중요한 목적은 현장 경찰 출동경찰관에게 가능한 한 현장의 많은 정보를 제공하여, 경찰관의 피살 및 부상을 방지하는 데 있다(DAS 개발 참여한 NYPD 경찰관)."

영국 런던 경찰 기관의 정보 조직 책임자는 '정보국이 다른 부서의 경찰활동에 도움이 되고자 활동해야 한다', '예산 절감, 범죄율 감소, 시민의 신뢰도 향상이 정보 경찰의 목표'라고 답변했다. 런던 경찰 정보국이 추구하는 효과성은 '예산 대비 효율적인 범죄 감소와 만족도 향상'인 셈이다.

> "정보 부서는 모든 파트와 관련되어 있다. 모든 파트의 경찰활동이 각기 다른 방법과 속도로 변화되어 왔기에 정보부서가 그들에게 도움이 되는 것이 쉽지 않다."

> "런던 경찰청 정보국의 목표는 경찰 예산의 효율적 활용이다. 개편된 정보국은 런던 경찰이 다음 연도 말까지 5억 파운드를 절약하게 하고자 한다. 또한 20 : 20 : 20을 달성하려고 한다. 이는 범죄 20% 감소－20%의 예산 절감, 공공신뢰도 20% 향상을 의미한다."(런던 경찰 정보국 부서 책임자)

이러한 답변은 해당 국가의 정보 경찰, 즉 범죄 정보 분석의 목표가 다른 부서의 효과성 증진을 목표로 하고 있음을 보여준다. 범인 검거 수준을 넘어, 범죄율 감소와 예산 절감, 공공 신뢰도 향상까지도 목표라는 것은 범죄 분석의 효과성에 대한 확장이다.

⑤ 과학은 서로 다른 기술을 갖춘 주체 간 협력과 기술 수준에 따라 연구의 범위와 목표를 조절할 수 있는 유연성을 필요로 한다. 직무가 개방적이고 유연할수록 스마트치안은 확산될 것이다. 경찰에게 도움이 되는 기술이 서비스로 만들어지기 위해서는 다양한 기술이 필요하다. DAS도 많은 기술이 결합되어 있다. ① 가이드라인을 구성하는 법정책연구 ② CCTV 영상의 전송, 관제기술, 위험상황 예측 기술, 번호판 등의 식별 시스템 ③ 사물인터넷(IoT)과 센서기술이 결합한 총성 인식 시스템, 방사능 인식 시스템 ④ 경찰 업무 데이터와 범죄 데이터의 통합을 통한 지역별 위험 요소의 전처리와 추출 시스템 ⑤ 분석·통합된 정보들을 JOC와 RTCC의 전광판, 현장 경찰의 스마트폰으로 전송하는 단말기 등 셀 수 없는 요소들이 있다. 이런 시스템들은 데이터 추출, 전송, 수집, 전처리, 통합, 인공지능 학습, 사용자별 정보의 등급화 및 민감정보의 비식별화 등 요소기술들이 결합된 산물이다. 이런 요소 기술을 갖춘 기업, 연구소, 경찰 시스템 운영자와 경찰 개발자들이 기술과 정보를 결합하고, 시행착오 속에서 목표를 조정해야 한다. 이 과정에서 정보 공유와 유연함이 필요하다. 미국 스마트치안은 연구기관과 경찰 간 데이터를 공유하고 있다. DAS는 뉴욕 경찰과 마이크로소프트의 공동 개발이다. 팔란티어는 CIA의 사내 벤처로 시작했다. 뉴욕 경찰이 JOC를 만드는 과정에서 정부 예산만이 아니라 뉴욕 경찰재단도 투자했다. 새로운 시도를 위해서 과거와 다른 형태로 주체 간에 협업하는 유연함이 필요하다.

정보 공유와 협업을 위해서는 주체 간 관계가 수평적이고 상호 도움이 되어야 한다. 미국의 지방 경찰들이 중앙 경찰인 FBI의 조정을 인정하고, FBI에게 정보를 제공하는 것은 시사점이 있다. 지방 경찰기관들이 FBI의 우수한 기술과 장비를 활용할 수 있기 때문이다.

> "FBI 관계자에 따르면, 지방 경찰 – 연방 개입 사건 여부는 FBI에서 조정하지만, 지방에서 긍정적으로 받아들이는데, 이는 연방의 우수한 기술과 장비를 활용하기 때문이다."(NYPD 형사)

영국도 경찰 기관 상호 간 혹은 지방 자치경찰과 중앙 경찰기관 NCA 간 정보 교류가 수평적으로 이뤄지고 있다.

> "현장과 본부, 다양한 경찰기관과 국가범죄청(NCA) 간에 정보 교류가 잘
> 이뤄지고 있다. 첫째, 통일된 정보보고의 기준을 전 국가적으로 공유하고
> 있고, 각 기관의 관계가 위계적이 아닌 협업적인 정보 교환의 문화가 있기
> 때문이다."(영국 국가범죄청 부서장)

미국도 기관 간 협업을 중시하고, 관계에 대한 협약(protocol)이 작동하며 명
시적규칙이 아니더라도 경찰기관 구성원들이 합의하는 문화로서 정착되어 있다.

> "미국은 18,000여 개의 수사기관이 있지만, 서로 간의 신뢰형성(Trust
> Building)을 중요하게 생각하며, 현지 사정과 여타 수사 제반 사정을 아는
> 현지 수사기관과 연방, 주 집행기관의 협업이 이루어진다. 현장에서 기관
> 간의 프로토콜에 따르지만, 이것이 매뉴얼로 일목요연하게 있다기보다는
> 신뢰와 문화에 많은 기반을 두고 있다."(NYPD 형사)

⑥ 새로운 기술을 위해 실험적인 직무 환경도 필요하다. 개발한 데이터 분
석 기법이나 최신 장비를 실제 경찰 업무에 사용하기 위해 다양한 환경에서 단
계별로 실험을 해봐야 한다. 데이터 분석 개발 단계에서는 가상데이터를 활용할
수 있고, 신장비도 모의 가동을 해볼 수 있지만, 결국에는 경찰의 실제 데이터와
법집행 현장에서 활용해야 한다. 예기치 못한 부작용도 있을 수 있다. 실패 역시
과학 연구의 자연스러운 현상이다. 빨리 시험하고 빨리 실패하는 것은 좋은 성
과를 위한 과정이다. 직무 과정에서 다양한 실험을 허용하는 부서일수록 스마트
치안의 확산에 도움이 된다. 영국의 국가범죄청의 정보 분석 부서에서 구성원의
덕목에 '유연성'을 요구하는 것은 그런 맥락이다.

> "NCA 근무자들에겐 여러 가치가 요구되는데, 첫째는 유연성(Flexibility)이
> 다. 예를 들어 조직범죄의 경우 그 유형과 수법이 빠르게 변하고 있다. 이
> 에 따라 NCA 구성원들도 유연하게 변화하면서 선제적인 대응을 할 수 있
> 어야 한다."(NCA 부서장)

⑦ 공정성에 대하여 인식할수록 스마트치안의 확산에 도움이 된다. 경찰업
무는 범죄로부터 국민을 지키는 직무이다. 치안 데이터는 특정한 경찰부서의 독

점적인 재산이 아니다. 국민이 경찰 과정에서 현장 경찰과 함께 생성한 생산물이다. 그 정보를 연구를 통해 가치 있게 활용하는 것이 정보 활용의 공정함일 것이다.

데이터를 수집하고 분석하는 과정에서 객관적인 태도와 올바른 지향점이 필요하다. 영국의 정보부서는 정보의 왜곡이나 편향, 남용이 없어야 한다는 윤리를 강조한다. 규칙·절차도 필요하지만, 경찰관과 연구자들은 문화적으로 정착되어 있다고 답변했다.

> "(정보의 왜곡이나 남용에 대해) 모든 것은 기록된다. …이를 위한 나름의 지침(guidance)이 있다. 정보의 선택과 분석 결과가 왜곡될 가능성도 있지만, 그 경위 역시 기록된다. …정보를 분석하는 담당자는 내부 정보 조회 시스템의 정보를 체크할 때마다 왜 해당 정보를 왜 체크하는지 증명해야 한다. …구체적으로 설명을 하면 이를 감독자가 확인할 수 있다. 만약에 이를 증명하지 못하는 경우, 파면될 수 있는 심각한 문제이다."(NCA 정보부서장)

4

한국 경찰의 스마트치안(범죄 분석 분야) 혁신 확산 이론 적용

혁신 확산 이론을 경찰에 적용하는 것은 한국 경찰이 스마트치안을 받아들이고 활용하기 위해 어떻게 해야 하는지를 모색하기 위함이다. 스마트치안은 경찰 문제를 해결하기 위해 아이디어를 창출하고 변화하는 혁신 확산 과정이기 때문이다. 혁신 확산 요소를 검증하는데, 스마트치안의 모든 영역을 다루기에는 범위가 넓다. 이 책에서는 '범죄데이터를 분석하고 활용하는 영역'에 한정하여 한국 경찰의 혁신 확산 요소를 대입해 보았다. 과학적 문제 해결을 위해서는 데이터에 기반한 의사결정이 필수이다. 경찰의 과학적 혁신 역량을 평가하기 위해 범죄에 대한 정보를 분석하는 활동을 우선 살펴보는 이유이다.

6.4.1 범죄 분석의 활용 정도: 혁신 확산의 현 주소

우선 혁신의 정도를 판단하기 위해 경찰의 범죄데이터 분석이 과학적으로 활용되고 있는지부터 살펴보자. 이를 위해 경찰관들에게 설문조사를 실시했다. 조사의 방식은 2016년 11월 경찰관이 모두 활용하는 경찰청 인트라넷 '통합포털 시스템'의 '설문 조사'메뉴[15]를 활용하여 10일간 실시했다. 이 기간 중 경찰관 1,051명이 응답했다. 응답하는 경찰관들에게 (1) 경찰 조직이 통계, 사건 정보, 행동 정보를 종합적으로 분석되어 잘 활용되는지를 질문했다.[16] 범죄 정보의 종류를 범죄 통계, 사건 정보, 심리행동정보로 분류했다. 그 분류에 따라 '① 통계

[표 6.3] 범죄 통계 분석에 대한 인식

범죄 통계 분석	N	최솟값	최댓값	평균	표준편차
정책 수립에 활용	1051	1	5	2.49	.990
인력 예산 배분에 활용	1051	1	5	2.35	.973

적 분석 ② 심리행동 분석 ③ 사건분석을 통해 필요한 정보를 분석하여 지원하여 주는지'에 대해 해외 운영 사례와 비교하여 우리나라에서는 잘 활용되는지 질문했다. '매우 그렇지 않다'(1점). '그렇지 않다'(2점). '보통이다'(3점). '그렇다'(4점). '매우 그렇다'(5점)의 5점 척도로 조사했다. 결과는 중간 값(3점)보다 낮은 2.31로 조사되었다. 각 정보 유형별 답변한 점수는 다음과 같다.

(1) 범죄 통계 정보

'범죄 통계를 분석하여 경찰 정책을 수립하고, 인력과 예산 등 자원을 배치하는 데 활용되는지'를 질문했다. 매우 그렇지 않다(1점). 그렇지 않다(2점). 보통이다(3점). 그렇다(4점). 매우 그렇다(5점)의 5점 척도로 조사했다. '정책에 잘 활용한다'는 답변은 중간값(3점)보다 낮은 2.49점, '인력 예산 등 배분에 활용한다'는 답변은 더 낮은 2.35점이었다.

'범죄 통계 분석을 활용한 정책 수립'을 활발하게 하고 있는지에 대해 부서별 답변 점수에 차이가 있었다. 정책 업무를 상대적으로 많이 담당하고 범죄예방의 계획수립이 많은 생활안전(2.54), 경무과(2.54)가 높게 답변했고, 업무 범위가 협소하고 중앙 단위 결정에 상대적으로 많이 좌우되는 보안(1.78), 경비(2.12)가 낮게 답변했다. '통계 분석을 통한 인력 예산의 배치에 활용하는지'에 대해서는 경찰 부서별로 인식은 경무(2.54), 교통(2.57)이 높았고, 보안, 경비가 가장 낮았다(2).

(2) 범죄 사건 정보

'범죄 사건 정보를 분석하여 범죄를 예방하거나 범인을 검거하는 데 활용되는지'를 질문했다. 답변 방식은 '매우 그렇지 않다'(1점). '그렇지 않다'(2점). '보통이다'(3점). '그렇다'(4점). '매우 그렇다'(5점)의 5점 척도로 조사했다. 세부 질

[표 6.4] 범죄 사건 정보 분석에 대한 인식

	N	최솟값	최댓값	평균	표준편차
연쇄 광역 범죄 수사	1051	1	5	2.32	0.967
조직 범죄 수사	1051	1	5	2.45	0.983
중요 범인 정보 공유	1051	1	5	2.51	1.005

문은 (1)연쇄 광역 범죄 수사에 잘 활용하는가? (2)조직범죄 수사에 잘 활용하는가? (3)중요 범인에 대한 정보를 잘 공유하는가?로 나눠서 질문했다.

세 가지 질문 중에서 '연쇄 광역 범죄 수사에 활용된다'는 답변이 2.32점으로 가장 낮았다. '조직범죄수사'에 잘 활용한다는 답변도 2.45점으로 낮았다. 다만 중요범인 정보를 공유한다는 답변은 2.51점으로 조금 높았다.

사건 수사를 직접 담당하지 않는 감사, 경무, 경비 등에서 낮게 답변했다. 수사 업무 비중이 많은 수사(2.43~2.51), 형사(2.13~2.46), 여성청소년(2.17~2.5) 등에서도 활용성을 낮게 인식했다. 교통(2.48~2.57)의 인식이 상대적으로 높은데, 교통부서는 범죄 사건 정보 활용은 다른 부서보다 비교적 높게 평가했다.

(3) 심리행동 정보

심리행동 정보에 해당하는 위험인물 정보 분석에 대해 인식을 조사했다. '위험인물에 대해 정보를 수집하고 분석하여 심각한 범죄를 미리 예방하거나 사건이 발생했을 때 잘 대응하는 데 활용하고 있는지'를 질문했다. '위험인물에 대한 정보가 잘 정리되어 경찰의 대응에 활용되고 있는지'에 대한 답변한 점수는 2.21으로 다른 항목보다 더 낮았다.

이렇듯, 경찰관들에게는 유형별 범죄 정보의 활용에 대해 ① 범죄통계, 사건정보, 심리행동 정보 분야 모두 중간값인 3점에 미치지 못하는 2.21~2.51점으로 집계되었다. '중요 범인의 검거를 위한 정보 공유'가 2.51로 가장 높았고, 위험인물에 대한 정보 분석 활용이 2.21로 가장 낮았다.

[표 6.5] 심리행동 정보 분석의 활용에 대한 인식

	N	최솟값	최댓값	평균	표준편차
심리-위험인물	1051	1	5	2.21	0.997

범죄 정보 분석을 통해 치안 대책 수립, 인력 운영, 수사와 검거에 활용하고 있는지 질문했다. 문항은 ① 매우 필요하다(1). ② 필요하다(2). ③ 보통이다(3). ④ 필요하지 않다(4). ⑤ 매우 필요하지 않다(5)의 5점 척도로 조사했다. 2.33~2.36점으로 낮게 활용된다는 답변이었다. 치안 대책 수립(2.36)에 활용과, 범인 검거 등 사건 대응(2.35)이 비교적 높았다. 경찰의 예방 순찰(2.33) 등 인력 배치에 활용 인식이 가장 낮았다.

경찰 내부 전문가 인터뷰에서도 경찰의 준비 부족, 장애물 극복 필요성에 대한 지적이 있었다. 다음은 경찰의 데이터를 다루는 연구 개발 책임자, 분석 정책 연구 경험자와의 인터뷰를 발췌해 재정리한 것이다.

> "데이터분석에 대한 친숙도는 높아가고 있지만, 장애물 극복을 위한 행동을 취할 만큼 방아쇠는 당겨지지 않고, 이 분야의 귀찮음이나, 위험을 짊어질 만큼의 중요함을 경찰 스스로는 느끼지 않고 있다고 생각한다."(경찰 내 기술 개발 연구 책임자)

> "범죄 데이터를 종합하여 분석해서 경찰활동에 반영하자는 이야기를 많이 하지만, 실제 시도해 보면 거의 성공한 적이 없다. 그런 종류의 주장이나 시도를 해온 지 너무 오래되었고, 해결되지 않고 있고, 스스로와 동료들이 좌절한 것들을 봐왔기에 다시 얘길 하자니, 가슴이 아프다."(범죄 분석 정책 연구 경험자)

4차 산업혁명의 시대, 빅데이터, 첨단 치안 과학, 경찰 데이터 R&D 등 구호에도 불구하고, 경찰 현장에서는 정보가 충분히 활용되지 않고 있다고 느끼고, 관련 정책과 기술 전문가도 준비 부족을 지적한다. 혁신 확산 이론에 적용하여 구체적으로 어떤 부분이 부족한지 살펴보자.

6.4.2 스마트치안(범죄 분석 분야) 혁신 확산의 장애 요소

혁신 확산 이론을 스마트치안에 대입하여 도출한 요인은 1)조직적·구조적 요소로서 ① 제도 ② 조직 ② 기술이 있고, 2)내재적·개인적요소로서 ① 인지된 효과성 ② 보상에 대한 인정 ③ 직무의 개방성·유연성 ④ 실험적 직무환경

⑤ 공정성에 대한 인식으로 꼽았다. 한국 경찰의 스마트치안, 그중 범죄 분석에서는 잘 작동되고 있는지 각 요소에 한국 경찰의 현황과 구성원의 인식을 대입하였다. 선행 연구와 인용한 설문조사의 다른 항목을 인용했다.

(1) 조직적 요소

1) 제도적 요인

범죄 분석을 위한 정보는 주로 경찰활동(특히 수사)으로 수집되는 정보들로 개인 정보들을 포함하고 있다. 이 정보들은 경찰의 업무시스템에 의해 저장되고 유통된다. 개인정보나 정보 인권에 대한 법률들은 범죄 분석을 위한 정보 활용을 제약한다. 관련 법률과 유형들은 [표 6.6]과 같다.[17]

경찰 데이터에 대한 법적 규제는 주로 개인정보 보호법과 형사사법전자화촉진법(이하 형사사법절차법)의 적용을 받는다. 수사 정보는 형사사법절차법의 적용을 받기에, 형사사법 목적(수사, 기소, 형집행)에만 활용할 수 있다. 범죄 예방, 치안 정책, 연구 개발 목적에는 활용이 불가능하다고 주장할 수 있다. 하지만 실무상 구분이 쉽지 않다. 예컨대 살인 혐의의 수배자의 사진 등을 순찰 경찰관에게 배포했고, 이 수배자가 다른 피해자에게 범행을 저지르는 과정을 영상기술을 통해 자동 인식하고 범죄를 예방했다면, 이는 범죄 예방 활동이지만, 또 한 번 수배자 검거라는 수사 목적이라고 할 수 있다. 경찰이 데이터를 활용해 범인을 검거하는 수사 목적의 정보화시스템 개발이 늘어나고 있다. 경찰시스템에 수사 목적으로 수집한 데이터를 분석하는 알고리즘이 계속 적용되고 있다. 법을 엄격하게 해석하면 오류 검증을 위한 데이터 적용, 기능 개선을 위한 데이터 형태 변경 등도 쟁점이 될 수 있다. 현실적으로 운용되는 정보시스템의 운영과 점검, 개선에 대한 데이터 활용도 법률과 괴리가 있다. 이미 경찰 각 부서에서 활용하는 현실을 반영하기 위해서는 법 개정이 바람직하다. 그 이전까지는 수사 목적을 위한 데이터의 활용, 수사 역량 향상을 위한 데이터 활용은 해석을 통해 허용하면서 데이터 활용과 관리 역량을 높이는 것이 타당하다.

형사사법절차법의 적용을 받지 않는 정보들은 통상 개인정보보호법의 제약을 받는다. 수사 목적으로 활용이 가능하지만, 범죄 예방 목적으로 활용할 수 없다. 또 연구 목적 활용은 가능하다고 하나, 개인정보는 비식별화해야 한다. 이

[표 6.6] 스마트치안 사례와 경찰학의 함의

유형	정보 활용의 목적에 따른 한계		법적 근거
수사활용 KICS 정보	범죄수사(위험대응) 및 급박한 상황에서의 위험방지 목적의 경찰 내부 유통 및 외부 제공 가능		형사절차전자화법 제2조 제2호 및 제6조 제3항
	범죄예방(비식별화 여부와 상관 없이)은 법해석상 가능하나, **입법적 개선 필요**		
	경찰 내 연구·개발 목적도 법해석상, 실무 사례 등을 통해 허용된다고 할 수 있지만, **입법적 개선 필요**		
범죄 예방 경찰 운영 (문자/영상)	KICS 정보에 포함된다고 해석되는 경우: 형사절차전자화법 적용 대상으로 KICS 정보와 동일한 결과		형사절차전자화법 제2조 제2호 및 제6조 제3항
	동법 적용 안 되는 정보로 해석되는 경우 • 개인식별정보는 수사목적 가능/범죄예방 목적 불가 • 비개인식별정보는 비공개대상 여부 아닌 경우 범죄 예방 및 수사 목적으로 공개 가능		• 개인식별정보: 개인정보보호법 제15조 및 제18조 • 비개인식별정보: 공공기관의 정보공개법 및 공공데이터법

※ 출처: 김문귀·임형진(2017). 5-10.

경우 데이터 효용은 줄어든다.

　법 개정이나 적극적인 해석을 통해서 활용하려는 노력이 필요하다. 그러나 경찰 스스로의 조직·제도가 불명확한 여건에서 추진이 원활하지 않다. 경찰이 운영했던 전산 시스템을 포괄적인 형사사법 정보 시스템으로 규정하여 법적 제약을 만든 것도 그런 사례이다. 수사 과정에서 생성된 기본 정보에서 연결된 시스템이라는 점, 부서의 조직적 이해 관계 등이 영향을 미쳤겠지만 활발한 데이터 활용을 위축시킬 우려는 존재한다.

　[표 6.7]의 연번 1, 연번 2, 연번 3의 시스템은 형사사법절차법의 적용을 받는 원천 시스템이다. 그러나 연번 4 이하의 시스템은 형사사법절차법을 제정하기 전부터 경찰이 업무관리를 위해 운영해온 시스템이었다. 그러나 형사사법절차법이 제정되어 연번 1~2와 경찰 내 시스템이 연결되고 주요 사항(사건 번호, 관서, 담당자, 죄명, 사건 내용 개요, 주요 진행 사항의 정보)이 연동되자, 해당 법률의 제약을 받는 시스템으로 규정한 것이다.

　이 변화는 모순적 상황을 방치한 결과를 낳았다. [표 6.7]에서 보건대, 범죄통계시스템(연번 4), 지리적 프로파일링시스템(연번 5), 실종자종합관리시스템(연번 22)은 수사목적에 한정되지 않는다. 범죄 통계의 주요 활용 목적은 치안 정책의 기획과 범죄 예방에 대한 자원 배분이다. 지리적 프로파일링시스템도 범죄

[표 6.7] 경찰 형사 사법 정보 시스템 종류와 담당 부서

연번	시스템명	업무명
1	형사사법정보시스템포털	• 포털화면 관리 • 각종 컨텐츠 및 게시물 관리
2	사건수사시스템	• 사건등록 · 입건 · 지휘건의 · 송치
3	전자약식시스템	• 수리 · 배당 · 송치
4	범죄통계시스템	• 기본통계 · 응용통계 · 사건통계
5	지리적프로파일링시스템	• 위치찾기 · 분석(범죄다발지/사건/피의자)
6	수사종합검색시스템	• 통합조회 · 수법관리 · 조폭관리 · 변사관리
7	범죄첩보분석시스템	• 첩보관리(등록, 조회, 통계)
8	과학적범죄 분석시스템	• 자료관리(범죄 분석자료, 범죄현장자료, 현장감식자료, 흔적증거자료) • 분석(발생사건분석, 피의자면담분석)
9	지문자동검색시스템	• 지문관리(검색, 매칭, 통계)
10	전자수사자료표	• 수사자료표관리(스캔, 작성) · 전과반영
11	주민원지관리시스템	• 주민원지관리(접수, 공정, 이관)
12	족윤적감정시스템	• 족윤적관리(등록, 검색, 통계)
13	증거물관리시스템	• 증거물관리(입고, 출고, 감정, 조회) · 증거물조회(현황, 재고, 이력)
14	마약프로파일링시스템	• 마약범죄관리(등록, 분석, 조회, 통계)
15	온라인조회시스템	• 주민 · 수배 · 연고지수배 · 차적 • 도난 및 범법차량 · 범죄경력 · 우범자
16	법무부정보조회	• 출입국사실조회 · 수용자 정보조회 · 외국인 신원확인
17	검찰정보조회	• 처분결과조회
18	강력범죄수사지원시스템	• 강력범죄관리(등록, 검색, 통계)
19	DNA신원확인시스템	• DNA정보관리(등록, 검색)
20	선거사범관리시스템	• 선거사범관리(등록, 조회, 통계)
21	수사관직무평가시스템	• 수사관직무평가관리
22	실종자종합관리시스템	• 실종 수사

※ 출처: 경찰 형사사법정보시스템 운영규칙(2013.12.12 훈령 제723호) 별표 2.

현황을 지도 기반에서 표출하여 자원을 배치하기 위함이다. 실종자종합관리시스템은 실종자를 찾는 목적이다. 그러나 이 규정 마련은 형사사법절차법의 적용을 받는 정보(사건에 대한 개괄적 정보)가 연동되었다는 취지로 형사사법절차법 적용

시스템으로 규정함으로써 다양한 정보 분석 활용을 주저하게 되는 결과를 초래했다.

이런 취약점을 현장 경찰들도 동감하는지 설문조사했다. '경찰에서 범죄 분석을 위한 범죄 정보를 수집하고 분석하고 환류하는 내부 규칙이나 제도적인 근거를 만들거나, 관련된 규칙을 개정하는 것이 필요한가'에 대해 질문했다. 답변은 ① 매우 필요하다(1). ② 필요하다(2). ③ 보통이다(3). ④ 필요하지 않다(4). ⑤ 매우 필요하지 않다(5)의 5점 척도로 조사했다. 그 결과 긍정적인 답변은 77.4%(① 매우 필요하다 39%, ② 필요하다 39%) '보통이다'라는 답변은 20%, 부정적인 답변은 3%로 파악되었다. 평균값으로는 1.88이라는 높은 수준으로 집계되었다. 부서별로는 정보(1.38), 경무(1.68)가 필요성을 가장 높게 답변했고, 외사(2.17), 교통(2.06)은 상대적으로 낮았다. 정보와 경무부서는 다른 부서로부터 정보를 수집해야 하는 부서이다. 타 부서의 정보를 모아 대책을 수립하거나 가공해야 하는 부서로서 정보를 종합하게 해주는 규칙의 필요성을 지지하고 있다. 외사와 교통은 부서 내 업무의 완결성이 높은 부서이기에 필요성을 낮게 답변했다고 생각된다.

내부 전문가나 경험이 많은 경찰관들도 필요하다고 답변하고 있다. 범죄 발생의 정보를 취합하여 가로등, CCTV 등 범죄 환경을 설계하고, 범죄예방 정책에 종사한 경찰 실무자는 제도가 없는 것이 중요 원인 중 하나이며, 근거가 부족하다는 것이 여러 요인에 영향을 미친다고 답변했다.

> "범죄 정보 공유가 잘 안 되는 이유에 대해 굳이 요소를 나눌 것도 없다. 제도와 문화는 연결되어 있다. 범죄 정보나 공개, 활용에 대한 제도가 조직 내부에든 외부이든 표준이 없어서, 부담스러워하는 것이다. …경찰 업무는 대부분 법규에 근거하는데, 구체적이고 명확한 제도가 없고, 모호한 법규에 의존해야 한다면, 법규의 해석을 소극적으로 하는 것이 어쩔 수 없는 한계이다. 데이터의 제공에 대해서도 요구하는 곳과 요구받는 곳의 간극이 클 수밖에 없다."(경찰청 범죄예방정책 실무 경험자)

데이터를 구하기 위한 정보시스템을 통한 자료 요구가 많은데, 근거가 명확하지 않다. 실제 경찰청에서 수사에 대한 업무 관리 전산 시스템 관리 실무를 맡은 경찰관은 필요성에도 불구하고 공유하기 어렵다는 현실을 말하고 있다.

"최근 각종 기술, 분석, 통계… 이런 걸 중시하다 보니깐 우리가 운영하는 시스템에서 각종 정보를 가져가려고 요청하는 경우가 많다. 취지는 이해하지만, 법규적 근거가 없는 경우에, 모두 들어줄 수 없어서 난감하다. 취약한 법적 근거가 보완되는 것이 제일 급선무이다."(형사사법정보시스템 실무자)

제도가 정비되지 않는 현실에서 그때그때 정책 결정자나 중간관리자의 즉흥적 지시에 따라 진행되는 범죄 분석이나 정책 입안은 지속성이 약하다는 지적도 있다. 범죄 분석에 대한 실무와 정책 연구를 해온 전문가 답변은 다음과 같다.

"가장 기초가 되는 법제도인데, 빅데이터 연구를 하기 위한 제도가 갖춰지지 않았다. 상부의 결단으로 임의로 하고 있다. 이건 위험하다. 지휘부의 결단에 따라서는 어떤 것은 진행하고, 어떤 것은 아니하고 이런 식의 진행은 실무자들에게는 위험한 접근방식이다. …제도적 여건이 되어야 사람이 바뀌더라도 진행되는 것인데, 누구는 가능하다고 하고 누구는 안 된다고 하니, 적극적인 개인이 없으면 진행이 안 되는 상황은 비정상적이다. 책임 소재를 걱정하느라, 도전적 과제를 안 하려고 한다."(범죄 분석 연구자)

전체적인 범죄 정보를 종합하고 공유하는 분야의 제도를 만들어야 할 뿐 아니라 다양한 수사 분석에 대한 표준화가 필요하다는 답변도 있다. 수사 과정에서 통화기록 조회, 지리적 분석, 심리행동 분석 등 여러 분야를 무엇부터 어떻게 분석할 것인지 규정이 없어서, 효율적인 분석에 대한 검증이 되지 않고 표준화되지 않는다는 것이다. ① 수사과정의 다양한 분석의 체계화 ② 심리행동분석 분야의 표준화에 대한 전문가 면담 내용이다.

"범죄 분석 분야에서 내가 느끼는 가장 큰 문제점은 개별적인 유형의 범죄 정보(통계 정보, 사건 정보, 심리행동 정보)를 분석하는 기법이나 기술의 부족이 아니라, 다양한 유형의 분석 대상에 대해 범죄를 분석하는 요건, 절차, 방법, 활용, 검증 등 과정에 대한 합리적인 프로토콜이 없다는 것이다. 예컨대 상사들이 자신의 직관에 따라, '지리적 분석해 봐', '기지국 분석해 봐' 등을 시키고, 실무자의 역량과 여건에 따라 할 수 있는 정도만 분석해서 성과가 나거나 실패하기도 하는데, 그게 최선이었는지 검증할 수 없다. 체계적인 프로토콜이 필요하다."(사건정보 분석 경찰관)

"제일 문제라고 생각하는 지점은 심리 행동 분석 업무의 표준화가 안 되어 있다는 것이다. 요건과 절차, 분석결과물의 구성 내용 등, 최근엔 조금씩 만들어가고 있지만, 아직 충분하지 않다."(심리행동 분석 경찰관)

범죄 분석의 규칙과 제도에 대한 전문가 면담과 현장 경찰관의 인식을 조사했다. 한편 행정 조직에서는 제도 개선의 필요성이 대두되더라도 이것을 '누가 할 것이냐'가 현실적인 질문이다. 조직적 요인을 살펴보도록 하겠다.

2) 조직적 요인

① 중심 조직의 운영 여부

범죄 데이터를 활용할 제도가 취약하다는 지적은 그 역할을 수행할 조직에 대한 논의로 이어진다. 융합되는 범죄 데이터의 활용에도 불구하고, 한국 경찰의 범죄 정보 관리 부서는 유형별로 구분되어 있다(장광호·김문귀, 2018). 범죄 데이터를 수집·분석·활용하는 역할은 경찰에서 여러 부서로 나뉘어져 있다. 통계정보, 사건정보, 심리행동정보 등 유형별 정보를 관리하는 부서는 [표 6.8]과 같다. 범죄에 대한 자료를 유형별로 다른 부서에서 관리할 뿐 통합하는 역할이 없다. [표 6.9]를 보면 정보를 유통하는 방식도 다양하다. 영국의 NIM(국가정보모델)과 비교하면 정보의 통합 기준이 모호하다. 통합 발전을 지속할 조직이 없으면 변화에 대응하기 어렵다.

범죄 사건 정보도 각 부서가 서로 다른 방식으로 유통한다. [표 6.9]의 ①②③은 사건 정보의 성격별에 따라 통일된 규정 양식이지만, 그 활용이 낮다. ④의 기능별 사건 보고만이 자기 부서의 필요에 따라 정보를 소비하고 조직 전체의 자산으로 활용하지 못하고 있다.

이런 구성은 범죄 분석을 위해 조직의 정보 자산을 활용하는 데 비효율적이다. 앞서 미국과 영국의 전문 부서와 비교해 볼 때 차이가 있다. 한국 경찰이 정보를 유통하는 조직화 방식을 살펴보자.

[표 6.8] 분석 유형별 대상 정보와 관리 부서(경찰청 과 단위)

유형	운영 부서 (세부 유형)	관련 제도 및 운영 형태
통계 정보	수사기획과 (범죄통계)	경찰청 업무 분장[18]과 규칙에 따라 경찰에서는 수사기획과에서 담당함
	업무 담당 과 (유형별 세부 통계)	범죄예방정책과, 여성청소년과, 형사과, 수사과 등 다양한 범죄유형을 담당하는 부서가 필요한 정보를 취합하여 통계 관리[19]함
	수사기획과, 업무 담당 과 (정보시스템 추출 통계)	형사사법정보시스템(KICS), 형사사법정보시스템에 연동된 각 부서의 정보시스템, 혹은 별도 정보시스템에서 항목별 데이터에서 통계를 추출
사건 정보	수사기획과 (정보시스템 입력 정보)	수사 업무과정에서 업무를 위해 형사사법정보시스템 및 연동 시스템에 입력한 사건 관련 정보
	범죄 정보과 (중요 범죄 조직 정보)	경찰관들이 업무 중 취득한 가치가 있는 정보를 별도의 방식으로 전산 입력하여 보고한 정보
	죄종별 소관 과 (사건 보고서)	수사, 형사 등 죄종별 담당부서가 중요 사건의 발생과 진행 과정을 간략하게 요약한 정보를 서면으로 보고받아 유통하고 관리하는 정보
	대테러상황실 (상황 보고)	재난, 재해, 안전, 무질서 상황이 발생했을 때 이를 현장으로부터 취합받아 유통하는 정보
	범죄 분석담당관실 (지문, 전과 자료 등)	경찰활동(특히 수사 과정) 중에 취득하는 자료 중 향후 수사가 향후 활용될 수 있는 별도의 정보 요소를 관련 법규에 따라 규정된 형태로 별도 관리하는 정보
행동 정보	범죄 분석담당관실 (수법정보)	상습성이 높은 범죄자의 행동 특성을 별도 규정에 의한 양식으로 저장하는 정보
	범죄 분석담당관실 (심리분석자료)	심리적 특성이 강한 범인을 범죄 분석관이 면담하여 그 내용을 별도 보고서로 작성한 정보

※ 출처: 경찰청 업무규칙 등을 재정리.

[표 6.9] 2018~2019년 경찰청 주요 업무 계획 중 관련 과제

	① 범죄첩보보고 (수사 기능)	② 견문보고 (정보 주관)	③ 상황 보고 (경비 주관)	④ 기능별 사건 보고
내용	각 경찰관이 범죄 사건 첩보 입력	정보 부서 경찰관이 다양한 첩보 입력	상황실 계통 사건 발생/경과 유통	경찰 기능별 상급관서로 특정 사건 보고
특징	• 분석 · 관리 미흡 • 내용 활용 낮음	• 주로 정보부서 중심 • 범죄 정보는 일부분 • 공유 미흡	• 상황실 계통만 운영 • 신속/정확/활용성이 활발하지 않음	• 가장 많이 사용 • 부서별 취합 → 분석 척도 없음

※ 출처: 장광호 · 고유석 · 송민영 경찰청 국외훈련보고서(2014).

② 한국 경찰의 조직 구성에 따른 문제점

스마트치안은 단계별로 내외부자원의 확보와 현안 판단, 전략에 대한 평가로 진행된다. 이를 위해 조직 내외 정보가 통합되고 합리적인 의사결정이 되어야 한다. 미국의 스마트치안은 자치경찰을 운영하고 범죄 데이터를 분석하기 위해 관서별로 범죄 분석관(Crime analyst)이나 범죄 정보국(CID, Crime Intelligence Department)을 운영하고 있다.

반면 우리 경찰은 상하 구조로 경찰청 – 지방경찰청 – 경찰서의 계층을 두고, 중앙 통제식 구조를 운영하고 있다. 조직화 방식은 1)청문감사(민원접수 및 내부 감사) 2)경무(인사/예산/장비 관리) 3)생활안전(순찰과 예방활동) 4)여성청소년(여성청소년 관련 범죄 대응) 5)112종합상황실(112신고 대응과 전파) 6)수사과(경제지능범 수사) 7)형사과(강력범 수사) 8)경비과(집회시위, 재난 등 대응) 9)교통과(교통소통, 단속 등) 10)정보과(각종 정보수집 및 분석) 11)보안과(대공 방첩 등)로 분화되어, 상급부서인 경찰청과 지방청에도 수직 계열화되어 있다.

정보처리 관점에서 한국 경찰은 수직적 정보 연결 체제에 해당한다. 수직적 연결은 조직 상하 간의 활동을 조정하는 통제에 강점이 있다. 반면 수평적 정보 통합이 어렵다. 기능 분화 조직은 '정보를 통합하는 부서'가 필요하다. 한국 경찰에서 정보를 통합하는 부서가 존재할까? '정보국'이 그 역할을 하는지는 분명치 않다. 한국 경찰의 '정보 부서'는 경찰 목적에 맞는 경찰 내외의 정보를 통합하기보다 집회시위를 대응하고, 정부 정책을 지원하는 등 별도의 기능 조직에 가깝다. 이렇듯 수직적 정보 유통 체제는 각 지역의 특성에 맞는 치안 전략의 수립이나 자원 활용에 장애로 작용한다. 한편 정보 통합의 역할이나 범죄 분석의 활용을 지원할 부서도 분명치 않아 현재의 구조에서는 해결이 어려워 보인다.

정보부서가 경찰 내 정보를 통합하는 역할을 하는 영국과 미국처럼 부서 간 범죄 정보를 통합할 조직을 운영하는 것이 좋은 해법일 것이다. 혹은 범죄 분석팀 등 소규모의 전담 부서나 전문 인력을 수사과나 기획팀에 배치하여 정보를 통합하여 분석 지원하는 역할을 하는 절충도 모색할 수 있다.

[그림 6.2] 경찰의 조직 체계(경찰청)

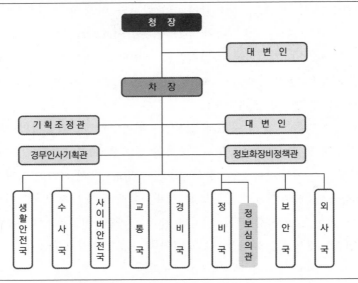

※ 출처: 장광호·고유석·송민영, 경찰청 국외 훈련보고서(2014.1).

③ 현장 경찰의 인식

위 설문 조사를 통해 경찰관들에게 '범죄에 대한 정보를 통합하고 분석하여 지원하는 전문 부서를 운영해야 할 필요성'에 대해 질문했다. ① 매우 필요하다 (1). ② 필요하다(2). ③ 보통이다(3). ④ 필요하지 않다(4). ⑤ 매우 필요하지 않다(5)의 5점 척도로 조사했다.

조사 결과는 긍정적인 답변이 73%(① 매우 필요하다 38% ② 필요하다 35%)로 응답자 대부분이 부서 운영의 필요성에 동의했다. 점수가 낮을수록 필요성이 높다고 인식하도록 구성했는데, 평균은 5점 척도 중 중간값(3점)보다 높은 1.98점이었다. 부서별로는 정보부서가 필요성을 가장 높게 답변(1.25)했다. 경찰 내에서 정보 부서로서 역할에 대해 논의를 겪는 부서로서 그 필요성을 가장 높이 생각한다고 해석할 수 있다.

전문가 면담 결과 대부분은 전문부서의 필요성을 지지했다. 경찰청 실무 경험이 있는 정책 관계자는 조직 내 리더십을 이끌어내어 부서 간의 이해관계를 조정하고 끌고 가야 하는 전문 조직이 필요하다고 했다.

"경찰 부서 간에 범죄 분석과 데이터의 활용을 총괄하는 부서가 필요하다. 전체를 총괄하는 태스크포스(TF) 팀 형태로 운영하든지, 지휘부의 직접 관심을 이끌어내는 부서여야 한다. 경찰 조직 특성상 해당 부서의 국장 수준으로도 어렵고, 청차장 급에서 직접 지시를 해야 한다."(경찰청 범죄예방 정책 실무자)

전 항에서 제시한 제도적인 기반 마련 측면에 정책을 종합하는 측면에서 전담 부서가 필요하다는 주장도 있다.

"지휘부에서 다 알고 있다는 선입견으로 쉽게 접근하기보다 경찰의 장기적 관점에서, 특정 부서가 아니라 종합 부서(예컨대, 기획조정)에서 해야 할 사업이다."(사건 정보 분석 전문가)

경찰 외 전문가들은 외국의 예시를 들어 범죄 정보의 공개 측면에서 예시를 들거나 혹은 정보의 종합 관리와 분석 측면에서의 예를 들기도 했다.

"이런 발전을 위해 체계적이고 종합적인 연구 정책 기획과 조직운영이 필요하다. FBI의 범죄 정보센터(National Crime Information Center)에 착안하여 독립적인 치안정보 기구의 신설을 검토할 필요가 있다."(경찰 행정 연구자)

조직적 측면에서 전문 부서와 운영도 공식적인 요소이지만, 상사의 지시나 관심 역시 혁신을 견인하기 위한 중요 요인이다. 명확한 지시가 있다면 조직원은 변화하게 된다. 최근 2년 동안 지리적 프로파일링시스템의 활용이 전년 대비거의 2배 가까이 증가했고, 범죄발생과 검거에서도 눈에 띄게 감소한 경찰서가 있었다. 해당 경찰서는 서장의 명확하고 반복된 지시와 환류를 통해 혁신이 확산된 전형적인 사례이다.

"서장님이 새로 오신 후, 회의 때 많이 활용하라는 지시를 자주 했다. 형사, 생활안전, 여성청소년과 등 지리적 프로파일링시스템을 활용할 수 있는 부서는 다 하라는 분위기였다. …생소한 일이었기에 내부적으로는 반발도 있었다. …그러나, 서장님께서 독려해주셔서 분위기가 많이 바뀌었다. 나를 비롯해서 실무 담당자의 이름까지 회의 때 얘기하며 '어느 부서 아무개가 어떤

식으로 참 잘했더라'라고 언급해주곤 했다. 아직도 기억할 정도로 관심을 많이 보여줬고 개인적으로 좋은 경험이었다."(경찰서 범죄예방 실무자)

범죄 분석은 다차원적이고 융합적인 업무이기에 상사의 지시와 관심이 필수이고 전문 부서의 운영은 그 지시와 관심을 전파하는 도구로서 필요하다는 주장도 있다.

"경찰은 부서별 헤게모니에 좌우되는 경향이 너무 많다. 자기 부서 주도로 뭔가를 하려 하지, 남의 사업에 참여하기 꺼려한다. 최고 의사결정자의 지시를 받아서 부서별 헤게모니를 조정하고 통합하는 조직이 필요하다."(경찰서 수사팀원)

하지만 충분한 논의가 없는 섣부른 관심이나 지시는 자칫 체계적인 추진의 장애요소가 될 수 있고, 전시용 행정으로 작용해 부정적인 결과를 초래할 수도 있다는 의견도 있다.

"(범죄 분석의 기법을 도입하거나 결과를 산출해내는 데 있어서) 기술과 데이터 등이 준비가 되지 않았음에도 과도한 관심을 가진 지휘관의 조급함이 있을 수 있다. '뭐 어렵다고 빨리 못한다고 하나, 교수님들이 다 된다고 하는데' 하는 식으로 접근하다가 오히려 실패할 소지가 있다. 그런 방식은 투입 대비 성과가 좋을 수 없고, 조직 내 불만이 생기므로 장기적으로는 기회를 제한하고, 향후 도전의 장애 요인이 될 수도 있다."(범죄 분석 연구 전문가)

"범죄 데이터 분석이 좋은 성과를 낼 수 있는지 세계적으로 많은 논란이 있다. 그리 효과가 없다는 주장도 있다. 게다가 경찰은 새로운 기술을 활용하는 데 적극적인 기관도 아님에도, 가끔은 '보여주기' 식 기술도입을 하는 경우도 있다."(경찰 행정 연구자)

'범죄 분석'이라는 의사결정 방법의 혁신은 제도와 조직, 기술과 조직 문화라는 다양한 측면에서의 접근과 평가가 필요하다는 것을 환기시킨다. 제도와 조직은 구성원의 행동을 바꾸는 수단이다. 그런데 범죄 데이터는 구성원의 행동 변화 이전에 기술적인 준비를 필요로 한다. 현재 한국 경찰의 범죄 데이터와 정보 시스템에 대한 기술적 현황을 살펴보자.

[표 6.10] 범죄 관련 주요 정보 시스템 현황

운영 목적	명칭 · 주요 기능
업무 관리	① KICS(수사업무 관리) ② 스마트워크(생활안전 업무 관리) ③ SCAS(과학수사 현장감식 업무 관리) 등
정보 유통	① 112시스템(신고 접수 및 전파) ② DIMS(중요 범죄 상황 전파) ③ CIAS(범죄 첩보 보고) ④ 스피드 수배(주요 범죄 사진 등 수배)
증거 관리	① EMS(증거물 관리) ② AFIS(지문) ③ FTIS(족적) ④ DIMS(DNA 정보)
분석 지원	① SCAS(범죄 행동 분석) ② HOLMES(데이터 분석) ③ GeoPros(지리적 분석) ④ 사건수사시스템(상습범죄자 등 정보 분석) ⑤ 사이버범죄 분석(사이버 범죄 요소 모니터링) 등

※ 출처: 황영배(2016) 35면.

(3) 기술적 요인: 정보시스템과 데이터의 구조

근거 법률·규칙, 전담 부서의 부재라는 장애는 치안 데이터의 단절이라는 문제로 이어진다. 경찰의 데이터는 업무의 흐름에 따라 연결되고 환류해야 한다. 예를 들면 다음과 같다. ① 112신고로 강간 사건이 접수된다. 순찰 경찰이 현장에 출동해서 초동 조치를 한다. ② 형사팀은 수사에 착수해서 피해상황을 조사하기 시작한다. ③ 과학수사팀도 현장에서 지문과 족적, 체액 등 증거물을 채취한다. ④ 일부 증거물은 국립 과학수사연구원에 보내서 감정을 의뢰한다. ⑤ 형사들은 CCTV 관제센터 등에서 당시 촬영 영상을 확보해서 용의자를 찾으려고 한다. 이런 일은 현장에서 일상적인 흐름이다. 그런데 각 단계에서 발생한 데이터(위 ①, 112신고시스템 입력)는 수사단계로 이어지지 않는다. 수사에 착수한 형사들이 자신의 업무시스템에 처음부터 다시 입력한다(위 ②, KICS 입력). ③ 과학수사팀은 KCIS로부터 사건 데이터 중 일부(사건번호, 담당 부서와 담당자 정보 등)를 연계받는다. 하지만 이후 국립과학수사연구소로 감정을 의뢰할 때는 이 시스템이 아닌 전자행정시스템인 '온나라시스템'에서 별도의 문서를 생산해야 한다(위 ④). 형사들은 CCTV 관제 센터에 가서 눈으로 확인한 후, USB 등으로 해당 부분의 영상을 복사해서 가져오고, 이것을 다시 분석의뢰할 때는 전자문서를 작성해서 의뢰해야 한다(위 ⑤). ①과 ②, ③, ④, ⑤가 모두 단절되어 있는 셈이다. 이상적인 형태는 각 단계에서 생성한 데이터가 다음 단계로 연결되고 그 경과를 다시 역방향으로 환류할 수 있어야 한다. 하지만, 현재 경찰의 시스템은 그렇지 못하다. 이런 데이터의 단절은 기술적인 문제만은 아니고 조직적 문제이기도 하다. 경찰이 운영하는 범죄에 대한 정보 시스템 중 경찰 업무에서 차지하는 비중과 업무의 중요성, 정보 활용의 광범위함 등에 따라 주요한 것을 선정해서 운영 목적에 따라 분류해 보면 [표 6.10]과 같다[20].

경찰은 업무를 관리하기 위해 정보를 입력하고, 내외부에 유통하며, 증거물로 활용하고자 자료를 입력하고, 통합해서 분석하고 지원하는 시스템을 운영하고 있다. 그런데 경찰의 범죄 정보들이 업무 흐름에 따라 위 시스템들에 원활하게 정보가 유통되어 통합적으로 분석되고 있지 않다. 위 시스템들은 부서별 목적에 구성되고, 운영되면서 주요한 정보들이 환류되지 않고 단절되고 있다. [그림 6.3]에서 보듯, 각 시스템에서 정보가 유통되지 않아 주요 내용이 누락되어 효율성이 떨어지는 것은 물론, 정보를 분석하여 활용하는 측면에서도 미흡하다.[21] 이를 개선하기 위해서는 주요한 정보시스템을 통합하거나 주요 정보를 연동시키는 기술을 반영해야 한다. 부서별 정보 운영 체제를 현행과 같이 유지하되, 정보시스템을 통한 통합적 분석 체제를 구축해야 한다. 이는 조직과 제도의 커다란 변화 없이 현행 형태를 유지하면서도, 별도의 '통합 범죄 데이터베이스'를 구성하여 여기에서 생성되는 정보를 각 경찰활동에 활용하도록 하는 것이다. 이러한 방식은 향후 자치경찰로의 변화를 앞두고 대비해야 할 사항이기도 한다.

현장 경찰관들에게 경찰이 운영하는 범죄에 대한 각종 정보시스템(신고, 사건, 분석, 보고 시스템 등)을 통합하거나 정보를 연계하는 개선이 필요한지 질문했다. ① 매우 필요하다(1). ② 필요하다(2). ③ 보통이다(3). ④ 필요하지 않다(4). ⑤ 매우 필요하지 않다(5)의 척도로 조사했다. '정보시스템 통합 등 개선이 필요하다'는 답변이 1.85점으로 높게 조사되었다. 경찰 부서별로는 정보부서(1.31)의

[그림 6.3] 범죄 관련 시스템 간의 연계 현황(2010~2014)

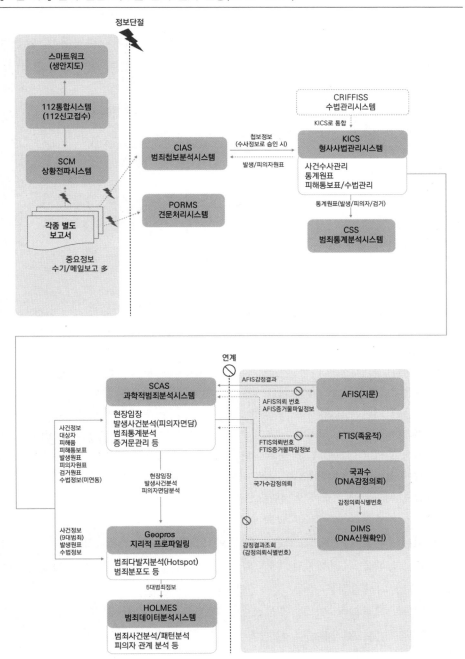

※ 출처: ㈜초코랩(2016) 범죄 정보운영체제 연구.

필요성 인식이 가장 높았고, 여성청소년부서(1.67)가 뒤를 이었다. 업무의 독립성이 상대적으로 강한 외사(2.5), 교통(2.06)은 다소 낮게 답변했다.

전문가들은 한국의 범죄 정보가 전산화된 정도는 높은 수준이어서, 발전의 잠재력이 있지만 경찰의 데이터와 기술, 경찰 지식의 결합이 필요하다고 한다.

> "하지만 우리 경찰은 중앙 집중식으로 정보가 유통되고, 최근에는 활동 정보의 대다수가 전산에 저장되고 있어, 빠른 발전의 기반은 있다."(사이버 보안 연구자)

하지만 취합된 정보의 품질이 낮고 표준화가 안 되어 기술 개선을 위한 선행 조치를 해야 하며 이는 기술만의 문제가 아니라 정책적 노력도 병행되어야 한다는 것이 전문가 답변이다.

> "통상, '빅데이터 거버넌스'라는 논의가 경찰로 오면 전혀 달라지는데, 경찰 내에서 빅데이터로 뭔가를 하기에는 여건이 갖춰진 게 거의 없다. 중요한 요소는 ① 데이터 ② 기술 ③ 분야별 전문지식(domain knowledge)이 있어야 하는데, 모두 미비하다. ① 데이터는 품질, 정확성, 내용이 검증이 안 되었다. ② 기술은 다른 분야에서 좋은 품질과 정확성의 데이터에서는 잘 적용되었던 기술이 경찰 데이터에 적용되기 힘든 경우가 잦다. 빅데이터 기술에 기반한 R&D 시도가 경찰에서 착수할 때는 시행착오가 많았다. 정형데이터, 코딩된 데이터, 텍스트 형태 등 방식이 다양하고 정합성이 떨어져서 분석이 어려웠다. 경찰 데이터가 잘 관리된 상황은 아니다. ③ 전문지식에 있어서도 IT 위주로만 개발자들이 접근하다 보니, 경찰 업무와 잘 결합된 체계적인 진행이 어렵다."(범죄 분석 연구자)

범죄데이터를 분석하고 활용하기 위한 한국 경찰의 조직, 제도, 기술적 현황과 개선 방향을 살펴보았다. 제도와 조직 이전에 데이터 분석을 뒷받침하는 것은 과학적 의사결정을 추구하는 문화이다. 의사결정의 과학화와 정보 공유는 조직 문화와 직결되어 있다. 공식적으로 작동하지는 않지만, 조직 구성원에게 행동 결정 요인으로 작용하는 내재적 개인적인 요인을 살펴보자.

(4) 내재적-개인적 요인

조직 문화를 이루는 내재적－개인적 요인을 혁신 확산 이론에서 도출하면 효과성에 대한 기대, 인센티브, 보상 등을 꼽을 수 있다. 조직 구성원들이 혁신을 수용했을 때 이익이 된다고 생각하는 요소들이다. 경찰 조직원들이 스마트치안을 통해 기술을 습득하고 업무에 접목함으로써 얻는 효과에 대한 기대, 현실적인 인센티브와 보상 등이 필요하다. 범죄 분석, 스마트치안을 통한 한국경찰의 효과성 인식과 보상에 대한 내용을 조사해 보았다.

1) 인지된 효과성

'스마트치안, 그리고 범죄 분석에 대한 문헌 연구와 기존의 조사 내용에서 효과성에 대해 정리해 보았다.

수사 경찰관들이 조직으로부터 범죄 사건 정보를 지원받는 것에 대해 효과성을 낮게 느낀다(이동환·표창원, 2005), 수사경찰과 정보 경찰 간 역할의 괴리가 있는 현재 제도 개선이 필요하다(이완수, 2012). 한국 경찰 스스로 조직으로부터 효과적으로 정보 지원을 받고 있는지에 부정적이다. 혁신수용성 이론에 입각한 연구도 있다. 과학수사 분야에서 새로운 기술을 적용할 때 인지된 효과성이 영향을 미친다(유제설, 2014). 지리적 프로파일링시스템의 사용 확산 측면에서도 인지된 효과성이 확산에 영향을 미친다(김상호, 2017). 경찰관들이 새로운 기술이 효과적이라고 생각해야만 더 많이 활용하게 된다는 것이다.

앞선 설문조사로 여러 정보 분석 지원의 유형별로 현장 경찰이 느끼는 효과성에 대해 조사해 봤다. 경찰의 범죄 분석 지원 체제인 ① 지리적 프로파일링시스템 ② 범죄 심리 행동 분석 전문가 ③ 상습범죄자 수법 검색시스템에 대해 사용해 본 경험과 효과에 대해 질문하였다. 많이 알려진 도구들임에도 불구하고 그 사용 경험은 15.5%(범죄심리분석관), 23.2%(지리적 프로파일링시스템), 38.6%(상습범죄자 검색시스템)으로 활용 경험이 많지 않았다.

이러한 경험이 경찰 업무에 도움이 되었는지를 질문하였다. 각각의 지원 체제에 대해 매우 효과가 있었다(5점), 효과가 있었다(4점), 보통이다(3점), 효과가 없었다(2점), 매우 효과가 없었다(1점)로 조사했다. 효과가 있었다고 응답하는 정도는 2.74점(상습범죄자 검색시스템), 2.76점(지리적 프로파일링시스템), 2.8점(범죄심리분석관)으로 '보통이다'(3점)보다 모두 낮았다.

[표 6.11] 범죄 분석 지원 체제 활용 경험

설문 내용	① 없다	② 있다	계
범죄심리분석관 지원받은 경험	888(84.5)	163(15.5)	1051(100.0)
지리적 프로파일링시스템 이용 경험	807(76.8)	244(23.2)	1051(100.0)
상습범죄자 검색시스템 이용 경험	645(61.4)	406(38.6)	1051(100.0)

[표 6.12] 범죄 분석체제의 활용으로 도움이 된 정도

구분	N	최솟값	최댓값	평균	표준편차
범죄심리분석관 지원의 도움받은 정도	527	1	5	2.80	1.050
지리적 프로파일링 시스템의 도움받은 정도	589	1	5	2.76	1.029
상습범죄자 검색시스템의 도움받은 정도	595	1	5	2.74	1.037

각 정보분석의 경험이 있는 사람과 없는 사람이 효과성을 달리 인식할지에 대해 조사해 보고자, 경험 유무와 효과성을 교차 분석하였다. 3가지 종류의 분석 지원 체제 모두 경험이 있는 사람이 효과가 높았다고 답변하고 있다.

경찰들은 범죄 정보 분석의 지원을 받은 경험이 그렇지 않은 사람보다 훨씬 많다(상습 범죄자 검색시스템 경험자 38.6%, 지리적 프로파일링 경험자 23.2%, 범죄 분석관 지원 경험자 15.5%). 그렇지만 지원을 받거나, 사용 경험이 있는 경찰은 그렇지 않은 도움이 되었다고 답변했다(심리분석관 지원 경험자 3.48점 > 비경험자 2.49점, 지리적 프로파일링시스템 활용검험자 3.22점 > 비경험자 2.46점, 상습범죄자 검색시스템 활용 경험자 3점 > 비경험자2.56점). 현장 경찰 혹은 전문가들과 면담 과정에서 수집된 의견은 범죄 분석이 효과적이라고 인식하고 있었다. 특히 '과학적 의사결정을 했다는 근거'로서의 효과는 있다고 말한다.

> "구청이나 타 기관과 연계를 위해 작성하는 공식적 자료를 위해서는 범죄통계시스템(css)이나 지리적 프로파일링시스템(GeoPros) 등 경찰의 공식적인 통계나 분석 수단을 활용한 분석이 근거가 되었다. 그러나 활용을 통한 범죄 대응의 실제 효과가 확실히 있었는지는 확신하지 못하겠다. 일단 '데이터 기반', '범죄 분석'이라는 말은 많이 하면서 실무자들은 기안을 할 때 기초 자료로 쓰거나, 프로그램을 활용해서 산출했다는 근거를 쓰는 정도로 느껴지기도 하다."(경찰청 범죄예방 실무자)

[표 6.13] 실제 경험 유무와 지원을 받았는지 관계에 대한 교차 분석

	경험 여부	효과성에 대한 인식	N	표준편차
범죄 심리 분석관 지원 경험	없다	2.49	324	0.962
	있다	3.48	132	0.945
	합계	2.78	456	1.056
지리적 프로파일링시스템 활용 경험	없다	2.46	357	0.943
	있다	3.22	232	0.987
	합계	2.76	589	1.029
상습 범죄자 검색 시스템 활용 경험	없다	2.56	353	1.012
	있다	3	242	1.021
	합계	2.74	595	1.037

범죄통계로도 지리적 프로파일링 활성화 이후 효과가 있었다. 하지만 그것이 범죄 분석 활동으로 인한 효과인지 통제되지 않아 불분명하다. 지리적 프로파일링시스템(GeoPros)을 그전보다 200%이상 활용 횟수가 증가한 경찰서의 실무자의 면담이다.

"가끔 효과를 느낄 때도 있었다. 범죄 빈발 지역이나 시간 등에 있어서 직관적으로 기존에 갖고 있던 관념과 다른 분석 결과가 달라서 그쪽으로 순찰을 하게 한 후에 효과가 있었던 적도 있다. 우리 경찰서는 전반적으로 침입절도가 30~40% 이상 많이 감소했다. 또 차량 털이 범인을 예방하고 검거하기 위해, 빈발한 장소와 시간대 중심으로 분석을 해서 순찰 경로를 편성했는데, 그 결과 그 경로와 시간대에 차량 털이를 하려고 한 범인을 잡은 적도 있었다."(경찰서 범죄예방 실무자)

이렇듯 효과에 대한 확신이 부족하기에 범죄 분석의 기술과 제도 발전으로 이어지지 않는다는 의견이 있다.

"데이터분석의 발전이 더딘 것은 아직까지 선명한 성공사례가 없기 때문이라고 생각한다. RTCC 같은 일부 외국 사례들이 있지만, 한국 경찰에게는 와닿지 않을 것이다. 발전을 위해 경찰 스스로 필요성을 느낄 수 있도록 해줘야 할 것이다."(경찰 과학 기술 개발 책임자)

우리 경찰의 국가경찰체제와 미국의 경찰 운영 방식이 달라서 스마트치안과 범죄 분석의 역할과 효과성을 그대로 비교하기는 어렵다는 의견도 있다. 자치경찰 체제인 미국은 지역 단위에서 범죄를 과학적으로 분석해서 지역사회와 함께 의사결정하고 지역 공동체와 협업한 치안 정책을 수립하고 자원을 배분한다. 한국은 국가경찰 체제이므로 영국이나 미국의 자치경찰 체제에서의 지역사회와 경찰 사이의 협력을 기대하기 어렵다. 그런 측면에서는 범죄 분석을 어떻게 활용할지 추구할 효과의 목적이 모호해진다. 그런 시사점을 주는 면담 사례는 아래와 같다.

> "(경찰서의 고질적인 문제인 외국인 범죄에 대한) 당시의 보고서는 지자체의 역할을 촉구하는 내용이지만, 지자체도 쉽게 해결하지 못한다. 구청은 치안 분야에 직접 담당하는 역할이 모호하기 때문이다. 현재 경찰과 자치단체의 관계, 권한과 책임을 생각하면 쉽게 해결되기 어렵다."(경찰서 범죄예방 담당자).

　　어느 지역에서 범죄가 많이 발생한다는 지식을 도출했더라도 그것을 해결하기 위해 경찰만의 노력으로 해결되지 않는다. 경찰이 순찰을 하고, 범인을 검거하더라도 그것만으로 범죄가 줄어들지는 않을 것이다. CCTV나 가로등의 설치, 범죄 유발요인을 해소하는 복지재원의 투입, 지역 공동체의 활동이 필요하다. 국가경찰체제인 우리나라는 경찰서와 지방자치단체 간에 협조를 요청할 수는 있지만, 서로의 의사결정을 강제할 수는 없다. 위의 답변은 그런 문제점에 대한 현장 경찰의 의견이다.

　　효과성에 대한 인식을 높이기 위해 범죄 데이터와 과학 기술을 활용해서 범죄에 대응했을 때 어떤 효과가 있었는지 평가할 수 있다면 도움이 될 것이다. 실험집단과 비교집단을 나눠서 측정한다든지, 한 집단을 대상으로 하더라도 다른 변수를 통제해서 시기별로 변화를 비교한다든지, 데이터 간의 상관관계를 분석하거나, 경찰관이나 시민들의 인식을 분석하는 방법이 있을 수 있다. 그러나 체계적인 효과성 평가는 부족하다. 효과성 평가는 결과뿐 아니라, 데이터를 분석하는 요건과 절차, 작용, 환류 제도 전반과 연결되어 있다.

"성공 사례들은 가끔 있다. 최근 관계망 분석 프로그램을 적용해서 연결 중심성 원리에 대입해서 수배자를 잡기도 했다. 그러나 이런 작은 사례에 자족하면 안 된다. 모든 영역에서 분석의 필요성, 투입 대비 효과, 정확성, 성과를 검증할 수 없다면 제대로 된 분석 체제라고 볼 수 없다. 현재 범죄 분석을 위한 분야별 소프트웨어와 하드웨어가 있지만 부분적인 역할이다. 이제 플랫폼을 고민해 봐야 할 때이다. 뉴욕의 실시간범죄센터 같은 종합적인 운영 체제를 수립해야 한다."(사건 정보 분석 전문 경찰관)

2) 보상에 대한 인식

데이터와 기술을 통해 과학적 경찰활동을 했을 때 보상이 있을 것이라는 구성원의 인식이 있어야 혁신이 확산된다. 선행 연구로 경찰의 혁신 확산 측면에 보상이 영향을 차지한다는 연구(Stephens, 2016)는 물론, 조직 행동 측면에서 보상에 대한 인식이 혁신 수용에 영향을 미친다(Holzer&Callahn, 1998). 한국 경찰에서도 조직 공정성 측면에서 구성원에게 노력에 대한 보상이 충족되면 효과성 형성에 영향을 미친다(김희석 · 김동현 · 이동규, 2011).[22]

범죄 데이터를 활용한 결과, 범죄 예방과 검거에 효과가 있다고 밝혀졌더라도 경찰관들이 개인적으로 업무의 편리성과 효율성을 느끼는 것은 또 다른 문제이다. 조직의 효율이 높아졌다고 하더라도 개인적인 보상과도 일치할 수는 없다. '일만 많아진다'고 생각할 소지가 있기 때문이다.

공공 조직이자 법집행기관으로서 유연성이 낮은 경찰에서 사용할 보상은 주로 인사상 승진, 표창, 교육 지원 등이다. 범죄 분석을 활용한 성과에 대해 경찰에서 운영하는 보상 사례는 다음과 같다. ① 범죄사건 정보 분야에서 중요한 범인 검거를 위해 정보를 제공한 경찰에 대해 별도 포상하는 제도를 운영하고 있다. 최근에는 지능형 수사자료 분석시스템(i2)을 도입한 후 우수 사례를 모아 포상[23]하기도 한다. 한편 정보 수집과 환경 진단, 과학적 경찰 의사결정 측면에서 참여와 확산을 유도하는 포상을 한다. 2018년 경찰청 업무 진단에 따르면 범죄 환경에 대한 정보를 수집하여 진단하는 '범죄 예방 진단팀' 경찰관들에게 해외연수를 지원하는 계획도 진행 중이다. 또 주민들에게 순찰 장소에 대한 의견을 수렴하여 순찰 경로를 운영하는 탄력순찰제도에 대해 매월 우수 사례를 포상하겠다는 발표도 있었다. 경찰도 혁신을 위해서 우수한 구성원들의 자발적 참여를 이끌어내야 한다고 인식한다. 승진과 표창 등 자원은 한정되어 있다. 여기에 역할 인정과 경력 관리를 더할 필요가 있다. 기술 습득에 참여하고 전문 역량을 키워가는 기회, 전문가로서 인정해주는 것도 동기가 된다.

미국 경찰관은 뉴욕 경찰이 범죄 분석시스템 개발에 참여하여 판매의 인센티브를 받고 있는 독특한 사례를 소개하기도 했다.

> "뉴욕 경찰에 28년 근무했고 2010년부터 NYPD가 DAS를 MS와 공동으로 개발하는데 직접 참여하면서 MS를 이끌어왔다. 공동 개발해왔기에 MS가 DAS를 판매할 때마다 NYPD는 일정 비율의 인센티브를 받고 있다."(뉴욕 경찰 DAS 개발 참여한 경찰)

뉴욕 경찰은 DAS 판매로 인센티브를 받는 독특한 경우이고, 한국 경찰에 바로 적용되기 어렵다. 그럼에도 전문가에 대한 보상은 필요하다. 현장 경찰이나 경찰 내 정책 전문가들이 범죄 분석을 통한 성과가 있었을 때 보상이 주어진다고 답변한 사례는 별로 없었다. 일부는 역할 인정이나 경력 개발에 대한 기대를 가지고 있었다.

> "전문성을 키우고 싶었다. 공채 출신은 승진에 현실적인 한계가 있어서, 뭔가 자신있는 분야를 갖고 싶었다. 그 분야로 계속 가겠다고 확정한 것은 아니다. 하지만 하나의 선택지로 키워가고 싶었다. 지금도 기회가 주어지면 분석 보고서를 쓰고 싶다."(경찰서 정보계 경찰관, 경찰서 지리적 파일링시스템 우수사례 경진대회 참여)

정보기술의 개발을 통한 범죄 분석은 그 실험적인 성격 때문에 보상이 아닌 불이익을 받을 우려도 있다.

> "장기간의 데이터 분석과 연구 자원이 필요한 R&D는 경찰청 관계자들의 단기적인 업무 성향과 엄격한 평가 탓에 꺼려지는 일들이다. 산출물에 대한 평가도 생각만큼 나오지 않으면 평가가 왜곡될 수도 있다. …적정 예산을 기획하고 유지관리까지 고려한 사업 구상이 필요하다. 새로운 접근방식, 공동 연구, 정보 공유하며 문제를 해결하는 방식으로 구성해야 한다. 경찰의 일률적인 평가 체제가 아니라, 공동 보상/처벌 체제가 필요하다."(범죄

[표 6.14] 경찰 조직 내 문화적 요인

시간적 엄격성 ↔ 유연성	적법성 ↔ 효율성	평등성 ↔ 위계성	의사소통의 직접성 간접성	조직풍토의 공개 비공개	조직문화의 공식성 비공식
안전성 ↔ 도전성	변화 ↔ 전통	실효성 ↔ 관념성	자율 ↔ 통제	개인성 ↔ 집단성	프라이버시 ↔ 공개주의
경쟁 ↔ 협동	직무중심 ↔ 관계중심	강한 리더 ↔ 개별 창의성	일 ↔ 균형	단기 ↔ 장기	행동 ↔ 계획

※ 출처: Petter Gottschalk(2009).

분석 정책 연구자)

3) 직무의 개방성과 유연성

혁신을 확산하기 위해서는 직무의 성격이 개방적이고 유연해야 한다. 스마트치안은 경찰에서 데이터와 과학 기술을 경찰업무에 활용해서 과학적인 의사결정을 하는 혁신이다. 의사 전달과 정보 교류의 성격을 가지고 있다. 경찰 조직은 상대적으로 권위주의 문화와 수직적 구조, 상향 집중식 권한 관계의 특성이 있다. 국민의 권리를 제약하는 법집행 기관이고 생명 신체에 대한 위험에 대응하며 무기를 사용하는 직무이기 때문이다. 이런 조직문화는 재량, 신축성, 변화에 취약하고 개방적이거나 유연하기 어렵다.

실제 Quinn&McGrath(1985)는 경쟁가치모형(Competing Value Model)에 따라 두 가지 차원(내부 대 외부, 통제 안정성 대 신축성 변화)을 기준으로 조직 문화의 유형을 합의문화, 개발문화, 합리문화, 위계문화의 네 가지 유형으로 구분했을 때 경찰은 이 중 위계 문화에 가깝다고 분석했다.[24] 위계문화(Hierarchy Culture)는 공식성, 명령과 규칙, 감시와 통제, 안정성을 우선시한다. 경찰은 상명하복을 규범으로 여기고 관료제적 조직문화를 대표한다. 정보의 개방적인 유통이나 직무의 개방적 처리를 어렵게 하는 비밀성, 엄격성이 강하다.

정보의 유통에 있어 경찰 조직 내 문화적 요인의 변수를 설명한 연구도 있다. Petter Gottschalk(2009)는 정보 전달의 개방성에 미치는 18가지 변수를 [표 6.14]와 같이 설명했다. 시간적으로 유연하며, 경쟁보다는 협력적일수록, 자율성

[표 6.15] 직무 개방성의 저해 요인에 대한 인식

구분	빈도	유효퍼센트	누적퍼센트
① 효과성에 대한 의문	43	11.6	11.6
② 전담 부서와 정보 시스템 부재	119	32.2	43.8
③ 제도의 불분명함	112	30.3	74.1
④ 전부 해당함	96	25.9	100

과 평등성이 높을수록, 공개적인 조직 풍토일수록 정보 전달이 원활하다. 경찰의 문화적 요인은 엄격성, 위계성, 비공개의 풍토가 강하기에 범죄 분석의 혁신은 원할치 않다. 이에 대한 경찰관 인식 조사와 전문가들의 인터뷰를 후술한다.

혁신의 확산을 위해 업무 특성이나 조직 문화가 새로운 기술을 직무에 실험할 여건이 되어야 하고 조직원 간 의사전달을 통해 확산이 촉진되어야 한다. 새로운 과학 기술을 통해 조직이 올바른 방향으로 변화하고 있다는 정의에 대한 공감도 있어야 한다. 스마트치안을 위한 범죄 분석은 의사결정 방법에 대한 혁신이기에 더욱 그러하다. 직무의 개방성은 경찰 내 다른 기관이나, 외부 기관과 정보공유와 협업을 말한다. 하지만 경찰은 폐쇄적 특징으로 인해 정보의 공동 활용과 협업이 쉽지 않다.

설문조사에서도 그런 인식을 확인할 수 있다. '경찰은 각 관서나 부서 간(예컨대 수사-형사-생안-정보-여청 등), 외부(타 기관 또는 민간 전문가) 간 범죄 관련 정보의 전달-공유-환류가 잘 되는 문화적 풍토라고 생각 합니까?'라는 질문에 대해 '① 매우 그렇지 않다(1). ② 그렇지 않다(2). ③ 보통이다(3). ④ 그렇다(4). ⑤ 매우 그렇다(5)'의 5점 척도로 조사했다. 그 결과 중간값(3점)에 미치지 못하는 2.29점으로 집계되었다. 경찰 부서별로 느끼는 인식을 조사한바, 경비(1.5), 보안(1.5)의 인식이 낮고, 감사(3), 경무(2.8), 정보(2.8)가 높았다.

개방성이 낮은 이유에 대해 원인을 파악하고자 질문했다. 선택할 답변은 ① 알려도 도움이 되지 않는다. ② 전달할 경로가 분명하지 않다. ③ 알려도 되는 것인지 부담스럽다. ④ 위 모두가 해당됨의 4가지로 구성했다. ①은 효과성 ② 조직 혹은 시스템 등 기술 ③ 운영 제도에 대한 원인이 있는지 파악하기 위함이었다.

이 질문에 대해 가장 많이 답변한 원인은 ② 전담부서와 정보시스템의 부재(32.2%) ② 제도의 불분명함(30.3%)이었다.

기관 간 정보 공유의 역사가 오래된 미국과 영국의 경우에는 어떠할까? 면담한 경찰기관 구성원과 연구자들은 정보를 공유하는 것이 서로 도움이 되기 때문에 가능하다고 답했다. 형성된 규약(protocol)이 제도로 존재하는데, 현장에서는 제도 이전에 익숙해진 문화로 인식하고 있다.

> "지방경찰에게 일방적인 요구만 할 경우, 협력이 이루어지지 않을 수 있다. 서로 필요한 정보를 교환하는 체제가 되도록 노력하고 있다."(영국 NCA 부서장)

한국 경찰의 인터뷰에서는 실무적으로 벽이 높고, 정보와 데이터 공유를 꺼려하며 성과에 대해 협업하지 않으려 한다는 사례가 많았다. 최근 데이터 분석이 강조되면서 다른 부처와 데이터 분석 R&D를 추진했고, 경찰과도 R&D를 협업하는 전문가의 답변은 다음과 같다.

> "최근 다른 부처들의 데이터 공유와 분석에 대한 기술 개발에 참여해본바, 기관들도 R&D를 위해 데이터를 제공하는 것은 부담스러워하고 꺼려한다. 정부 부처의 성격상 자신의 데이터를 연구자에게 제공하는 것을 부담스러워하는 것은 어쩔 수 없다. …그러나 경찰이 다른 기관보다 좀 더 아쉬운 점은 있다. 경찰은 부서 간에도 정보나 성과에 대한 공유가 안 되는 것이다. 경찰 내에서 A부서와 데이터 분석에 대한 계획을 세우고, A부서의 데이터만으로 개발 하기 어려워 B부서와 협업 논의를 시작하는데, B부서가 A부서에 정보를 안 주겠다고 하는 일은, 우리 같은 외부 사람들이 볼 때는 이해가 되지 않고, 다른 부처에서는 본 적이 없는 경우이다."(경찰 데이터 R&D 참여 연구전문가)

이런 부서 간 폐쇄성의 원인은 무엇일까? 경찰 내부 연구는 부서 간에 성과나 보상을 공유하지 않는 문화에서 원인을 찾는다.

> "부서 간 협력을 하지 않고, 부서들이 각자 갖고 있는 자원을 서로 활용하지 못하는 것도 큰 문제다. 개인과 부서들이 각자 개별적인 활동만으로 성과를 평가 받는 것이 일반적이다. 부서 간에 정보를 공유하여 성과도 같이

생산해서 평가받기보다 개별적으로 평가받는 체제 협업을 어렵게 한다. 협업은 누구의 성과인지 모호하니 서로 공유하지 않고, 폐쇄적으로 일하게 된다."(경찰 범죄 분석 정책 전문가)

4) 실험적인 직무 환경

스마트치안을 위한 범죄 분석은 데이터에 기반한 실험이 필요하다. 그러나 경찰의 직무 환경은 실험과 탐색이 어렵다. 재량권이 좁고, 엄격한 법률과 지시 명령에 영향을 받기 때문이다.

증거를 활용하는 의사결정도 어렵다. 박철현(2014)은 '증거기반 행정'의 대척점에 있는 '의견기반(opinion-based) 행정'을 설명한 바 있다.[25] 의견기반 행정은 고위 결정자의 지혜와 직관, 의견에 기초하여 결정한다. 긍정적인 생산물보다는 부정적인 사건에 빠르게 대응해야 하는 '방어적 기관'일수록, 무작위적 통제변수 연구 등 증거 분석보다는 하향적(top-down)의 빠른 의사결정에 의존하기 쉽다(박철현; 2014 126면 참조). 이는 전형적인 경찰의 속성이다. 경찰은 발생하는 사건에 반응적으로 움직여야 하기에 의사결정자의 빠른 직관에 의존한다. 즉 충분한 시간을 가지고 증거(정보)를 취합할 시간을 갖지 못한다. 이에 반해 '증거기반 행정'은 충분한 시간을 가지고 증거를 모아 상향적으로 의사결정하는 행정이다.

지나친 경쟁과 비밀주의, 단기적 성과에 대한 집착 등도 실험적인 직무를 저해한다. 실험적인 직무 환경은 오랜 시간을 필요로 하고, 새로운 훈련과 분석이 필요하기에 법집행 기관들에게 쉽게 받아들여지기 어렵다. 범죄데이터를 분석해서 의사결정에 활용하는 것은 그 결과물이 명확하지 않고, 그 과정도 유연해야 한다. 직무의 실험적 여건을 위한 세부 요소들은 ① 업무의 참신함과 수용 ② 비용과 시간에 대한 수용 ③ 실험의 어려움에 대한 이해가 필요하다. 세부요인에 대한 설명과 경찰 관계자 인터뷰는 다음과 같다.

① 업무의 참신함과 수용

'업무의 참신함'은 업무의 시도와 절차, 결과물이 기존의 업무와 달리, 비일상적이고 창의적인 측면을 말한다. '수용'은 새로운 업무를 조직이 인정하고 장려하면서 일상적인 업무로 받아들이는 것을 말한다. 이는 새로운 업무 시도에 대한 긍정, 실패에 대한 인정, 장기적인 관점에서 경험의 축적을 통한 발전 독려들이 해당한다. 범죄 분석은 흥미를 유발하는 실험적 성격이 있다. 다음은 지리적 범죄 분석으로 경찰서의 현안이 되는 범죄 유형과 대책을 분석해서 발표한 경찰관의 답변이다.

> "광범위한 호기심이 있고, 이것저것 알고 싶었다. 보고서를 쓰는 것에 대해서도 자신 있고, 쓰다보니 재미가 있었다. 수치와 색깔로 표현하는 것이 신선했다. …상사들은 격려해주었다. 평소 우리 부서에서 작성하는 보고서의 방식이 아니라, 색다른 접근이었으며 자료를 제시하면서 시각적으로 보기 좋은 보고서를 제출하니 이채롭게 받아들였던 듯하다."(경찰서 생활안전과 근무 경찰관)

그러나 그런 시도가 실제 업무 개선으로 이어지도록 개방적으로 받아들이는 것에 대해 우려하는 경향이 있다고 말한다.

> "하지만, 그런 보고서(관내 외국인 범죄 문제와 대책)를 작성해 전달하는 것이 부담이 되었다. 해당 부서는 다 알고 있는데, 이걸 계급이 낮은 옆 부서의 사람이 지적하는 것이 달갑지 않을 수 있다고 생각한다. 외국인 범죄는 우리 경찰서의 고질적 문제라서 이를 분석하여 보고서로 작성하여 경찰서 바깥으로 전달한다면 경찰서의 이미지가 안 좋아진다고 싫어할 수도 있어, 더 꺼려졌다. 치안 여건이 좋지 않는 경찰서로 비춰지는데 내 보고서가 악영향을 끼치지 않았을까 걱정되었다."(경찰서 정보과 직원)

② 시간과 비용에 대한 이해

기존의 방식과 다른 방식으로 직무를 실험하기 위해서는 시간과 비용이 필요하다. 실험 모델의 구성, 데이터의 수집, 분석 도구의 구입, 전문가의 자문 등 실험을 위해서는 비용이 발생한다. 각 과정에서 현장과 전문가를 연결하고, 시행착오를 교정하는 시간도 필요하다. 그러나 경찰 직무는 대부분 법규로서 업무 절차가 정해져 있어서 절차대로 처리된다. 비일상적인 상황에서는 의사결정자의 직관적 결정과 빠른 조치를 따른다. 그런 경찰에게 실험을 위해 시간과 비용을 들이는 것은 일반적이지 않다. 실제 데이터 분석 R&D에 참여하는 전문가들은 단기간의 성과물이 없다고 문책당할 것을 우려한다.

"(범죄 데이터 분석 R&D를 시도하면서) 또는 성과에 대해 너무 급하게 생각하거나, 극도로 부담을 가지는 일도 겪어봤다. 금방 성과가 나오지 않으면 실패의 책임을 져야 하는 줄 알고, 과제를 종료하자는 의사표시를 한다거나, 개발자들을 공격하는 것을 겪은 적이 있다. 이런 일은 다른 기관에서는 겪기 어려운 이례적인 일이다."(경찰 데이터 R&D 참여 연구자)

경찰 의사결정자들이 비용과 시간에 대해 이해가 부족해서 기술에 대한 의사결정과 혁신 노력에 대한 공감대를 받기 어렵다는 고충도 있었다.

"정보화 시스템의 고도화를 위한 기술 개발에 대해 보고의 깊이를 정하기 어렵다. '어떤 데이터를 어떻게 활용해서 어떤 결과를 만들 것이다'라고 기술적 설명을 자세하게 하면 상사가 이해를 못한다. 그렇다고 비유를 들어서 쉽게 결론만을 설명하면, '겨우 그 정도 목표에 그만한 예산과 기간을 필요로 하는가'라는 태도를 보이기도 한다. 역할을 인정받아야 하는 실무 책임자로서 딜레마이다."(경찰 정보화 시스템 운영 실무책임자)

높아진 관심에 비해 구체적인 이해가 부족하면, 제대로 알지 못하는 상태에서 각자가 자원을 투입하게 된다. 그리고 무엇을 위해 얼마나 자원을 투입하고 어느 정도 시간이 걸릴지 알지 못하는 상황이 이어진다. '중복 투자에 대한 시비', '성과에 대한 불안감'이 혁신 확산을 어렵게 한다.

"데이터를 활용해서 분석하는 기술을 개발한다는 것이 최근 추세이기에 그에 대한 관심들은 갖고 있다. 그러나 좀 더 깊게 들어가서 구체적으로 '무엇을 해야 하고', '어떤 정보와 기술을 사용하고', '그 어려움은 무엇인지'를 잘 아는 사람은 적다. 그래서, '다 비슷비슷한 것 아니냐', '중복 개발이 아니냐'고 하면서 참여를 꺼리기도 한다."(데이터 분석 연구 전문가)

따라서 장기 관점에서 비용과 시간, 개발에 대한 제도적 기반을 가지고 진행해야 한다는 전문가 의견이다.

"참고가 될 좋은 사례는 뉴욕의 실시간 범죄 센터(RTCC)이다. 오랜 시간 동안, 많은 데이터를 통합했고, 4천억 원을 투입했다. 장기적 관점에서, 수년간 진행하고, 가능한 모든 데이터를 집약한 시사점이 있다."(범죄 분석 정책 연구자)

③ 범죄 데이터를 활용한 실험의 어려움

경찰 문화상 실험이 어렵다는 것에 더하여 범죄 데이터라는 민감 정보를 활용해 실험하는 것은 더 어렵다. 대내외적으로 공격받을 수 있다는 우려가 범죄 분석의 확산에 악영향을 끼친다.

> "경찰이 범죄와 관련된 개인정보를 대규모로 보유하고 분석하는 것에 대한 거부감이 아주 강하다. 경찰이 정보를 활용해서 시민들을 감시하겠다고 공격하는 분위기가 우세하고, 기술 개발을 통해 좋은 일을 하겠다는 사람들은 소수이다."(경찰 수사 관련 업무 시스템 운영 담당자)

경찰 내부에서도 위험부담 탓에 실험에 대한 의사결정을 소극적으로 하게 한다.

> "내부적으로도 상사들이 '(요새 그런 필요성이 많다고 하니), 도와주는 취지에서 한번 협력이 가능한지 검토해 보라'는 사람도 일부 있고, 조금만 엄격한 상사들의 경우에는 데이터 활용에 대해서는 극히 경계한다."(경찰 수사 관련 업무 시스템 운영 담당자)

우려와 소극적 태도는 실험 결과물에 대한 평가 절하로 이어진다. 분석 결과가 원하는 방향으로 도출되지 않을 수 있고 데이터와 기술의 수준이 낮아서 결과물이 예상한 품질만큼 나오지 않을 수 있다. 실험은 그 자체만으로 가치가 있다. 데이터의 품질이 낮은 점을 찾아냈으니 데이터 처리 방향을 개선하면 되고, 기술의 어느 부분이 부족한지 확인하면 그 기술을 가진 사람에게 협력을 구하거나, 경찰 실력을 높이면 된다. 과학 기술의 실험은 다음 단계로 진행하기 위한 시행착오의 경험을 축적하는 것이다. 그런데 공격에 대한 우려와 소극적 태도로 인해 기술 개발과 경험의 축적을 성과로 인정하지 않고 명확하고 구체적인 효과에 대한 확신이 없으면 실험에 저어하는 문화가 형성되는 것이다.

> "'범죄 데이터를 분석해서 경찰활동을 더 잘하겠다, 수사를 더 잘하겠다'는 목표는 좋다. 하지만 지금도 아주 열심히 하는 경찰에게 과연 데이터를 더 제공해서 무엇을 더 할 것인지 구체적인 필요성이 있는가. '지금보다 뭘 얼마나 어떻게 더 잘할 것인지'에 대한 그림이 그려지지 않는다."(경찰 수사

업무 전산 시스템 담당자)

그러나 미국 LA의 프레드폴, 뉴욕 경찰의 DAS 등 세계적인 범죄 분석 시스템의 개발은 민간에 과감하게 정보를 공개해서 기술과 혁신을 연결시켰다. 그런 관점에서 가치를 재정비하고 방향을 설정해야 한다.

5) 공정성에 대한 인식

미국 럿거스 대학의 국가 공공 생산성 연구소는 혁신 요인 중 내부 동기 요인으로 '옳은 일을 하기 위함'이라는 요소를 꼽았다. 자신의 직무가 '정의'에 부합한다고 인식하면 따라 혁신을 수용하고 확산한다는 것이다. '정의에 입각한 직무'(직관주의) 또는 '공리주의'에 해당한다. 이 책에서는 '옳은 일을 하기 위함'을 '공정성에 대한 인식'으로 표현한다. 경찰의 혁신에 있어 '공정성'이란 ① 법 집행 과정에서 정의를 추구한다는 것(법집행의 공정함) ② 노력에 대해 공정한 보상을 받는다는 것(조직의 공정함) ③ 투입 자원에 비해 산출의 효과성을 높이는 공공선(조직 운영의 합리성)을 추구하는 것이라 할 수 있다.

법집행의 공정함이나 조직운영의 합리성 측면에서 범죄 통계의 진실성에 대해 접근한 연구도 있다. 한국 경찰의 범죄 통계는 현실과 차이가 있고, 그 원인은 범죄가 발생했을 때 정확하게 보고하는 것을 꺼리는 관행이다.[26] 현장 경찰 설문을 토대로 한 이 연구에서 자신이 인지하는 사건 중 90% 이상을 정식 보고한다고 응답한 경찰관은 32.7%에 불과하다. 발생 건수가 많으면 근무를 열심히 하지 않은 것으로 평가되기 때문이라는 답변(77.1%)이 가장 많았다. 범죄 분석은 발생한 사건의 정보를 통계로 산출하고(통계적 정보), 세부 내용을 종합하며(사건 정보), 다양하게 수집된 범행의 행동 패턴을 분석(심리 행동 정보)하는 것을 정보 원천으로 한다. 기초 자료의 정확성이 낮은데 그 원인이 정확한 보고를 억압하기 때문이라 문제이다. 데이터를 활용한 과학적 의사결정을 위해 공정성에 기반한 조직문화를 환기해야 한다

범죄를 분석해서 경찰 의사결정을 과학적으로 하는 것은 공리적으로 올바른 일이다. 하지만 정보의 수집과 공개에 들어가는 시간과 비용, 조직 내외 간의 갈등, 법적 쟁점에 대한 부담 등을 고려했을 때도 항상 올바르다고 할 수 있을까? 역설적으로 그런 부담을 짊어지고 있기에 더더욱 혁신을 지지해줘야 한다.

범죄 분석은 의사결정의 과학화이자 경찰 내부와 시민사회와의 정보 공유 측면에서도 바람직하다.

> "경찰이 가지고 있는 치안 정보를 어떻게 공개하여 활용할지에 대한 논의는 사회적으로 중요하다. 단순히 경찰 내 기술적인 관리가 아니라, 시민에게 치안에 대한 정보를 알려주고, 활동에 도움을 받을 수 있도록 지식과 정보 재분배의 의미가 있기 때문이다."(경찰학 연구자)

그러한 공정성 측면에서 경찰이 방향은 아쉬움이 있다.

> "지금 경찰의 정보 공개는 정말 아쉬운 수준이다. 원자료를 공개하지 않고, 거의 책자, 요약 자료 정도로 공개하고 있고, 그것도 읍면동, 시군구도 아니고 광역 단체 단위의 통계로 공개하고 있다. 이런 정보로는 활용할 것이 거의 없다. 이는 정보 공개를 의무가 아니라 시혜로 인식하는 태도라고 생각한다."(경찰학 연구자)

범죄 분석은 경찰의 과학적 의사결정을 위해서 확산되어야 한다. 과학적 의사결정은 사전 활동 계획 수립에 반영되기도 하고, 완료된 활동에 대한 사후 평가에도 적용된다. 국가의 자원이 효율적으로 집행되었는지 검증할 수 있다. 평가와 검증 부담이 범죄 분석의 확산을 가로막는 요소라는 지적도 있는데 이는 바람직하지 않다.

> "범죄 정보 공개를 확산해야 하는 이유는 범죄 정보를 공개함으로써 경찰 활동의 효율성, 효과성을 판단할 수 있기 때문이라고 생각한다. 현재의 정보 비공개는 범죄 정보를 독점함으로써 범죄문제에 대한 경찰의 책임성을 판단하기 어렵게 하기 때문이다."(경찰학 연구자)

6) 소결: 한국 경찰의 범죄 분석 혁신 확산 장애 요인

이상과 같이 범죄 분석의 혁신 확산 요인에 대해 현장 경찰 설문과 경찰 내외 전문가들과 면담을 통해 의견을 수집했다. 요약하면 다음과 같다.

정보의 유형별로 통계 정보, 사건정보, 심리 행동 정보에 대한 활용에 대해 모두 5점 척도 기준으로 중간(3점)에 미치지 못하는 수준으로 인식하고 있었다.

또한 목적별 분석 활용 측면에서 마찬가지로 정책적 활용, 사건 수사에 활용, 자원 배분 등에도 낮게 활용된다고 답하였다. 경찰의 부서별로는 차이가 있었는데, 정보나 경무 등 정보를 수집하거나 입안하는 부서들이 활용이 부족하다고 답변했다. 경비나 보안 등 중앙 지시에 경직된 부서보다 많은 정보를 모아 다양한 의사결정을 내려야 하는 부서일수록 필요성을 높게 느끼고 있다. 범죄 분석의 확산에 영향을 미치는 조직적-구조직 요인에 있어 △제도 개선의 필요성 △전담 부서의 부재 △정보 시스템의 통합 필요성을 높게 인식했다. 개인적-내재적 요인으로 산정한 ① 직무의 개방성에 대해 경찰은 낮은 정보 공유가 이뤄지고 있다고 답변했다. 그 원인은 △전문부서와 정보시스템 등 경로가 불분명하고, △정보 공유를 통한 기대가 낮기 때문이라고 응답했다. 범죄 분석지원 도구를 활용한 경험은 낮은 편이고, 효과성에 대한 답변은 보통(3점)보다 낮은 2.5점대였는데, 지원을 받거나 도구를 사용한 경험자들은 효과를 높게 평가했다(2.6~2.8점).

범죄 분석의 확산에 영향을 미치는 요인에 대해 현장 경찰과 경찰 내외 전문가를 인터뷰하여 영향요인에 대한 의견을 수집할 수 있었다.

조직적·구조적 요인에서 ① 제도는 범죄 분석을 위한 경찰 종합적인 정보 순환의 운영 규칙이 없고, 법률적 장애요소가 존재한다. ② 조직 측면에서 경찰은 수직적 계열화된 기능별 분화 조직인데 정보를 종합하여 분석하는 조직이 분명치 않거나 없다. ③ 기술적으로는 경찰 내부 정보시스템이 서로 개별적으로 작동하고 데이터들이 연결되어 있지 않아 종합적인 정보 분석과 환류가 어렵다.

내재적·개인적인 요인에서 ① 인지된 효과성 측면에서 범죄 정보의 지원에 대하여 그다지 효과적이라고 인식하고 있지 않다. ② 보상에 대한 인식도 긍정적이지 않다. ③ 직무의 개방성이나 유연성의 측면에서는 위계적인 직무 문화의 영향을 강하게 받는다. ④ 실험적인 직무 환경도 긍정적이라 보기 어렵다. 하향식의 신속한 의사결정을 선호하는 의견기반 행정의 풍토이기 때문이다. ⑤ 공정성에 대한 인식에서는 정보의 처리와 수용에 대해 내부적으로는 범죄 통계의 보고와 그 활용 측면에서 공정하지 않다고 인식하는 연구들이 있다.

5

범죄 분석의 혁신 확산을
위한 개선 방향

한국 경찰의 현재 모습에 혁신 확산 요인을 대입해서 도출한 문제점에 기반하면, 무엇을 어떻게 개선해야 할까? 다음과 같은 방향의 정책적 개선이 필요하다.

6.5.1 구조적 · 조직적 개선

(1) 범죄 정보 분석에 대한 제도 신설

제도적 측면에서는 개별적으로 정의된 '범죄 정보'에 대한 규정을 통합적으로 재구성해야 한다. 단일 사건 수사를 위한 '범죄 첩보' 수준이 아니라, 통계적 정보(범죄통계-KICS), 범죄사건 정보(소위 첩보, 조직도, 계좌 등), 범죄행태 정보(프로파일링 정보) 등까지 포섭하여 범죄 정보의 개념으로 재설정해야 한다. 그리고 범죄 정보의 활용을 포괄적으로 접근해야 한다. 범죄 정보의 활용과 순환이 '범인을 검거'하는 수사 목적의 활용에 그치는 것은 단견이다. 수사 단서뿐 아니라 정책적 제언(통계/행태 분석), 개별 사건 및 특정 범죄에 대한 활동 방향 제언(수사/예방/절충 등 역할) 등으로 그 역할이 확대되어야 한다.

최근 경찰 시스템은 다양한 센싱데이터와 공공·치안정보를 결합하여, 사고·범죄와 같은 위험상황을 실시간 자동 감지·예측하고, 용의 인물 및 차량을 자동으로 식별-추적-검거하는 치안으로 진화 중이다. 그러나 기술을 개발하더라도 이를 활용할 근거가 미약하다. 범죄 데이터의 통합적 운영, 범죄 데이터의 분석, 활용 목적과 절차·범위에 대한 규정이 필요하다. 범죄통계·사건정보·심리행동 정보라는 유형별 정보를 전술·전략·작전이라는 활용 측면에서 분석할 수 있도록 규정을 만들어야 한다. 범죄 데이터의 ① 수집 ② 범위 ③ 여건 ④ 한계에 대한 운영규칙을 만들고, 세부 표준업무처리지침 형식으로 구성해야 한다. 이를 통해 경찰 구성원들이 범죄데이터의 수집－저장－연계－분석－산출－환류 과정을 공유할 수 있을 것이다.

범죄 정보의 통합과 활용, 확산을 전제로 정보의 수집, 분석, 활용, 환류 체제를 재구성해야 한다. 영국의 NIM이 모범 사례가 될 것이며 정보화시스템을 활용하면 시행착오를 관리하며 정착시킬 수 있을 것이다.

(2) 범죄 분석 전문 조직과 운영체제 구성

경찰 스스로도 데이터 분석 조직 운영에 대해 다양한 검토를 하고 있다. 소규모의 전문인력을 부서(기획, 수사, 범죄예방, 정보통신)에 운영하는 방안이 부서 단위에서 검토되고 있다. 중복 설치가 되지 않도록 유의하고 큰 틀에서 왜곡되지 않도록 할 필요가 있다. 다음과 같은 범위의 대안이 있을 수 있다.

1) 정보 부서의 범죄 분석 역할 전환

각 경찰관서 정보부서(경찰청 정보국/지방청 정보부－과/경찰서 정보과)를 범죄 정보 수집 분석부서로 전환하는 것이다. 영국이나 미국은 경찰관서의 정보국이 범죄 정보를 담당하고, 작전/전술(수사 등 사건 대응) 및 전략(정책적) 의사결정을 지원하는 점을 감안하면 본질에 맞는 해법이다. 장점은 ① 경찰의 모든 기능의 의사결정을 통합하는 본연의 역할을 할 수 있다는 점 ② 고질적인 기능 간 칸막이를 해소하는 역할을 할 수 있다는 점 ③ 정보 기능이 갖고 있는 분석력, 발전된 순환체계를 활용할 수 있다는 점이다. 그러나 장애 요인으로는 그동안 정보 부서의 역할과 인적 구성에 대해 경찰 내외, 경찰 계층 간 요구 방향과 이해관계가 달라, 역할 전환을 기대하기 어렵다는 점이다. 정치적 맥락과 정보 부서 스스로의 내부성(정보의 편제, 특권 등)과 결합되어 있어 성패를 단언하기 어렵다.

전면적인 역할 전환이 어렵다면 단계별 전환을 고려할 수 있다. 경찰청, 정보부서 단위 중 현재 범죄 정보를 다루지 않는 부서(집회 정보/정책 정보/내부 시책 정보)를 단계적으로 축소하면서 그 역할은 다른 부서로 이관하는 것이다. 예컨대 집회 정보는 경비부서로, 시책 정보는 기획 부서로 이관하는 것이다. 이런 과정에서 현재의 '경찰 상황실 기능'을 정보 부서로 이관하면 조직의 의사결정력과 정보 통합력을 높이고 중복, 오류를 줄일 수 있을 것이다. 이는 영국 국가범죄청의 실행조정팀(NCAT)의 운용을 참고할 만하다.

2) 수사 부서 내에서의 통합

현재는 수사조직 내 범죄 정보 운용 부서(수사기획과, 범죄정보과, 과학수사관리관실의 범죄 분석담당관실)를 통합하는 것이다. 현행 부서들을 국(局) 내에서 통합하는 것이므로 상대적으로 용이하다. 한편 경찰 수사 부서에 대해 '국가수사청-본부'로의 전환이 검토되고 있기에 연결할 측면도 있다.

몇 가지 고려할 점이 있다. ① 수사 부서 내에서만 범죄 정보를 분석한다면 개별 사건의 검거 지원이라는 전술적 활용에 치우쳐 경찰의 자원 배분이나 치안 우선순위 배분이라는 전략·작전 측면에서 활용하기 어려울 수 있다. 범죄에 대해 경찰이 활용해야 할 의사결정(예방 정책, 경찰 자원의 배분) 등이 제외된다면 범죄 분석의 의의를 구현하는 것으로 볼 수 없는데, 수사 부서 내에서의 범죄 분석이 수사본부라는 상위 조직을 넘을 수 있을지 우려된다. ② 같은 취지에서 전술/작전 차원의 활용 역시 '사후적 검거 중심의 수사' 역할에 한정되기 쉽다. 범죄 분석이 가장 효과를 발하는 것은 범죄가 발아하는 초입에서 선제적으로 일찍 검거하거나, 범행의 기회를 억제하는 것이다. 그런 활동은 필연적으로 지역 경찰의 순찰·검문 강화나 타 기능과의 협조를 통한 조치들이 필요하다. 예를 들면 흉악범죄 출소자에 대한 순찰과 검문을 통한 범행 억제(지역 경찰과의 협조), 외국인 범죄 의심 조직에 대한 경미 범죄 발견을 통한 강제 출국(외사 기능과의 협조) 등을 생각해 볼 수 있다. 그런데 수사 부서의 활동에 한정되는 정보 생산으로 조직 전반의 유기적이고 선제적인 활동을 제언할 수 있을까? '범인 검거' 목적의 의사결정을 넘어서서, 범인의 활동을 제약하는 예방과 압박, 해당 범죄 활동을 축소시키는 정책적 활동을 '수사 부서'의 특성상 기대하기 어렵다. 특히 논의되는 '국가수사본부'처럼 경찰청의 다른 부서와 분리하는 기조에서는 더욱 그러하다.

3) 기획-연구 부서 중심의 소규모 팀으로 운영

위 1)정보부서가 바람직하나, 즉시 채택되긴 어렵고 2)수사부서 중심 통합은 역할이 제약된다면, 별도 부서로 신설하는 것이 현실적이다. 그렇다면 기획부서에서 담당하는 것도 고려할 수 있다. 향후 환경 변화를 염두에 둔 '준비 부서'로서 실험과 소규모 성과 창출에 목표를 두는 것이다. 새로 시작하는 한계를 극복할 기술적인 지원을 연구기관으로서 받는 체제이다. 이미 경찰 내 연구소에 분석 전문가를 채용하고, 데이터 분석·개발을 시작했다. 따라서 경찰청에서 소규모 팀을 구성하는 체제를 운영(형식적 구조)하되, 그 내용(실질적 생산물)은 연구소에서 생산하면 성과를 낼 수 있다. 실제로 영국 국가수사청은 여러 정보 시스템을 운영하되, 강력한 접근권을 가지고 거의 모든 데이터를 융합하여 분석하는 연구 부서(Data-Lab)를 운영한다.

(3) 범죄 데이터 운영체제 개편

경찰 범죄 데이터는 표준화 부족, 부서별 할거된 시스템, 데이터 간 유통의 단절 등 문제가 있다. 이를 해결하는 혁신이 필요하다. 고전적인 해법은 데이터를 표준화해서 연결하는 전사적 자원관리(ERP) 방식이다. 전사적 자원관리는 조직의 모든 생산 데이터인 영업, 재무, 인사 데이터를 연결하고, 조직 외부의 공급과 유통, 고객 정보들을 연결하여 통합 관리하는 시스템이다. 경찰에서 ERP를 도입한다면 112신고, 수사(KICS), 교통, 지역경찰활동 같은 업무 기록, 전과자와 피해자 등 인물 정보, 경찰관 인사·감사·교육 정보, 예산과 장비 정보를 연결하는 것을 의미한다. 이를 위해 핵심 데이터(사건번호, 사람의 이름, 관서·조직 등)를 사슬로 연결해야 한다. 막대한 데이터 표준화와 정보화시스템 개편이 필요하다. 또 다른 방법은 데이터레이크(Data-Lake)로 데이터를 연결시키는 방식이다. 앞선 ERP가 조직의 정보 유통의 수로(水路)를 완전히 재편하는 대공사라면, 데이터레이크는 모든 데이터를 일단 한 개의 호수로 모아서, 그 안에서 주요 데이터를 연결해서 원하는 정보를 생산해 나아가는 방식이다. 상대적으로 비용과 인프라 재구축 시간이 덜 들어가는 대신에 모든 정보를 한곳으로 모은다는 결정과 데이터를 창조적으로 연결하고 지식을 생산하는 기술이 필요하다.

방대한 경찰 시스템과 복잡한 운용 사정상 이를 단시간 해결하기 어렵고,

자원을 확보하기도 곤란하다. 경찰 자체 사업 예산을 바로 확보하기 어렵다면 국가 R&D 등 외부 자원을 활용하거나, 자체 기술 인력을 통해 시작하는 방법을 찾아야 한다. 최근 과학 기술을 통한 사회문제 해결이 강조되면서 국가 연구개발(R&D)에서도 범죄 등 안전에 대한 관심이 높아지고 있다. 많은 R&D 사업들이 해외 사례(미국의 DAS, Pred-pol) 등을 목표로 하면서, 한국 경찰에 적용할 기술에 흥미를 보이고 있다. 대부분 데이터 통합과 융합 분석을 주된 내용을 하고 있어, 경찰 데이터의 표준화에 활용할 여지가 있다.

　① 예컨대 경찰 수사-112신고-경찰운영 정보 등 서로 다른 경찰 데이터를 표준화하고 연결하는 기술 개발을 시도할 수 있다. ② 연결된 데이터로 정보를 다양하고 광범위하게 판단하고 자동적인 의사결정을 지원받을 수도 있다. 기술 개발은 기술 발전과 자원 이전에, '데이터가 연구 목적에 활용될 수 있는가'하는 정보 공개와 '데이터 활용에 대한 법규'라는 제도, '관련 업무를 맡을 운영 주체는 어디인가'라는 조직 등으로 환원된다.

6.5.2 내재적 · 개인적 요인의 개선

(1) 효과성에 대한 인식 제고

　앞서 범죄 분석이 스마트치안에 효과가 있는지 살펴봤다. 지리적 프로파일링시스템을 많이 활용한 경찰서가 범죄의 발생량이 줄고 검거율이 높아졌다는 상관관계가 존재한다. 그러나 경찰관들이 느끼는 범죄 분석의 효과는 설문조사에서 보듯 낮다. 선명하고 구체적인 성공 사례를 확산해야 한다. 경찰관들에게 특정한 분석시스템을 사용하게 하는 경험도 중요하지만, 그것보다는 구체적인 문제를 직접 해결해주는 지원이 활발해져야 한다. 미국 스마트치안의 SARA 프로젝트가 그러하듯, 현장에서 '무엇이 문제인지' 질문부터 데이터에 기반한 통찰이 필요하다. 미국 자치경찰과 연구기관이 협업을 하듯 한국 경찰도 지역과 부서별로 문제를 찾는 단계부터 협업을 확산해야 한다.

(2) 보상에 대한 인식 제고

범죄 분석과 스마트치안의 확산을 보수와 승진이라는 전통적 보상으로 논의하긴 어렵다. 경찰 전체적인 자원 배분의 문제이기 때문이다. 스마트치안과 범죄 분석을 조직에 확산시키고 실력을 쌓는 경찰관들에게 그 길을 꾸준히 갈 수 있도록 '경력 개발'을 지원해주거나, 조직 내에서 스마트치안 전문가, 범죄 분석 전문가로서 '역할 인정'해주는 것이 필요하다. 범죄 분석 기법의 학습을 통한 자기 개발, 분석 제시를 통해 자신의 부서가 이전보다 나은 의사결정을 하고, 문제를 해결하는 과정을 공유함으로써 역할을 인정받는 경험을 공식화하는 것이다.

(3) 직무의 개방성 유연성 확산

범죄분석 혁신의 거의 모든 경우 '범죄 데이터의 공개와 공유문제'가 제기된다. 경찰이 범죄 분석을 통해 스마트치안을 달성하겠다는 목표가 분명하다면 범죄 정보는 '공개'해야 한다. 경찰 부서 간의 정보 공유는 당연하고 연구자와 민간 전문가들에게 연구와 개발을 위한 정보 공개를 하고, 시민들에게 범죄 데이터를 공개해 경찰 업무의 효과성을 평가받아 민간의 기술과 활력을 접목시켜야 한다.

(4) 실험적 직무 환경 조성

경찰 직무는 중앙집권적, 전국 단위 의사결정, 즉시성, 판단에 따른 책임, 기밀성 등이 요구되고, 이는 실험적 시도를 하기 어려운 한계이다. 그러나 대대적인 실험이 아니라, 작은 지역에서 특정 범죄 중심으로 범죄 분석을 통한 스마트치안을 한다면 절충의 여지가 있다. 지역 단위, 특정 범죄에 집중해서 연구기관과 협력해서 긴 호흡으로 문제 해결의 방법을 다양하게 운영하면서 그 효과를 측정해 나간다면 조직 내에서 이해받을 수 있다. 이런 방법은 최근 논의되는 지방자치경찰의 도입과도 연결해서 생각할 수 있다.

(5) 범죄 분석을 통한 경찰 업무의 공정성 인식 확대

범죄 분석을 통한 스마트치안을 위해 '공정성에 대한 인식'도 중요하다. 여기에서의 '공정성'은 '정보의 공개를 통한 경찰활동의 정확성 판단', '시민들에게 정보 제공을 통한 지식 정보 권력의 재분배'라는 측면이다. 앞으로 비용 대비 효과를 생각해야 하는 자치경찰에도 부합한다. 경찰활동을 정보로서 기록하고 분석하고 환류함으로써 경찰이 가성비 높게 시민의 안전을 지킨다면 공정한 경찰활동일 것이다.

주 1) 정상현.(2011).「행정조직관리학」. 형설출판사.

주 2) 제프리 A. 무어 지음. 윤영호 옮김. 세종서적. 2015. 제프리 무어의 캐즘 마케팅(원제 Crossing the Chasm)

주 3) Rogers, E. M.(2002). "Diffusion of Preventive Innovations", Addictive Behaviors, Vol. 27, No. 6, p. 990.

주 4) Teece D. J.(1980). "The Diffusion of an Administrative Innovation", Management Science, Vol. 26, No. 5, pp. 464−470.

주 5) 제프리 무어, 전게서.

주 6) 오석홍.(2014).「조직이론」, 박영사.

주 7) 김대진·F. S. Berry.(2010). "정책혁신과 확산 연구의 과거, 현재 그리고 미래", 한국정책학회보. Vol. 19 No. 4 pg. 75, p. 40

주 8) 이석환.(2008). 변화 혁신에 대한 긍정적 사고와 영향요인에 대한연구: 조직 성과 향상을 위한 성과 관리 관점에서의 제언. 한국 사회와 행정 연구. 19(2); 1~23.

주 9) 신황용·이희선.(2013). 조직문화의 유형과 직무만족, 조직몰입 및 혁신적 업무행동 간의 구조적 관계, 한국행정학보 47(1), 03, 123-147.

주 10) 유제설.(2014). 과학수사요원의 법과학 기술수용에 영향을 미치는 요인에 관한 연구: 확장된 기술수용모형을 중심으로, 경기대 박사학위논문.

주 11) 김상호.(2017). 경찰혁신 확산 요인에 관한 연구: GeoPros 사례를 중심으로. 치안정책연구 제31권 제1호.

주 12) Randol Blake Matthew.(2013). Modeling A Decade Of Organizational Change In Municipal Police Departments: A Longitudinal Analysis Of Technical, Administrative, And Programatic Innovations, Washington state university, May 2013.

주 13) Stephens, cody D.(2016). Minding the Gap: Case Study of a Police Organization and Attempted Innovation. Submitted as partial fulfillment of the requirements for the degree of Doctor of Philosophy in Criminology, Law and Justice in the Graduate College of the University of Illinois at Chicago.

주 14) 경찰청.(2016).「스마트치안을 위한 미국 경찰 조사 보고서」.

주 15) 경찰청 부서별 필요한 설문을 신청하면 이를 심사하여 일정 기간(통상 5~10일) 동안 해당 게시판의 상단에 표출해주는 방식이다.

주 16) 장광호,「스마트치안을 위한 범죄 분석의 영향요인」(2018.8). 명지대 박사학위논문.

주 17) 김문귀·임형진.(2017). 과학치안 구현을 위한 법제도 개선방안에 관한 고찰: 한국전자통신연구원의 '다중로그 기반 치안서비스' 연구·개발을 중심으로. 법학연구. 18권 1호 5-10.

주 18) 전술 경찰청 직제 규칙 제9조(수사국에 두는 과) ③ 수사기획과장은 다음 사항을 분장한다. 2. 범죄통계의 관리 및 분석.

주 19) 전게 규칙상으로도 각 유형별 통계를 관리하도록 부서단위로 규정된바, 이를 살펴보면 제3조(경찰통계연보의 발간−기획조정담당관), 제9조(사이버범죄통계관리 및 분석−사이버안전과)에 규정되고, 하위 규칙인 경찰청 사무분장규칙(경찰청 훈령) 제21조의2(성폭력범죄 통계 관리−성폭력대책과), 제19조(112신고처리 관련 기록 관리 및 통계분석−범죄예방정책과) 등 각 부서 단위로 해당 범죄에 대한 통계를 관리.

주 20) 황영배.(2016). 인공지능 기반 범죄·테러 신속대응 시스템 상세기획연구 최종보고서. 경찰청. 35면.

주 21) ㈜초코랩(2016) 범죄 정보 운영체계 연구 용역. 치안정책연구소 연구보고서.

주 22) 김희석·김동현·이동규.(2011). 경찰조직의 공정성 인식과 조직효과성 관계에서 개인성격의 조절효과 연구. 한국행정학회 추계학술발표논문집.

주 23) 경찰청은 2016년 8월 전국적으로 지리적범죄 분석시스템(GeoPros)에 대한 우수한 활용 사례를 공모하여 표창장 등을 수여하는 등 포상한 바 있다.

주 24) 신황용·이희선.(2013). 조직문화의 유형과 직무만족, 조직몰입 및 혁신적 업무행동 간의 구조적 관계, 한국행정학보 47(1), 03, 123-147.

주 25) 박철현.(2014). 증거에 기반한 형사정책의 발전과 국내 적용방향. 형사정책연구 제25권 제2호.

주 26) 탁종연.(2006). 범죄통계의 진실성: 경찰관들의 인식을 중심으로. 한국경찰연구 제5권 제2호, 68-76.

스마트치안을 향한
도전과 대응

기술적 도전과 대응

마지막 장에서는 스마트치안을 위해 극복해야 할 기술적 도전과 한국 경찰이 현 시점에서 대응할 도전을 환기하며 마무리하고자 한다. 우선 스마트치안에 활용될 기술 그 자체가 내재할 도전과제를 살펴보자.

7.1.1 첨단 기술의 악용과 반(反)기술

(1) 인공지능의 범죄 이용

① 인공지능의 범죄

인공지능이 범죄를 저지를 수 있을까? 초인공지능시대가 오기 전이라도, 현재의 인공지능이 범죄에 사용될 수 있을까? 결론부터 말하면 현재 수준의 인공지능이 자율적으로 범죄를 저지를 가능성은 없다.

현재 인공지능으로 글을 쓰는 기술은 실용화되어 있다. 그러나 그 영역은 아직 스포츠와 주식과 같이 승패와 숫자를 통한 서술, 사실관계가 선명한 분야이다. 스토리를 만들어야 하는 서사 분야에서도 글이 만들어지기는 하지만, '서사의 목적이 무엇인가?', '서사가 전달하고 싶은 정서나 의미가 무엇인가'에서 사람의 글과 본질적인 차이가 있다. 인공지능은 인간의 뇌세포를 모방해서 만든 것이 기본 개념인데 현재까지는 15억 개의 뇌세포 수준이다. 반면 인간의 뇌세포는 1천억 개이다. 15억 개와 1천억 개라는 양적 차이뿐 아니라, 지적 능력과 별개의 의식(意識)의 차이도 내포되어 있다. 인간은 이 의식을 통해 욕망을 발휘하고 공격하며, 창조하고, 파괴하며, 헌신하고, 희생한다.

범죄는 기본적으로 법과 질서라는 규칙을 위배하는 행동이라고 정의할 수 있다. 그런데 인간이 규칙을 위배하는 이유는 인간의 지성뿐 아니라 의식 때문이며, 그 의식이 공격성, 성적·지배적·재산적 욕망 등 범죄를 저지르는 인간 본연의 행동으로 연결된다. 인공지능은 규칙을 만들어서 규칙대로 결과를 생성하는 기술이다. 범죄는 규칙을 파괴하는 통상외 행동인 아웃라이어(Outlier), 예상치 못한 장애요소인 버그(Bug)이다. 인공지능이 바로 범죄를 저지르는 상상은 인공지능이 의식, 혹은 예기치 않은 의도를 가질 때 닥칠 미래이다. 언젠가는 올 수 있지만 아직 상정하기 어려운 일이다. 반면 인공지능 기술을 이용하는 인간의 범죄는 얼마든지 있을 수 있다.

② 인공지능기술을 이용한 범죄

「월스트리트저널」의 보도에 따르면 2019년 3월 영국에서 범죄자들이 인공지능 소프트웨어를 이용해 한 에너지 회사의 최고경영자 목소리를 합성한 후 직원에게 전화를 걸어 22만 유로(약 3억 원)의 자금을 이체한 사건이 있었다.[1] 합성된 목소리는 억양까지 실제와 닮아 알아채기 어려웠다. 이 범죄에는 실제 사장의 목소리를 딥러닝하여 가짜 목소리를 만들어내는 기술을 사용했을 것이다.

이런 기술은 특히 영상 분야에서 많이 활용된다. 공개되어 있는 얼굴과 목소리 등 영상을 딥러닝해서 가짜 영상을 만드는 기술을 '딥페이크(deepfake)'라고 한다.

딥페이크 기술은 사기를 비롯해서 여러 범죄에 악용될 수 있다. 우선 가짜 뉴스이다. 2018년 5월 벨기에의 어느 정당은 트럼프 미국 대통령이 벨기에로 하여금 기후변화 방지 협약을 탈퇴하게끔 촉구했다는 가짜 뉴스 동영상을 만들었다. 벨기에 국민들로 하여금 경각심을 가지도록 하는 취지였다. 이는 '가짜 뉴스'를 알리면서 이목을 집중시키는 캠페인이기에 범죄라고 할 수는 없다. 그러나 이런 방식으로 선거에 영향을 미치고자 가짜 동영상을 만들 개연성을 보여준다. 유명인들의 얼굴을 합성해 딥페이크 포르노 영상도 많이 만들어졌었다.

사이버 보안 침해도 걱정해야 한다. 스마트폰, 보안시설과 의사결정을 위한 승인 과정에서 권한이 있는 사람의 지문과 음성, 얼굴 인식을 보안 장치로 쓰고 있다. 이런 정보도 딥페이크 기술로 위조가 가능하다면 해킹 위험이 높아진다.

기술 악용을 방지하고, 탐지하려는 연구도 이뤄지고 있다. 음성 인식의 경우, 사람의 목소리를 기계가 합성하더라도 보안 장치의 승인을 얻기 위해서는 기계가 흉내낼 수 없는 그 사람의 목소리의 특징점을 설정하는 방식이다. 목소리 속의 지문 정보 등록 같은 셈이다.

(2) 기술의 신뢰성: 데이터 편향

인간이 인공지능 기술을 활용해 범죄를 저지르는 경우가 아니더라도, 인공지능이 잘못 설정되어 인간의 삶에 부정적으로 작용할지 모른다는 우려는 높아지고 있다. 인공지능에 적용되는 딥러닝, 인공신경망 기법은 정보의 투입과 정보의 산출 과정을 논리적으로 연결하는 모델이 아니라, 기계가 학습하게 하고 결과값의 정확도를 높이기 위해 연결 방식을 계속 바꿔주는 방식이다. 즉 정해진 정답과 가장 가깝게 결과를 산출해내는 알고리즘은 무엇인가를 찾는 것이고, 그 알고리즘이 '왜?' '어떻게' 형성했는지는 알 수 없다. 이런 알고리즘을 '블랙박스 알고리즘'이라고 부른다. 그렇기에 블랙박스 알고리즘을 설정할 때는 '어떻게 해야 올바른 정답을 산출할 수 있을 것인가' 이전에 '무엇을 정답으로 규정할 것인가'를 우선 결정해야 한다. 인공지능에서 정답값은 정확하고 편향되지 않은 데이터 세트를 의미한다. 그런데 현재 인간 사회의 운영 과정에서 수집된 데이터가 정확하고 편향되지 않았다고 장담할 수 있을까?

구글에서 침팬지나 고릴라의 단어를 검색하면 흑인의 사진이 검색되는 경우가 있다. 정치적으로 올바르지 않는 언어와 이미지의 결합으로 존재하는 데이터이지만 구글의 인공지능은 유효한 정답값으로 인식하고 있다. 마찬가지로 CEO를 검색하면 대다수의 이미지가 백인 남성들이 검색된다. 이런 경향은 'White Guy' 현상이라고 불릴 정도로 보편적이다.

범죄 영역에서도 마찬가지이다. 미국에서 개발된 '콤파스'(COMPAS)라는 인공지능 소프트웨어는 검거된 범죄자의 특징을 체크하여 재범 위험성을 예측하는 도구이다. 피고의 범죄 참여, 생활 방식, 성격과 태도, 가족관계 등을 점수로 환산해 재범 가능성을 계산해 판사에게 구속 여부를 추천한다. 여기에는 인종이 변수로 포함하고 있지 않다. 그런데도 흑인의 재범 가능성을 백인보다 2배 위험하다[2]고 판단했고 흑인들의 무고한 수감으로 이어졌다고 보도되었다. 왜 이런 결과가 생겼을까? 콤파스가 특정하는 다른 요인들을 동일하게 비교해서, 같은 형량의 범죄, 같은 연령, 같은 수입, 가족관계의 범인이라 하더라도 흑인이 백인보다 더 많은 체포가 이뤄졌었기 때문이다. 일정한 지역과 기간을 비교한 결과 흑인 피고는 52%가 체포됐지만, 백인 피고는 39%만이 체포됐다. 실제로 경찰이 흑인 범죄자에게 더 자주, 강하게 법집행을 했고, 그 데이터가 누적되어 콤파스의 판단에 영향을 미쳤을 개연성이 있다. 이 사례는 경찰이 인공지능의 활용에 대해 유의할 것이 무엇인지 말해준다. 특정한 인종, 국적, 성향의 사람이 모여 사는 곳에 순찰과 체포를 엄격하게 했더니, 그 지역의 범인 검거 숫자는 늘어났고, 그것이 다시 그 지역의 범죄 예측 확률을 높여서 더 많은 경찰활동이 강화되게 하는 것이 온당할까? 그렇기에 인공지능을 인간의 안전 유지에 적용하는 일을 줄여야 한다는 주장도 있지만 앞으로의 흐름은 저항할 수 없을 것이다. 인공지능 알고리즘을 활용할 수밖에 없다면, 거기에 투입되는 데이터에 최대한 인간의 가치와 판단을 공정하게 개입해야 한다.

(3) 다양한 기술의 범죄 이용

2018년 8월 4일, 니콜라스 마두로 베네수엘라 대통령이 야외 연설 중 드론을 이용한 암살 시도를 당했다. 마두로 대통령이 수도 카라카스에서 열린 국가방위군 창설 행사에서 연설하는 생중계 도중 '펑' 하는 굉음과 함께 카메라가 흔들리면서 마두로 대통령 부부와 고위 관리들이 놀란 듯 위를 쳐다보는 모습이 전 세계에 생중계됐다. 정부 관계자는 "대통령 연설 도중 인근에서 폭발물을 실은 드론 여러 대가 폭발했다"고 발표했다. 로드리게스 장관은 또 "마두로 대통령은 다치지 않았고 안전한 상태지만, 군인 7명이 다쳤다"고 말했다.

이 장면의 충격은 드론이 살상무기화될 수 있다는 것을 실감하게 되었고, 드론에 대한 요격, 제어 등 안티드론(Anti-Drone) 연구 개발이 활발해진 계기가 되었다.

과학 기술의 발전은 그 반작용으로 범죄에도 이용되는 수단이 되기도 한다. 미국 AI 기업 크네론(Kneron)이 고품질 3D 가면을 이용해 안면인식 시스템을 무용지물로 만들었다는 실험 결과를 발표했다. 타인의 얼굴 사진을 활용해 제도한 3차원 가면으로 알리페이(AliPay, 支付宝), 위챗페이(WeChat Pay) 등 결제 시스템뿐만 아니라 일부 공항과 철도역 등도 뚫렸다고 주장한다.[3] 중국의 안면인식 기술 발전의 역설적인 면이다.

전화사기에서도 기술 악용은 일상적이다. 경찰청 보안 앱을 설치한 뒤 보이스피싱을 당했다는 피해 사례도 있다. 범죄조직이 수사상 보안을 위해 설치해야 한다며 경찰청 앱과 비슷한 가짜 앱을 내려받을 수 있는 IP 주소를 알려줬고 실제 설치했다. 이 앱은 피해자 신고를 차단하는 악성 앱이었다. 피해자가 경찰, 검찰, 은행 등에 전화를 걸면 해당 기관이 아닌 범행 조직 콜센터로 연결되도록 하는 수법이었다. 피해자는 이 앱을 통해 범죄 조직 콜센터로 전화를 했고, 통장 잔고를 인출해 보내면 조사한 뒤 돌려주겠다는 말에 1억 원가량을 뽑아 전달책에게 건넸다.

발전하는 기술을 악용하는 것도 자연스러우며, 그런 기술의 악용을 차단하는 반(反)기술도 활발하다. 일본의 한 기업은 얼굴 이미지에 독자적인 기술을 적용할 경우, 해당 얼굴사진의 안면 인식으로 개인을 식별할 수 없도록 하는 기술을 개발했다. 일본 돗판인쇄(Toppan Printing Co.)는 2019년 12월부터 얼굴 이미지에 비식별화 기술을 도입해서 개인 식별을 방지하는 서비스를 제공한다고 발표했다. 이 기술은 사람의 눈으로 식별할 수 있는 개인의 얼굴 특성은 남겨두고, 컴퓨터 등 기계가 파악할 수 있는 식별 요소를 재 가공하여 컴퓨터가 학습할 수 없도록 비식별화(De-identification)한다.[4]

기술의 발전과 악용, 그리고 그 악용을 방어하거나 기술 방어를 역시도 회피하려는 반(反)기술도 활발해질 것이다. 경찰은 치안에 활용할 기술은 물론, 테러·사기 등에 기술을 사용하는 악용, 그것을 방어하는 반기술에 모두 대응해야 한다.

7.1.2 프라이버시

데이터를 활용한 의사결정은 프라이버시 침해와 직결되어 있다. 안면인식과 빅데이터를 국가 운영의 수단으로 과시하고 있는 중국은 최근 스마트폰 앱을 활용해 신장자치구의 소수 민족 위구르인 등을 탄압해왔다고 비판받고 있다. 위구르족 지도자들은 중국에 편입될 수 없다고 중국 정부와 갈등을 빚고 있고, 위구르족은 자신들이 의지하고 있는 종교인 이슬람교에 대한 자료를 공유하고 소식을 주고받는 '콰이야(빠른 입)'라 불리는 소프트웨어를 사용하고 있다. 이 움직임을 차단하기 위해 중국 정부는 2016년 7월부터 '콰이야' 앱 사용자들을 색출하는 감시프로그램을 사용한다는 의심을 받고 있다.[5)]

중국에만 국한되지 않는다. 범죄 데이터의 수집은 어느 시점에서는 필연적으로 프라이버시를 침해한다. 범죄에 대한 데이터를 수집해서 다른 정보들과 연결하는 분석, 데이터를 범주화하여 패턴을 정의하는 분석은 개인들이 원치 않는 정보를 노출하거나, 범죄자로 인식되는 부작용을 낳을 수 있다.

2019년 5월 서울시는 인터넷 공간에서 불법행위를 빠르게 찾는 기술을 개발했다. 서울시 민생사법경찰단(민사단)이 추진한 '인공지능을 활용한 민생범죄 수사지원 분석사업'(인공지능 수사관)은 인터넷 공간에서 사채, 마약거래, 성매매 등 게재의 특정한 단어를 인공지능 수집해서 가장 불법성이 높고, 게재가 잦은 사이트를 찾는 기술이다. 사채, 성매매 등 범죄 집단이 인터넷 공간에서 자주 쓰는 키워드를 입력하면 프로그램은 해당 단어가 포함된 게시물 수만 건을 검색해 저장한다. 다단계의 경우, 게시물에 보상플랜·투자설명회·소개수당 등이 키워드일 것이다. 이런 키워드들이 자주 등장하는 게시물을 추적하고 게시물에 담긴 이름·아이디·전화번호·주소·업체명 등을 자동 분류해서, 알고리즘에 따라 불법 가능성이 높은 게시물을 추려내면 '사람 수사관'이 넘겨받아 내사·수사에 착수한다. 이 과정을 통해 법집행 기관은 불법성이 높은 게시물을 선별하여 지자체 경찰관들이 효율적으로 활동할 수 있다.[6)]

그런데 행정안전부 개인정보보호위원회는 게시물에 담긴 이름·아이디·전화번호·주소·업체명 등의 개인정보를 수사·내사 전 단계의 '조사 활동'에서 수집하는 것이 개인정보보호법에 위반된다고 결정했다. 게시 정보를 검색하고 조회하는 방식은 같더라도, 사람보다 수만 배 빠른 인공지능 엔진이 이용될 경우, 또 다른 법적 쟁점을 만든다. 기술이 개발되고, 문제 해결의 필요성이 있더라도 개인정보의 양과 속도에 따른 파급력 때문에 프라이버시 침해 논쟁은 발생한다.

경찰이 수집하는 데이터도 마찬가지이다. 경찰 수사 과정에서 수집·생산·저장하는 개인정보들은 사람의 이름·주소 등 개인정보는 물론, 범죄에 대한 민감한 정보도 포함되어 있다. 통상 개인정보 보호법과 형사사법정보망이용촉진에 대한 법률의 적용을 받는다. 포괄적으로 표현하면, 범죄 수사를 위한 목적으로 사용 가능하다고 해석할 수 있다. 하지만 현재 해당 데이터들은 비식별화하고 범주화한 상태로, 지역별 범죄 빈발 정도나 발생 예측을 위한 데이터로도 활용

[표 7.1] 형사사법전자화촉진법 개정안

	현행	개정안
제2조(정의)	1. '형사사법업무"란 수사, 공소, 공판, 재판의 집행 등 형사사건의 처리와 관련된 업무를 말한다.	1. 형사사법업무란 수사 공소 공판 재판의 집행 등 형사사건의 처리와 관련된 업무를 말한다. 또한 위 업무와 관련 한 수사행정 범죄예측 통계작성 형사 정책수립 업무도 형사사법업무의 범위에 포함한다.
제6조 (정보의 공동 활용을 위한 협력 의무)	③ 형사사법업무 처리기관은 형사사법업무 처리 외의 목적으로 형사사법정보를 수집 저장 또는 이용할 수 없다.	③ 형사사법업무 처리기관은 무 처리 관련업무 외의 목적으로 형사사법정보를 수집 저장 또는 이용할 수 없다. 단 <u>범죄예측 분석을 목적으로 이용할 수 있다.</u>

※ 김성훈, 형사사법정보의 빅데이터 활용을 위한 법적 기술적 개선 방안 연구(2019), 143-144면 표를 재구성.

하고 있다.

이런 활용은 이미 데이터가 활용되고 있는 현실과 실제 법률의 해석 사이에서 미묘한 줄타기를 해야 하는 처지를 보여준다. 검증된 기술조차도 쉽게 적용하기 어려운 것은 이 논쟁을 자신 있게 주도하지 못하고 있기 때문이다.

쟁점을 풀어가기 위해서는 첫째, 형사사법정보망이용촉진에 관한 법률을 개정하여 정보 사용의 목적을 현행 형사사법 목적뿐 아니라, 범죄예방, 형사 정책에 확장해야 한다. 물론 활용 정보를 비식별화해야 한다는 원칙을 지켜야 한다. 둘째, 현행 법으로 활용할 수 있는 형사사법 목적, 즉 범죄 수사를 위해서도 빅데이터 기술을 활발하게 운영해야 한다. 실제 범인 검거를 위해 빅데이터 기법을 활용하는 것은 현재 경찰 내 자체 연구인력으로 가능하다. 예를 들자면, 단서가 전혀 없는 미제 살인 사건의 용의자를 찾기 위해, 그간의 유사사건 데이터에서 용의자의 유형을 확률적으로 예측하는 기법(확률모델)을 활용한다든지, 전국적으로 횡행하는 전화사기 집단을 검거하고자, 유사한 수법의 범죄자리스트를 관계도로 연결해서, 조직망을 파악하고 외곽부터 검거하는 활동은 법적으로 허용되고 기술적으로 가능하다. 데이터 보유 부서에서 기술 연구 부서로의 데이터 제공으로 해결할 문제이다. 셋째 법 개정을 병행하면서 경찰데이터의 융합과 활용을 위해 비식별화·표준화해 나아가야 한다. 최근 관련 법 개정 방향에 대해 다음과 같은 연구 제언이 있다. 우선 형사사법절차전자화촉진법의 제2조1항의 '형사 사법 업무'를 재정의하여, 수사 행정, 범죄 예측, 통계 작성을 포함시키고, 6조 3항의 '정보의 공동활용을 위한 협력 범위'에 '범죄예측'을 포함하는 것이다.[7] 입법 취지와 용어의 범위에 대해 이견이 있을 수 있지만, 이미 진행하고 있는 업무를 법률에 반영하는 취지로 논의할 필요가 있다.([표 7.1] 참고)

경찰의 도전과 대응

7.2.1 혁신 친화적 조직으로 전환

현재 100미터 달리기 세계 신기록은 2009년 우사인 볼트가 기록한 9초58이다. 400미터 계주는 2011년 우사인 볼트가 포함된 팀이 세운 37초04이다. 세계에서 가장 빠른 사람이 네 번 뛴 것보다 느린 사람과 함께 이어달린 것이 더 빠르다. 이 예를 든 것은 혁신은 뛰어난 사람의 단독 플레이가 아니라 팀의 협업이고, 이어달리기라는 것을 전달하기 위해서이다.

스마트치안을 경찰의 문화로 만들려면 혁신 확산 이론의 실험적 직무 여건, 직무의 개방성과 유연성을 갖춘 혁신 친화 조직으로 변화시켜야 한다. 기술 혁신은 최종 결과물이 아니라 과정으로서 단계일 뿐이다. 처음 가는 낯선 길을 단번에 갈 수는 없다. 기술 개발과 도입도 마찬가지다. 예상치 못한 장애물 때문에 중간에 멈추고 다른 길을 살펴보게 된다. 그 과정이 혁신의 단계들이고, 직무의 개방성과 실험적 여건을 갖췄다면 그 과정의 시행착오가 바로 혁신의 중간 성과물이 되어 다음 단계로 쉽게 도약할 수 있게 해준다. '혁신'이란 새로운 기술·서비스·개념의 발명과 활용인데 이를 위해 실험의 반복이 필요하다. 새로운 기술과 절차를 개발하는 실험이 한 번에 성공할 리 없다. 단숨에 성공하지 못하는 실험을 '실패'라고 이름 붙여선 안 된다. 다음 번 실험을 위한 일보 진전이라고 격려하고 서로 힘을 합해서 다음 실험으로 이어달리지 않으면 혁신의 결승선은 통과할 수 없다.

스마트치안과 데이터 분석을 강조하다 보면, 컴퓨터, 알고리즘, 데이터를 소재로 말한다. 하지만, 실제로 데이터에 알고리즘을 적용하고 고성능 컴퓨터를 연결해 본 연구자들은 '기술' 이전에 중요한 것이 '사람'이라는 것을 알고 있다. 치안 데이터 분석은 경찰 업무 전문가, 데이터 분석자, 컴퓨터 공학자들이 힘을 합해서 '데이터 – 알고리즘 – 인프라'를 결합하고 의사결정하며 연구를 진행하는 과정이다. 이 과정에서 시행착오를 새기고 있는 구성원은 실패자가 아니라 혁신을 위한 경험을 쌓아가고 있는 전문가들이다. 창의적 혁신의 시대에는 조직원을 잘 이해하고 조직원들 간의 협업을 어떻게 잘 발전시키느냐에 달려 있다.

직무의 실험적 여건과 부서 간 협업을 강화하는 방법에 대해 마이크로소프트(MS)의 사례를 보자. MS는 2000년대에 들어서며 새로운 시대의 혁신과 창의성을 따라가지 못하고 PC 시장의 포화와 모바일 시장 진입의 낙오로 '잃어버린 15년'을 겪었다. 2013년 MS의 CEO로 취임한 사티아 나델라(Satya Nadella)는 MS의 조직 운영 방향을 완전히 바꿨다. 그간 MS는 부서별로 경쟁하게 하고 팀별로 상대평가하여 저평가자를 해고하는 스탯랭킹(Stat Ranking) 제도를 운영했다. 그 제도는 팀별 협업을 저해하고, 서로가 서로의 성공을 방해하는 조직 문화의 원인이었다. 사티아는 직원 방식을 바꿨다. 상대평가를 없애고 협업과 개인의 성장에 초점을 맞춘 질적 평가로 전환했다. 팀장은 의무적으로 팀원들을 면담하고, 팀원은 자신의 문제를 해결하기 위해 팀장을 면담하되, 팀장이 문제를 해결해주지 못하면 다른 팀장에게 옮겨갈 수 있도록 했다. 즉 팀장은 팀원의 연구개발을 위한 문제를 해결해야 하는 임무를 수행하지 못하고 팀원이 만족하지 못하면 팀장이 팀을 떠나는 것이다. 그리고 서로의 아이디어를 활용하고 서로에 기여한 것이 평가의 기준이 되었다. 팀원들이 평가를 받는 항목은 '팀원의 아이디어를 어떻게 활용했는지', '동료의 업무에 어떻게 기여했는지'를 답하게 했다. 부서 목표도 이익이 아니라, 고객의 성원을 지표가 되게 했다. 이로써 MS는 공공과 기업에게 클라우드, 플랫폼을 제공하는 IT 기업으로 변모했고 시가총액 1위를 탈환했다.

데이터 분석 기업 데이터리셔스 한국 지사장 김선영 대표는 "데이터 도구에 1억 원을 투자했다면 인력과 기업 문화에 9억 원을 투자해야 한다."고 말한다.[8] 기업 활동에 데이터를 활용한다면서 데이터 수집 도구에만 투자하고, 외부 업체에만 의존해서는 데이터의 가치를 제대로 활용하지 못한다는 지적이다. 데이터를 통해 효과를 거두려면 내부 전문 인력이 전 조직적인 순환 절차를 거쳐 데이터 분석 도구를 활용할 수 있어야 한다는 것이다.

갖춰져야 하는 내부 전문 인력은 어떤 사람인가? 데이터 분석 조직을 위해서 공학자만을 염두에 두기 쉽지만, 데이터 분석 조직에서는 ① 업무전문가(Domain Knowledge) ② 데이터 과학자 ③ 컴퓨터 공학자가 모두 필요하다. 경찰에게 ① 업무전문가는 경찰 행정, 범죄, 법률에 대한 지식과 경험을 갖추고 왜 분석이 필요하고, 어떤 결과물이 생산되어야 하는지 아는 사람이다. ② 데이터 과학자는 통계학, 심리학, 범죄학 등 이론을 기반으로 분석 모델을 만들 수 있는 사람이다. ③ 컴퓨터 공학자는 만들어진 모델로 분석하기 위해 소프트웨어와 하드웨어를 운영할 수 있는 사람이다. 실제로 법률회사에서 AI를 도입해 업무 혁신을 추진한다면 AI 전문가를 채용해서 지휘를 맡길 수도 있고, 변호사에게 AI를 교육해서 프로젝트를 이끌도록 할 수도 있다. 최근 사례는 변호사에게 AI를 교육해서 역할을 맡기는 것이 효율적이라고 주장한다. 장기적 관점에서 필수 역량은 컴퓨터 프로그래밍 능력 못지않게, 해당 직무에 대한 이해력이다.

경찰도 스마트치안 혁신을 위해 혁신 역량을 갖춘 내부 인력을 육성해야 한다. 경찰은 그런 육성을 하고 있는가? 역량을 키워가는 조직 구성원을 귀중하게 여기는가? 부서별 협업을 독려하는가? 경쟁이 지나쳐 질시로 인해 협업을 외면하고, 성공을 방해하는 조직문화가 남아 있지 않은가? 이에 대한 진단이 필요하다. 왜냐하면 스마트치안의 혁신은 여러 구성요소들이 결합한 단계적 축적과 시행착오가 진행되는 '과정', '조직 문화'이기 때문이다.

실제 경찰 데이터 분석에서 필요한 요소들을 법·정책, 조직, 기술(데이터, SW, 플랫폼) 등으로 구성하면 [그림 7.1]을 상정해 볼 수 있다. 각 영역들은 모두 연결되어 있고 단계별 성과물을 공유하면서 발전해야 한다. 이런 역할이 단기간에 몇몇 사람으로 될 수 없고, 여러 부서의 협력과 이해의 총합으로 진행되어야 한다.

이런 전환 과정을 민간에서는 '디지털 트랜스포메이션'(Digital Transformation)이라고 일컫는다. 업무를 전산화하여 과거와 다른 목표·절차·가치를 창출하는 혁신을 말한다. 디지털 트랜스포메이션은 조직 구성원의 기술력, 데이터와 인프라, 지속 가능성을 갖춘 조직에서 가능하다. 홍보성 단기 활동, 보여주기 식 행정으로는 가능하지 않은 혁신 목표이다. 시행착오를 성과로 받아들이고, 혁신에 참여하겠다는 구성원의 자발적인 열정을 이끌어내 결집시키는 리더십이 필요하다.

[그림 7.1] 경찰 데이터 분석·활용을 위한 필요 요소들

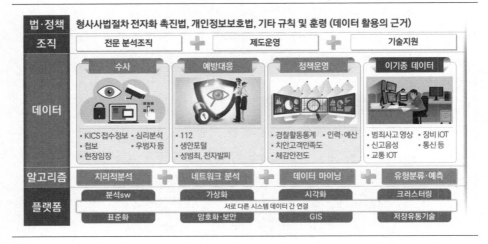

7.2.2 한국 경찰의 전환기

2020년 1월 현재 검찰 개혁법안들인 공수처법(고위공직자비위수사처설치및운영에관한법률), 검경 수사권 조정법(형사소송법 개정안과 검찰청 법)이 국회를 통과했다. 검찰이 독점하던 국가 수사구조가 검찰–경찰–공수처의 삼각 경쟁·견제 체제로 전환된 것이다. 반면, 향후 경찰 비대화, 수사권 남용을 차단하기 위해 국회는 경찰 개혁도 강도 높게 실시하겠다고 발표하였다. 경찰 개혁 방향은 국가수사청의 신설을 비롯한 경찰 내 수사부서의 독립성·책임성의 강화, 지방자치경찰의 발족이 주요 뼈대가 될 것이다. 한국 경찰은 경찰청 개청 이후 한 번도 겪은 적 없는 대전환을 앞두고 있다.

경찰이 독자적 수사 주체가 된다는 것은 그간 경찰에게 구호에 불과했다. 실제 법률이 개정되고, 후속 대통령령 개정을 통한 실무 조정 단계에 돌입하면 경찰이 짊어져야 할 책임은 막중해진다. 수사라는 것은 권한이기 전에 책임이요, 현실적인 국민 생활 속에 발생하는 불법에 대해 어떻게 경찰 행정력을 투입하는가 하는 우선순위를 정하는 체제이기 때문이다.

검찰 독점적 구조에서는 변사체 검시부터, 불량식품 단속 투입까지 결정 권한이 모두 검찰에게 있었다. 하지만 현장과 괴리된 검찰은 다양한 범죄 현상을 파악

해서 법 집행을 기획하고 집행하기 어려웠다. 현장에 가까운 경찰의 역할임이 당연하나, 경찰은 다양한 범죄 현상을 파악해서 대응할 권한이 없었다. 경찰이 투입한 자원과 얻어야 할 성과 측정도 어렵고 경쟁할 이유도 없었다. 민간의 혁신은 시장(市場)이라는 평가와 자원 획득의 장(場)에서 경쟁을 통해 매출과 이익을 극대화하는 수단이지만, 공공 특히 경찰은 그럴 이유가 없었다. 국가경찰은 치안서비스의 거의 독점적 공급자였다. 그리고 수사분야는 품질관리의 책임도 불투명했다. 수사력의 투입과 방법이라는 수사 정책부터 개별 사건의 수사 성패까지 권한은 검찰에게 존재했다. 법률적 권한은 검찰에 있었음에도 실제 활동은 경찰이 해야 하는 주문자 상표 생산(OEM) 같은 방식으로 품질에 대한 불만을 서로 상대에게 돌릴 수 있었던 셈이다. 경찰 서비스의 품질 관리에 대한 책임을 짊어지게 되었다. '부족한 자원을 어디에 투입해야 가장 높은 성과가 생산될지', '가성비'를 위한 과학적 의사결정 혁신을 연마해야 할 시기가 되었다.

이제 경찰은 역할에 맞는 법적 권한을 정비해서 수사와 예방이 연결된 '선제적 경찰활동'(Proacitve-Policing)을 시작해야 한다. 경찰은 '검찰의 책임'이라고 미룰 수 없고 자기 명의의 책임을 짊어지고 정책 입안부터 자원의 투입, 개별 사건에 대한 법집행 결정을 해야 한다.

경찰관 각자의 법 집행, 경찰 부서장의 인력·예산 투입, 경찰의 정책 기획까지 범죄 정보분석에 기반한 과학적 의사결정과 기술을 활용할 필요가 높아졌다. 조직 혁신은 '과학적 의사결정을 통해 투입한 자원 대비 최고의 성과를 내는 역량의 발전'이라고 할 수 있다.

독점적 치안서비스 제공 역할도 희미해질 것이다. 지방자치경찰이 발족되면 그 역할은 확장될 것이다. 국가경찰과 역할의 차이(지역 관할, 범죄 관할)가 있어서 직접 경쟁은 아니더라도 자치경찰이 활용하는 기술과 서비스는 국가경찰에게 자극을 줄 것이다. 범죄는 광역·연쇄적이고 지역 관할은커녕 국경과 온-오프라인도 넘나들기에, 자치경찰-국가경찰, 더 나아가 검찰과 공수처와의 범죄 정보 교류에 대해서도 유통과 활용의 기준을 정해서 법집행 기관 간에 중복과 누락이 없도록 하는 모델을 구상할 때가 올 것이다.

발전한 과학 기술을 한국 경찰의 전환기에 활용해야 한다. 진정한 혁신가는 도구가 아니라 목적에 집중한다. 한정된 경찰 자원으로 국민의 생명과 재산의 안전을 지키겠다는 목적에 집중하면, 경찰의 폐쇄적인 문화, 획일적 결정, 경쟁과 정보의 차단, 계급에 억눌린 인적 자원 관리 등을 다시 바라보게 될 것이다.

변화의 격변기, 조직혁신을 위한 근원적 변화(Deep Change)는 완만한 죽음(Slow Death)을 피하기 위해 필연적이다.

한국 경찰의 전환기에 스마트치안을 추구하고 데이터 기반으로 의사결정을 하는 혁신 친화적 조직으로 변화해가길 소망한다.

주 1) 경향신문, 딥페이크의 시대, 인공지능 이용한 사기 어떻게 막나. 2019.9.22.

주 2) 한겨레, 편견·차별 부르는 AI 알고리즘···해법은 있을까, 2019.10.29.

주 3) Paltum, [중국 비즈니스 트렌드&동향] 3D가면으로 안면인식 보안 시스템 뚫는다?. 2019. 12.24.

주 4) 인공지능 신문, [이슈] 인공지능이 얼굴인식 방지한다 ··· 日에 서비스 등장. 2019.12.24.

주 5) 뉴스타파, [차이나 케이블스]② '모바일 앱으로 각개 감시' ··· 중국이 위구르족을 가두는 법. 2019.11.25.

주 6) 넥스트 이코노미, "민생범죄, 게 섰거라", AI 수사관이 온다 – 온라인 콘텐츠 불법성 구별하는 빅데이터 기술 적용. 2019.7.6.

주 7) 김성훈. 형사사법정보의 빅데이터 활용을 위한 법적 기술적 개선 방안 연구. 경찰청 정책연구용역보고서, 2019.10.12.

주 8) 이데일리, 광고·마케팅에 '데이터' 제대로 쓰려면, 사람에 먼저 투자하라. 2019.8.25.

[참고문헌]

1. 국내문헌

가. 단행본

고영선외 2명. (2004).「공공부분의 성과관리」. 대영문화사.

권기헌. (2014).「행정학콘서트」박영사.

김구, 조직 (2011).「혁신의 이해」. 한국학술정보(주).

김태룡, (2012).「새 한국 행정론」. 대영문화사.

김정렬·한인섭. (2016).「행정개혁론, 차세대 정부의 도전과 변화」. 박영사.

김호섭·김판석·유홍림·김대건. (2011).「행정과 조직행태」. 대영문화사.

박경효 (2013).「재미있는 행정학」. 윌비스.

성태제. (2014).「알기쉬운 통계분석」. 학지사.

윤성식. (2002).「정부개혁의 비전과 전략」. 열린책들.

오석홍. (2014).「조직이론」, 박영사.

이동희·이윤·장윤식. (2005). **범죄수사학**. 경찰대학, 217－230.

이창무·문경환. (2011).「경찰정보학」. 박영사.

존 허드슨·스튜어트 로우. (2013).「정책과정」. 나눔의 집.

제프리 A. 무어. (2015).「제프리 무어의 캐즘 마케팅」. 세종서적.

전상경. (2005).「정책분석의 정치경제」. 박영사.

정상현. (2011).「행정조직관리학」. 형설출판사.

정윤수. (2011).「사회복지조사론」. 명지대학교.

한희원, (2010).「국가정보학 원론」. 법률출판사.

Charles Eolf, Jr. (1991).「시장과 정부: 불완전한 선택대안」. 교문사.

Gis Unit. (2014).「공공정책을 위한 빅데이터 전략 지도」. 더숲.

Ricard. L. Daft. (2007).「조직이론과 설계」. 한경사.

KAIST. (2015).「경찰 미래비전 2045」.

Schwab, Klaus. and Davis, Nicholas. (2016).「(클라우스 슈밥의) 제4차 산업혁명 더 넥스트」, (김민주·이엽 역). 새로운현재: 메가스터디. 2018.

나. 학술논문

김대진·F. S. Berry. (2010). "정책혁신과 확산 연구의 과거, 현재 그리고 미래", **한국정책학회보**. Vol. 19 No. 4 pg. 75, 40.

김문귀·임형진. (2017). 과학치안 구현을 위한 법제도 개선방안에 관한 고찰: 한국전자통신연구원의 '다중로그 기반 치안서비스' 연구·개발을 중심으로. **법학연구**. 18권 1호 5－10.

김상호. (2017). 경찰혁신 확산 요인에 관한 연구: GeoPros 사례를 중심으로. **치안정책연구** 제31권 제1호.

김영환. (2008). 문제지향적 경찰활동에 관한 이론적 논의. **한국컴퓨터정보학회** 2008년도 제38차 하계학술발표논문집 16권 1호, 81－82.

김학경·이성기. (2012). 영국지방자치경찰의 새로운 패러다임: "2011 경찰개혁 및 사회책임법"과 "국립범죄청"을 중심으로. **경찰학연구** 제12권 제1호, 158－164.

김희석·김동현·이동규. (2011). 경찰조직의 공정성 인식과 조직효과성 관계에서 개인성격의 조절효과 연구. **한국행정학회** 추계학술발표논문집.

남궁현·심희섭. (2017). 과학기술이 경찰활동에 미친 변화와 그 시사점. **치안정책연구** 제31권 제1호, 35－40.

노성훈. (2015). 시공간 분석과 위험영역모델링을 활용한 범죄예측모형의 예측력 검증. **형사정책연구** 제26권 제3호 통권 제103호, 2015.9. 239－266.

박주원. (2004). 범죄정보법제에 관한 연구: 행정작용으로서의 범죄정보활동과 체계를 중심으로. **지방자치법학연구회** 제3권, 52－57.

박철현. (2014). 증거에 기반한 형사정책의 발전과 국내 적용방향. **형사정책연구** 제25권 제2호.

신황용·이희선. (2013). 조직문화의 유형과 직무만족, 조직몰입 및 혁신적 업무행동 간의 구조적 관계, **한국행정학보** 47(1), 03, 123－147.

유제설. (2014). 과학수사요원의 법과학 기술수용에 영향을 미치는 요인에 관한 연구: 확장된 기술수용모형을 중심으로, 경기대 박사학위논문.

윤병훈·이창한. (2013). 치안환경 변화 따른 경찰활동의 모색: SMART Policing의 활용 사례 및 적용방안. 「**경찰학연구소, 경찰학논총**」. 제8권 제2호, 2013, 416.

이기헌. (2016). 깨진 유리창 이론에 대한 고찰. **형사정책** 제28권 제1호.

이동환·표창원. (2005). 경찰의 범죄정보 수집 및 분석 체계화 방안. **형사정책연구**

원 연구총서 2005.12, 15－48.

이석환. (2008). 변화 혁신에 대한 긍정적 사고와 영향요인에 대한연구: 조직 성과 향상을 위한 성과 관리 관점에서의 제언. **한국사회와 행정 연구**. 19(2); 1－23.

이완수(2012). 정보경찰·수사경찰 간 유기적 연계 방에 관한 연구: 범죄정보 수집 활동을 중심으로, **고려대 행정대학원 공공정책** 석사 학위 논문.

장광호, 스마트치안을 위한 범죄분석의 영향요인. 명지대 박사학위논문, 2018.8.

장광호·김문귀. (2018). 영국의 범죄정보 기반 경찰활동에 관한 연구. 한국경호경비학회지, 2018, Vol. 54, pp. 101－125.

장광호·김주영. (2018). 스마트 폴리싱의 한국적 적용에 대한 연구. 치안정책연구.

장윤식. (2012). 선진국의 사이버범죄 정보분석 제도 도입방안, **치안정책연구소** 책임보고서.

정윤수. (2001). 전자정부 구현을 위한 경찰정보화의 현황과 과제, **한국경찰학회보** 통권 3호, 253－262, 2018, Vol. 32, 303－336.

정윤수·권헌영·고윤석 (2009). MyGov 서비스 구현을 위한 정보공유시스템 분석. **한국행정학회** 학술발표논문집, 2009.12, 1108－1113.

탁종연. (2006). 범죄통계의 진실성: 경찰관들의 인식을 중심으로. **한국경찰연구** 제5권 제2호, 68－76.

한상암·박한호·이명우. (2013). 범죄예방을 위한 정보주도형 경찰활동(ILP)에 대한 연구; 국내도입논의를 중심으로. **한국경호경비학회** 제36호, 84－90.

황규진. (2009). 치안정보의 개념에 관한 연구. **경찰학연구** 제9권 제1호, 73－95.

황영배. (2016). 인공지능 기반 범죄·테러 신속대응 시스템 상세기획연구 최종보고서. 경찰청. 35면.

허경미(2015) 범죄 프로파일링 제도의 쟁점 및 정책적 제언, 경찰학논총 제10권 제1호.

다. 간행물

이창한·문준섭. (2016)「한국형 스마트 치안 모델의 구상」. **치안정책연구소 학술세미나.**

김은경·박정선·정병하·탁종연·황정인. (2009). 「검찰 범죄통계업무 개선방안 연구」. **한국형사정책연구원.**

김숙희·김종태(2017. 5. 17)「4차 산업혁명시대의 행정 IT서비스 패러다임 변화와 함의」.

정해식. (2016.12)「사회통합 실태 진단 및 대응 방안(Ⅲ)－사회통합 국민 인식」. 한국보건사회연구원 연구보고서.

경찰대학 치안정책연구소. (2016). '치안 Total Solution 제공자로서의 치안정책연구소 중장기(5년) 발전계획.'

경찰청 치안정책연구소(2016.11) 스마트 치안 어떻게 할 것인가.

㈜초코랩(2016) 범죄정보 운영체계 연구 용역. 치안정책연구소 연구보고서.

통계개발원, 「국가범죄공식통계연구」. 정책연구용역, 2008.11.

라. 기타

경향신문, 딥페이크의 시대, 인공지능 이용한 사기 어떻게 막나. 2019.9.22.

경찰청. (2008). 「수사조직진단과 인력 재배치」. 47－50.

경찰청. (2016). 「경찰 통계 연보」.

경찰청. (2016). 「경찰백서」.

경찰청. (2016). 「스마트 치안을 위한 미국 경찰 조사 보고서」.

경찰청. (2016). 「범죄분석보고서(CA-Report) 12월」.

경찰청 내부 문서. (2016.2) 2016년 GeoPros 고도화 사업 계획.

경찰청 내부 문서. (2016.8) 「지리적범죄분석시스템」(GeoPros) 우수 활용 공모 계획.

경찰청. (2017) 「범죄분석보고서(CA-Report) 11월」.

경찰청. (2017). 「국외훈련 보고서, 과학수사와 범죄분석 현장 조사를 위한 FBI-NYPD 출장 결과」.

경찰청. (2017). 제4차 산업혁명에 대응한 경찰 정보화 기본계획(2018－2022).

경찰청. (2017). 지리적 프로파일링시스템(GeoPros) 사용자 매뉴얼.

경찰청 등 관계부처 합동, (2017. 9)디지털 성범죄(몰래카메라 등) 피해 방지 종합 대책.

경찰청 내부 문서. (2017.4), '사회적 약자 보호 3대 치안정책 관련카메라등이용촬영 범죄 근절 종합대책.'

경찰청 내부 문서. (2017. 7), '지역별 경제 여건－여성/아동의 범죄 피해 간 관계 분석.'

경찰청. 「지리적 프로파일링시스템(GeoPros) 사용자 매뉴얼」. 2017.

경찰청. 「2018 주요 업무계획」. 2018.1.

경찰청. 「2019 주요업무계획」. 2019.1.

경찰청. 「범죄분석보고서」 내부 자료, 2016.12.

경찰청. 「경찰청 범죄 분석 보고서」. 내부 자료, 2017.11.

경찰청 홈페이지: www.police.go.kr.

경향신문 1983년엔 '대도' 2016년엔 '피싱'…달라진 범죄 트렌드. 2016.8.11.

김성훈. 형사사법정보의 빅데이터 활용을 위한 법적 기술적 개선 방안 연구. 경찰청 정책연구용역보고서, 2019.10.12.

김남선. 「자율주행차 기술 동향 및 R&D 진행 사항: 2019치안과학기술연구계획」. 치안정책연구소, 2019.1.

김지온·김혜진·김경종. 「한국형 실시간 범죄대응센터 구축을 위한 통합형 정보 분석 방법론 연구」. 경찰청 국외훈련보고서. 2019.8.

김진우. 조지 오웰의 악몽: 중국의 사회신용시스템. 아산정책연구원, 2017.3.10.

뉴스타파. [차이나 케이블스]② '모바일 앱으로 각개 감시'…중국이 위구르족을 가두는 법. 2019.11.25.

넥스트 이코노미. "민생범죄, 게 섰거라", AI 수사관이 온다－온라인 콘텐츠 불법성 구별하는 빅데이터 기술 적용. 2019.7.6.

동아아시언스. [세계의 스마트시티를 가다]<1> 뉴욕, 범죄도시서 청정도시로. 2011.1.1.

대통령 직속 4차산업혁명 대응 위원회 (2017). 「혁신성장을 위한 사람 중심의 4차 산업혁명 대응계획」, 28면.

로봇신문사. 중국 AI 범죄자 추적 시스템 "천망(天網)" 물의. 2017.10.11.

로봇신문사. '엘론 머스크' 인공지능 전문 기업 '오픈AI' 설립총 10억 달러 투자. 2015.12.14.

류연수. 「치안분야 2019년 주목할 주요기술－드론: 2019치안과학기술연구계획」. 치안정책연구소, 2019.1.

미래창조과학부. (2106) 「지능정보사회 선도 AI 프로젝트 기획연구」.

박주연. [커버스토리]1983년엔 '대도' 2016년엔 '피싱'..달라진 범죄 트렌드, 경향신문, 2016.8.5.

여성가족부 보도자료. 2016년도 전국 성폭력 실태 조사 결과 발표 참조. 2017.2.27.

이데일리. 광고·마케팅에 '데이터' 제대로 쓰려면, 사람에 먼저 투자하라. 2019.8.25

이용걸. 인공지능을 활용한 수사. 치안정책리뷰, 61호, 2018.9.30.

인공지능 신문. [이슈] 인공지능이 얼굴인식 방지한다…日에 서비스 등장. 2019.12.24.

장광호. (2017). 스마트 폴리싱을 위한 범죄분석의 역할과 과제 「한국행정학회」

장광호·고유석·송민영. 「범죄 정보 기반 경찰 운영(영국 경찰과의 비교 중심)」. 경찰청국외훈련 보고서. 2014.

중앙일보. 52억짜리 AI 수사관 '클루'가 '살인의 추억' 재발 막는다. 2017.12.8.

충남경찰청 내부 교육자료 (2016). 지능형 수사자료 분석시스템(I2)의 개요

통계청. 「2016년 사회조사 결과(가족·교육·보건·안전·환경)」. 보도자료. 2016.11.

코트라 해외시장 뉴스. 항저우, 중국 최고의 스마트시티로 거듭나나. 2018.2.27.

장광호·방금환·류연수. 경찰 활동에서 3D프린터의 활용 방향과 전망. 수사연구 2019.1.

중앙일보. 「52억짜리 AI 수사관 '클루'가 '살인의 추억' 재발 막는다」. 2017.12.8.

조영환. 인공지능기술의 원리와 동향, 투블럭AI 발표자료, 2019.10.

충남경찰청. 「지능형 수사자료 분석시스템(I2)의 개요 내부」 교육자료. 2016.

한겨레. 편견·차별 부르는 AI 알고리즘…해법은 있을까, 2019.10.29.

형사사법정보시스템 www.kics.go.kr

Coolspeed. 왜 최근에 빌 게이츠, 엘론 머스크, 스티븐 호킹 등 많은 유명인들이 인공지능을 경계하라고 호소하는가?. https://coolspeed.wordpress.com/2016/

01/03/the_ai_revolution_1_korean/

CBS노컷뉴스. 일본 경찰청, 첨단수사용 AI 도입 실증실험 추진. 2018.8.30.

paltum. [중국 비즈니스 트렌드&동향] 3D가면으로 안면인식 보안 시스템 뚫는 다?. 2019.12.24.

2. 외국문헌

Arturo Baiocchi, Keith Hodson, "Sacramento County, California Smart Policing Initiative: Reducing Homeless—Related Crime With A Research Based, Data—Driven Collaboration," 2016.

Bardach, E. (2000). A Practical Guide for Policy Analysis, Chatham House Publishers.

Coldren, Huntoon, Medaris. (2013). Introducing Smart Policing: Foundations, Principles, and Practice. Police Quarterly, 16(3) 275-286.

Craig D. Uchida(Marc Swartt, Daved Gamero, Jeanine Lopez, Erika Salazar, Elliott King, Rhonda Maxey, Nathan Ong, Douglas Wagner, Michael D. White), "Lost Agenles, California Smart Policing Initiative: Reducing Gun—Related Violence through Operation LASER," Octover 2012.

Healy, Deirdre and O'Donnell, Ian, Calling Time on Crime: Motivation, Generativity and Agency in Irish Probationers. Probation Journal, Vol. 55, No. 1, 2008.

International Association of Crime Analysts. Exploring Crime Analysis (2nd edition). Overland Park, KS: IACA, 2009.

Jerry H. Ratcliffe, Integrated Intelligence and Crime Analysis: Enhanced Information Management for Law Enforcement Leaders, August 2007.

Jerry H. Ratcliffe, Elizabeth R. Groff, Cory P. Haberman, Evan T. Sorg, Nola Joyce, "Philadelphia, Pennsylvania Smart Policing Initiative: Testing the Impacts of Differential Police Strategies on Violent Crime Hotspots," August 2013.

James, A. (2013). Examining Intelligence—led Policing, Palgrave macmilan.

Jim, G. & Mark, B. (2013). The Financial Cost of Fraud Report 2013, ICJS.

Michael D. White, Debra Ainbinder, Rolondo Silva, "Palm Beach County, Florida Smart Policing Initiative: Increasing Police Legitimacy and Reducing Victimization in Immigrant Communities," June 2012.

Michael D. White, Frank Balkcom, "Glendale, Arizona Smart Policing Initiative: Reducing Convenience Store Theft," March 2012.

NCPE (2005). Guidance on the National Intelligence Model.

Ratcliffe, J. H. (2007). Integrated Intelligence and Crime Analysis: Enhanced Information Management for Law Enforcement Leaders, Police Foundation.

Robert Nash Parker and Erica Ma, "Indio, California, Smart Policing Initiative: Reducing Burglaries through Predictive Policing and Community Engagement," July 2014.

Randol Blake Matthew. (2013). Modeling A Decade Of Organizational Change In Municipal Police Departments: A Longitudinal Analysis Of Technical, Administrative, And Programatic Innovations, Washington state university, May 2013.

Rogers, E. M. (2002). "Diffusion of Preventive Innovations," Addictive Behaviors, Vol. 27, No. 6, p. 990.

Stephens, Cody D. (2016). Minding the Gap: Case Study of a Police Organization and Attempted Innovation. Submitted as partial fulfillment of the requirements for the degree of Doctor of Philosophy in Criminology, Law and Justice in the Graduate College of the University of Illinois at Chicago.

Teece D. J. (1980). "The diffusion of an administrative innovation," Management Science, Vol. 26, No. 5, pp. 464−470.

Vincentnathan S. George, Crim. D, Vincentnathan Lynn. (2014) "Pharr Smart Policing Initiative: Final Report."

영국 국가범죄청 홈페이지, http://www.nationalcrimeagency.gov.uk.

영국 런던경찰청 홈페이지, https://www.met.police.uk.

영국 포츠머스경찰서 홈페이지, https://www.cityofportsmouth.com/police

스마트폴리싱 혁신 센터, http://www.strategiesforpolicinginnovation.com

http://www.strategiesforpolicinginnovation.com/about/spi−overview

http://www.strategiesforpolicinginnovation.com/spi−sites/chula−vista−califor
nia−2013

http://www.strategiesforpolicinginnovation.com/spi−sites/sacramento−county
−california−2016

http://www.strategiesforpolicinginnovation.com/spi−sites/milwaukee−wiscons
in−2015

[찾아보기]

장광호

경찰대학(행정학)을 졸업하고 고려대(법학 석사), 명지대(행정학 박사)에서 공부했다.

경찰청 혁신기획단(2005) 근무 후 범죄 정보 분석에 관심을 갖고, 금융정보분석원 분석관(FIU, 2013), 경찰청 범죄분석기획담당(과학수사관리실, 2016-2017)에서 일하고 영국 NCA-런던경찰청(2014), 미국 FBI-NYPD(2016, 2018)에서 훈련했다.

현재 경찰 데이터 분석 기법을 연구하고 현장을 지원하는 경찰대학 치안연구소 스마트치안지능센터장으로 일하고 있다.

스마트치안
-4차 산업혁명 시대, 혁신적 경찰활동

초판발행   2020년 6월 20일

지은이   장광호
펴낸이   안종만 · 안상준

편 집   이면희
기획/마케팅   오치웅
표지디자인   박현정
제 작   우인도 · 고철민

펴낸곳   (주) **박영사**
            서울특별시 종로구 새문안로3길 36, 1601
            등록 1959. 3. 11. 제300-1959-1호(倫)

전 화   02)733-6771
f a x   02)736-4818
e-mail   pys@pybook.co.kr
homepage   www.pybook.co.kr
ISBN   979-11-303-0959-0 93350

정 가   17,000원